Bodo Hombach

Aufbruch

Die Politik der Neuen Mitte

Bodo Hombach

Aufbruch

Die Politik der Neuen Mitte

Econ

Der Econ Verlag ist ein Unternehmen
der Econ & List Verlagsgruppe

ISBN 3-430-14813-8

Gesetzt aus der Sabon bei
Josefine Urban – KompetenzCenter, Düsseldorf
Druck und Bindung: Bercker, Kevelaer

»Visionen sind nichts anderes als Strategien des Handelns.«

ROMAN HERZOG
Berliner Rede

Inhalt

Vorwort

Machtwechsel in Deutschland. Die Weltpresse ist voller Superlative: »Eine neue Ära beginnt!« Und das kann noch als schwache Formulierung gelten. In Deutschland ist es eher ruhig, wie im Auge eines Hurrikans. Machtwechsel ohne Bitterkeit auf der einen, ohne Emphase auf der anderen Seite. Die Verantwortlichen der schwarz-gelben Koalition wirken seltsam erleichtert, wie befreit. Keine Rede davon, weitermachen zu wollen. Eine eilige Machtübergabe, so als könnte man es nicht abwarten, die Schlüssel zum Kanzleramt und zu den Ministerien loszuwerden. Man beginnt zu ahnen, wie sehr die Machthaber von gestern resigniert und hilflos waren angesichts des Reform- und Problemstaus, den sie nicht bewältigt haben. Probleme wurden vertagt und verschoben, Haushaltslöcher kaschiert, die Realität verschleiert. Das schwarz-gelbe Bündnis war ausgelaugter, als man wahrhaben wollte. Die schnelle Analyse, die CDU sei letztlich daran gescheitert, daß sie ihren Generationswechsel nicht geschafft hat, ist nur die halbe Wahrheit. Das konservativ-liberale Bündnis war festgefahren zwischen einem unreflektierten Marktliberalismus, der außer Entstaatlichung und Deregulierung kein Konzept hatte, und einem traditionalistischen Konservativismus, der sich gegen jede Systemveränderung sperrte, nur ahnend, daß das drohende Debakel immer größer wurde.

Die SPD dagegen mit einem »Dream-Team«: Oskar Lafontaine, der die Partei zusammengeführt hat, wie es noch keiner geschafft hat, und Gerhard Schröder, an dem jeder Versuch, einen Lagerwahlkampf zu inszenieren, abprallen mußte und der die Neue Mitte für die SPD zurückgewonnen hat. Die Union hat mit verschiedenen strategischen Optionen experimentiert, aber sie konnte keine glaubwürdig entwickeln. Zuerst sollte es die Kontinuität sein in unruhiger Zeit: Wiedervereinigung und Euro, der Verlust von alter Identität und der Deutschen Mark, das sollte die Basis sein, um vor zu viel Wechsel Angst zu machen. Wolfgang Schäuble wollte es ganz anders versuchen. Ganz so, als hätte man nicht 16 Jahre regiert, sollte der Eindruck erweckt werden, jetzt gehe die Wende erst richtig los. Das ist schon an der CSU gescheitert. Der Kanzler persönlich hat vor der Wahl gestreut – und nach der Wahl noch immer behauptet –, die Welt wolle keinen Wechsel in Deutschland. Die wichtigsten Staatsmänner aber haben schon vor der Wahl durch demonstrative Einladungen und Begegnungen mit Gerhard Schröder deutlich gemacht, daß sie sich auf diese Weise nicht vereinnahmen lassen. Zum Schluß war es ein eigentümliches Potpourri aus dem trotzigen »Weiter so!« und Modernisierungsrhetorik, aus schrillem Lagerwahlkampf und heftigem Omnipotenz-Gehabe – so als wäre Helmut Kohl quasi naturgesetzlich unabwählbar.

Mit der Bundestagswahl 1998 geht der Vorhang auf für ein neues Stück, das hinter den Kulissen lange vorbereitet wurde. Sich an die Neue Mitte dieser Gesellschaft zu wenden war erfolgreich. Selbständige und Leistungsträger, Arbeitnehmerinnen und Arbeitnehmer sogar in den Hochburgen der Union haben sich von den Konservativen abgewandt. Sie haben einer Sozialdemokratie das Vertrauen ausgesprochen, die mit modernen Konzepten, Pragmatismus und Realitätssinn um eine breite Zustimmung warb. Während Union, Liberale und auch Bündnisgrüne einen Wahlkampf für ihre Stammwähler machten – und deshalb kaum jemanden darüber hinaus gewannen –, hat die Politik der Neuen Mitte das Vertrauen vor allem der Wechselwähler und Unentschlossenen gewonnen und gebunden. Statt »Protest« zu wählen, gaben sie ihre Stimme der Vernunft. Die Schreckgespenster des Lagerwahlkampfes haben niemandem Angst gemacht, und der Rechtsextremismus wurde in die Schranken verwiesen.

Die Bundesrepublik Deutschland reiht sich nun in die europäischen Reformstaaten ein, die das gemeinsame Projekt verbindet: einen dritten Weg zu gehen zwischen einem oberflächlichen Vulgärliberalismus und dem alten Denken des Nachkriegsstaates. Das kommende Jahrtausend, in das Deutschland mit einer neuen Regierung tritt, wird die historische Begegnung zwischen dem echten Liberalismus, der durch die reale FDP heimatlos gemacht wurde, und der Sozialdemokratie bringen. Dieses Treffen bestimmt schon jetzt die Tagesordnung der Politik – »zwischen Links und Rechts«. Für viele ist das verwirrend: Wie kann man »links« sein und gleichzeitig mit den Unternehmern in einem neuen Bündnis verhandeln? Wie kann man für den Sozialstaat sein und gleichzeitig mehr Eigenverantwortung fordern und fördern? Wie kann man für mehr Wettbewerb eintreten und dennoch neue biographische Sicherheiten anbieten? Für mich gibt es da keine Verwirrung. Wir können unseren alten Grundwerten neue Bedeutung verleihen, damit sie Sinn auch für die machen, die uns bisher nicht nahestanden und uns dennoch jetzt ihr Vertrauen schenkten. Denn was versteht ein Handwerksgeselle unter Gerechtigkeit, der mehrere Stunden arbeiten muß, um sich theoretisch eine einzige seiner eigenen Arbeitsstunden leisten zu können? Was versteht der Existenzgründer unter Solidarität, der von Bank zu Bank läuft, ohne einen Kredit und Hilfe bei seinem Wagnis zu bekommen? Wir leben in einer Welt, in der Ideale wichtig sind, in der es aber fatal ist, Ideologien anzuhängen.

Der Soziologe Richard Sennett hat einmal zusammengefaßt: »Eine Idee muß das Gewicht der konkreten Erfahrung aushalten, sonst wird sie zur bloßen Abstraktion.« Solides politisches Handwerk ist gefragt, das politische »Produkt« muß perfekt sein – schließlich bezahlen die Bürger dafür. Die Menschen wollen von ihrer Regierung kein Dogma, sondern einen starken Sinn für die Realität, in der sie leben. Der Staat muß sein Bestes tun, um das individuelle Risiko möglichst kalkulierbar zu machen. Wir können die Umwälzungen in Wirtschaft und Gesellschaft nicht restlos beherrschen, aber wir können den einzelnen befähigen, die Herausforderungen anzunehmen.

Heute, da die Ordnung stiftende Kraft der Systemkonkurrenz weggefallen ist, wird die Krise sowohl der traditionellen Linken als auch ihres rechten Pendants sichtbar. In Deutschland wurden die Bürger in den achtziger Jahren und in der ersten Hälfte der neunziger vor eine falsche Alternative gestellt: ein reiner Ökonomismus als Ersatzideologie oder eine chancenlose Verteidigung der Festung des traditionellen Wohlfahrtsstaates. Zur Politik der Verteilung führt kein Weg zurück. Die Erneuerung des sozialdemokratischen Politikmodells jenseits der Kategorien »rechts« und »links« ist ein internationales Modell. Noch gibt es in

Deutschland Ressentiments gegen die Abgabe von staatlicher Verantwortung an die Bürger, eine Art Absicherungs- und Mietermentalität. Aber statt dessen muß die soziale Sicherung die Menschen befähigen, Risiken zu übernehmen und flexibel auf Veränderungen zu reagieren. Wir brauchen Gleichheit beim Start, nicht im Ergebnis, eine Politik der zweiten Chance. Das Stichwort ist der aktivierende Staat. Wir müssen Instrumente in die Hand nehmen, die Selbsthilfe, Eigeninitiative und Unternehmertum fördern. Nur der aktivierende Staat kann von seinen Bürgern und Bürgerinnen neuen Gemeinsinn erwarten.

Das zu lange regierende »Weiter so!«, die jahrelange Ignoranz gegenüber den Veränderungen ist eine gewaltige Hypothek. Der Reformstau in der deutschen Politik und in vielen Institutionen der Gesellschaft ist enorm, die Veränderungsnotwendigkeiten gehen tief. Die Idee des Sozialstaats ist Konsens, aber sein lebenslanges Funktionieren, die Geborgenheit durch Garantien und Rechtsansprüche werden zunehmend leere Versprechen. Doch während der Orientierungs- und Steuerungsbedarf eher noch wuchs, fiel für die gestaltende Politik in der Ära Helmut Kohls der Vorhang. Sie erschöpfte sich in Scharmützeln um den Solidaritätszuschlag oder um die Rechtschreibreform, und es entstand ein Teufelskreis aus apokalyptischer Weltsicht und mentaler und struktureller Reformunfähigkeit. Eine »Vier-Augen-Gesellschaft«, mit einem tiefen Gegensatz zwischen der öffentlichen Debatte, in der Illusionen ungestraft gepflegt werden konnten, und der privaten Diskussion, in der man sich stöhnend die Wahrheit sagte – über die Zukunft der Renten, den Zustand der Universitäten oder die Steuerreform. Überall wurde nicht nach klug oder dumm, sondern gut oder böse unterschieden. Die Diagnose lautet: Wir leben in einer blockierten Gesellschaft. Ihren Institutionen nehmen es die engagierten Bürger nicht mehr ab, mit alten Strukturen und Handlungsroutinen der rasanten Veränderungsprozesse Herr zu werden.

Kluge und praktikable Konzepte fielen dem Grabenkrieg um die Verteidigung des Status quo zum Opfer, wurden von der Politik leidenschaftslos durchgekaut, in endlosen Gremiensitzungen verdaut und dann vergessen. Doch heute prüft die Globalisierung alle Institutionen der nationalen Gesellschaften und Politik gnadenlos auf ihre Funktionalität im internationalen Wettbewerb. Überall stellt sich neu die Frage nach der Solidarität, dem Zusammenhalt in der Gesellschaft und der Fähigkeit, soziale Sicherheit und ökonomische Effizienz zu verbinden. Die Schlußfolgerung, daß die Globalisierung Staat und Politik abschafft und keine Handlungsspielräume läßt, kann nicht das letzte Wort sein: Wir selbst können entscheiden, ob wir Hammer oder Amboß sein wollen. Das gilt auch für die Risiken und Chancen der europäischen Integration: Die Sozialdemokratie hat jetzt die gewaltige Aufgabe, der Wirtschafts- und Währungsunion zum Erfolg zu verhelfen, nicht zuletzt die europäische Ratspräsidentschaft verpflichtet uns dazu. Wir müssen den Euro ehrlich machen. Europa ist nicht der Preis für unsere Geschichte, sondern eine Chance für die Zukunft. Für den Wirtschaftsminister eines hochindustrialisierten Bundeslandes sind heute schon Gespräche und Abstimmungen mit der EU-Kommission ebenso wichtig wie Verhandlungen mit dem Bund. Aber der Euro wird unsere Probleme auf dem Arbeitsmarkt nicht automatisch lösen. Die Anpassungen, die vor allem die kleinen und mittleren Unternehmen erwarten, gehören ins Zentrum konzeptioneller Politik, denn eine dauerhaft hohe Arbeitslosigkeit in Deutschland wäre eine enorme Bedrohung für die Stabilität der gemeinschaftlichen Währung. Wenn wir deren Chancen wahrnehmen wollen, gibt es nur den einen Weg: in eine freiheitlich-demokratische, föderativ strukturierte, nach außen offene und nach innen liberale Union, die kulturelle, sprachliche und ethnische Vielfalt mit Kernelementen einer europäischen politischen Einheit verbindet.

Auch der Föderalismus ist, was man aus ihm macht. Können wir mit einem Föderalismus leben, der die »Gleichheit der Lebensbedingungen« nicht absolut setzt, dessen Funktionsprinzip statt dessen der Wettbewerb um die besten Lösungen ist? Meine These ist: Die Prozesse und Institutionen, die heute noch für die Blockaden in Gesellschaft und Politik verantwortlich sind, können und müssen umgebaut und aktiviert werden. Der Kampf gegen die Alternativlosigkeit ist jetzt aufgenommen. Die SPD muß ihre Tore öffnen für alle, die nach dem Credo »Eine kleine Tat ist mehr als große Worte« leben. Nicht das Gutgemeinte, nur noch das Gutgemachte zählt. Wer den Status quo des Wohlfahrtsstaates verbissen verteidigt, ist in Wahrheit sein Totengräber. Wir erleben ja die bestprognostizierte Krise des Jahrhunderts: Die demographischen Zusammenhänge liegen seit zwanzig Jahren auf dem Tisch, die Diskussion um die Krise des Arbeitsgesellschaft gibt es seit Anfang

der achtziger Jahre. Doch während die Reformen in den Niederlanden und anderswo durchgeführt wurden, diskutieren wir heute noch. Wir leben in einer »Malefizgesellschaft«, deren Logik darin besteht, dem anderen möglichst viele Steine in den Weg zu legen, auch wenn dadurch keiner das Ziel erreicht.
Es gilt, zu den Prinzipien der sozialen Marktwirtschaft zurückzukehren. Es ist das schwindende Vertrauen in die Problemlösungsfähigkeit der deutschen Politik, nicht das Zweifeln am Modell selbst, das die Identitätskrise der sozialen Marktwirtschaft ausmacht. Die Ideale Ludwig Erhards haben Konjunktur, während das Vertrauen in die Fähigkeit des Staates sinkt, diesen Idealen den Weg zu bahnen. In einer Umfrage gaben 56 Prozent der 14- bis 29jährigen an, am liebsten einmal als Selbständige ihr Geld verdienen zu wollen. Aber fast die Hälfte glaubt mittlerweile auch, daß harte Arbeit keinen Erfolg bringt.
Die soziale Komponente des Wirtschaftssystems ist nicht der »Rundum-sorglos-Staat«. Sie besteht darin, daß individuelle Leistung belohnt wird durch Wohlstand, Weiterqualifizierung durch berufliches Fortkommen, Bereitschaft zur Eigenverantwortung durch größere ökonomische Spielräume und berufliche Selbständigkeit durch eine garantierte zweite Chance. Ludwig Erhard hat die Sozialdemokraten nicht in seinem Testament bedacht. Aber seine Prinzipien von Pragmatismus und Anti-Dirigismus werden gebraucht, wenn es gilt, liberale Prinzipien und die Grundwerte der Sozialdemokratie zu einer schlagkräftigen Synthese zu verbinden. Der Kernbegriff ist die Rekonstruktion der sozialen Marktwirtschaft.
Der SPD wird die Leistung zugetraut, die sie versprochen hat: die ökonomische Belebung als Basis für soziale und ökologische Reformen und neue Beschäftigung. Dafür setzen wir auf Innovation und Gerechtigkeit. Ein Bündnis für Arbeit, in dem moderne Wirtschaftspolitik mit Wachstumsorientierung und der Schaffung neuer Arbeit zusammengebracht wird. Die Zusage, daß das Sozial- und Rentensystem zukunftssicher wird und finanzierbar bleibt. Die ältere Generation hat dieses Land aufgebaut. Jetzt hat sie Anspruch auf eine gerechte und verläßliche Alterssicherung. Das Sozialsystem muß Fairneß und Absicherung bieten für alle, die die Gemeinschaft und ihre Solidarität brauchen.
Zu den Voraussetzungen einer aktivierenden Politik gehören eine größere Transparenz in der Finanzierung des Staates und der Sozi-

alversicherungen, vor allem aber erweiterte materielle Spielräume für Eigenverantwortung, und -vorsorge. So, wie es heute aussieht, fragt das System doch kaum noch nach Eigenverantwortung und Mitdenken der Arbeitnehmer, ihre Solidarität ist nur in Form von Abrechnungen erwünscht.

Vor dem härtesten Glaubwürdigkeitstest stehen wir aber in der Steuerpolitik. Die Akzeptanz des Steuersystems hängt von der Klarheit und Transparenz der Regelungen und von der Mittelverwendung ab. Die Grundzüge einer Reform, die dem Rechnung trägt, werden nicht wirklich kontrovers diskutiert. Um so wichtiger ist es jetzt, den Befreiungsschlag zu wagen. Wenn das Prinzip »Steuern mit Steuern« endlich ein Ende hat, wird der Weg frei für wirklich durchschlagende Steuersenkungen.

Alle Herausforderungen lassen sich nur in Kooperation bewältigen, in vielen »konzertierten Aktionen« gerade auch auf regionaler Ebene. Im deutschen Korporatismus hält ein neuer politischer Stil Einzug, zeichnen sich offenere Formen der Interessenvertretung und der Kooperation ab, die die traditionellen Rituale ablösen – zum Teil schon ablesbar an einer neuen Flexibilität bei den Flächentarifverträgen und an Beschäftigung sichernden Betriebsvereinbarungen. Und es wird höchste Zeit. 1996 und 1997 standen im Zeichen der Aufkündigung von Konsens und Kooperation. Der rheinische Kapitalismus, das Modell des institutionalisierten Interessenausgleichs zwischen Staat, Wirtschaft und Arbeitnehmern, wurde in den letzten Jahren als »Konsenssoße« diffamiert, und es ist erschreckend, wie weit wir uns dabei von einer konstruktiven Haltung entfernt haben.

Was wir in Nordrhein-Westfalen erprobt haben, ist ein »inszenierter Korporatismus«: Die Politiker setzen sich mit den entscheidungsfreudigsten Vertretern von Wirtschaft, Betriebsräten und Gewerkschaften zusammen, um ein konkretes Problem zu lösen – nie mit den Zaudernden und nicht um jeden Preis mit den Zuständigen. Mit diesem Politikverständnis haben Spitzenfunktionäre auf beiden Seiten Probleme. Aber gerade der pragmatische Konsens ist der Kern der sozialen Marktwirtschaft. Alle europäischen Länder mit positiver Beschäftigungsbilanz haben sich für Dreier-Bündnisse zwischen Regierung, Gewerkschaften und Arbeitgebern entschieden – zur Bekämpfung der Arbeitslosigkeit, für die Reform des Arbeitsmarktes und des Sozialstaates. Die einzige Alternative zum Konsens ist die Stagnation. In einem neuen Bündnis müssen wir die Themen, die ineinander greifen, auf die Tagesordnung der kooperativen Wirtschaftspolitik setzen. Der Interessenausgleich und die Einigung werden um so leichter, je umfänglicher das Gesamtpaket ist.

Wir brauchen gerade in der Wirtschaftspolitik mehr Radikalität bei der Realitätsbewältigung. Die Auseinandersetzung um eine Entscheidung zwischen Angebots- und Nachfragepolitik hat uns zu lange gelähmt. Von der Vorstellung schnell wirksamer und alleinseligmachender keynesianischer Rezepte haben sich die meisten längst verabschiedet. Innovative Branchen und Existenzgründer brauchen eine ganz neue Art von Wirtschaftspolitik. Nur wo die Effektivität und Transparenz der Förderung verbessert wird, da wird die Leistungsbereitschaft gestärkt: Die besten Lösungen werden prämiert. Jede wirtschaftspolitische Anstrengung ist ohne eine Veränderung unserer Einstellungen gegenüber Wettbewerb und unternehmerischem Risiko zum Scheitern verurteilt. Wir brauchen eine »Angebotspolitik von links«: Moderne Wirtschaftspolitik hat die Aufgabe, die Rahmenbedingungen zu verbessern. Sie muß wirtschaftliche Dynamik und Beschäftigung wieder zusammenbringen – ich nenne das die Versöhnung von Ökonomie und Arbeitsmarkt. Dafür müssen wir Friktionen im Innovationssystem, Reibungsverluste bei der Anpassung der Qualifikationen und Defizite bei der Dienstleistungserbringung durch die öffentliche Hand ausräumen. Die Einstellung zu Innovationen ist für den Standort längst wichtiger als die Kosten der Arbeit.

Wenn eine Region durch eine besondere Infrastruktur eine Kernkompetenz in einem Innovationsfeld herstellen kann, fließen ihr aus aller Welt Forschungs- und Produktionsinvestitionen zu. Das ist ein Beleg dafür, daß die Globalisierung durch eine Regionalisierung begleitet wird. Im Mittelpunkt steht die bessere Vernetzung von Wissenschaft und Wirtschaft. Die Wirtschaft muß wissen, was Wissenschaft leisten kann, und die Wissenschaft muß vom Bedarf der Wirtschaft erfahren. Das wäre auch ein Weg für die Modernisierung der Hochschulen. Wir stehen vor Veränderungen des deutschen Hochschulsystems, die nur mit den Reformen der sechziger und siebziger Jahren vergleichbar sein werden und die sehr viel mehr Wettbewerb bringen. Innovationsfähigkeit und Wachstum in Zukunftsbranchen hängen von den verfügbaren Qualifikationen ab, in einigen ist der Nachwuchsmangel bereits der wachstumsbegrenzende Faktor. Der Modernisierungsbedarf des gesamten Aus- und Weiterbildungssystems ist groß. Wie man ihn anpacken kann, macht der nordrhein-westfälische Ausbildungskonsens deutlich. Ein weiteres zentrales Projekt ist: gute Erstausbildung, aber regelmäßige Neuqualifikation und Weiterbildungschancen. Mein Traum ist: Es darf gar keine Phasen der Arbeitslosigkeit mehr geben. Es darf statt dessen nur Phasen des Neu- oder Nachlernens geben, Arbeitslosigkeit als Vorbereitung auf eine neue Berufstätigkeit. Wir brauchen eine neue Bildungsidee. Wir sind hochqualifiziert, aber mit geringer Anpassungsgeschwindigkeit und unnötigem Wissensballast. Das zeigt, wie umfassend mein Innovationsbegriff ist. Innovationsfähigkeit ist ein gesamtgesellschaftliches Problem, ein Problem der Mentalitäten und der Infrastrukturen in Staat, Verwaltung, Schule, Wissenschaft und Ausbildungssystem. Wir müssen Wissen und Kompetenz im Umgang mit risikobehafteten Technologien an die Stelle von Risikoscheu und Zukunftsangst setzen. Die größten Chancen liegen bei technologischen Innovationen, die gesellschaftliche Probleme lösen helfen.

Neue Arbeit wird es nur mit neuen Unternehmen geben. In Nordrhein-Westfalen haben wir seit 1996 pro Jahr zwischen 300 und 400 Millionen Mark für die finanzielle Unterstützung von Existenzgründungen im Rahmen der Gründungsoffensive »GO!« ausgegeben. Sie fördert eine Kultur der Selbständigkeit und ein gesellschaftliches Klima für Existenzgründungen und Unternehmertum. Außerdem brauchen wir eine grundlegend neue Kultur der Kapitalbereitstellung. Es muß sich wieder lohnen, statt in leerstehende Immobilien in Betriebe und Arbeitsplätze zu investieren. Welche Bedeutung die Bereitschaft zur unternehmerischen Selbständigkeit für den Arbeitsmarkt hat, wird auch an der Übernahmeproblematik deutlich: In den kommenden Jahren scheiden allein in Nordrhein-Westfalen fast 80 000 mittelständische Unternehmer und Handwerker aus Altersgründen aus ihrer eigenen Firma aus. Für 20 000 dieser Unternehmer gibt es noch keine Nachfolger – mindestens 200 000 Arbeitsplätze stehen auf dem Spiel. Deshalb werden in ausgewählten Regionen Existenzgründer gezielt mit Unternehmern in Kontakt gebracht, die einen Nachfolger suchen. In solchen Bündnissen muß der Staat den Beweis erbringen, daß er selbst das so gut oder sogar besser kann, was er von anderen verlangt. Wir brauchen ein neues Staatsverständnis.

Der aktivierende Staat ist weniger Produzent als Anreger, Moderator, steuernder Partner. Wer mit staatlichen Instrumenten in Berührung kommt, muß es dadurch leichter haben, Initiative zu entwickeln, Investitionen zu tätigen, Engagement zu zeigen, Verantwortung zu übernehmen. Aus Genehmigungs- dürfen keine Verhinderungsbürokratien werden.
Die Politik muß eine neue Balance von sichernden Rechten und aktivierenden Pflichten herstellen. Auf Kürzungen zu setzen, wo der geringste Widerstand vermutet wurde, hat in den vergangenen Jahren die Legitimationskrise des Sozialstaates verstärkt. Wir müssen jedes Programm, jede Institution auf den Prüfstand stellen: Bekommen wir für unser Geld eigentlich wirklich das, was wir dafür erwarten? Das Merkmal unserer Politik ist Fairneß – gegenüber denen, die Hilfe brauchen, aber auch gegenüber denen, die diese Hilfe leisten sollen. Die finanzielle Krise des Umverteilungsstaates ist gleichzeitig die herausragende Chance des aktivierenden Sozialstaates. Warum soll es sozial verantwortlicher sein, den Leuten die Verantwortung abzunehmen, anstatt ihnen zu helfen, Verantwortung zu übernehmen? Wo er Gelder statt Chancen verteilt, fährt der Sozialstaat einen Crashkurs. Wir müssen den Sozialstaat vom Sicherheitsnetz zum Trampolin machen, von der Hängematte zum Sprungbrett, das den einzelnen zurückfedert in das Arbeitsleben, in Eigenverantwortung, in die Teilhabe an der Gesellschaft. Jede Staatsintervention ist nur legitim, wenn sie die Fähigkeiten und die Eigeninitiative der Bürger unterstützt und herausfordert, wenn sie nicht nur materielles Wohlergehen sichert. Überall in Europa werden die traditionellen Vorstellungen von Arbeit überprüft und radikal verändert. Die Konsequenz: Jeder Job ist besser als keiner! Arbeit, auch gering bezahlte, wenig qualifizierte, ist der Würde zuträglicher als jeder noch so üppige Sozialtransfer. Entscheidend ist, ob wir soziale Sicherung und Beschäftigungsförderung so verknüpfen können, daß dabei mehr Jobs und mehr Anreize zur Arbeitsaufnahme herauskommen. Noch scheint sich jeder die Finger zu verbrennen, der sich an den »Kombilohn« wagt. Aber die soziale Sicherung kupiert den Arbeitsmarkt am unteren Ende, und deshalb ist es vernünftig, mindestens die Subventionierung der Lohnzusatzkosten bei geringqualifizierter Beschäftigung in ausgewählten Regionen und/oder Branchen zu erproben.
Es gibt ein weiteres Beispiel dafür, wie sich die Normalitätsannah-

men unseres Sozialstaates verändern: die gesetzliche Rentenversicherung. Die Rentendebatte der letzten Jahre und Norbert Blüms Behauptung »Die Renten sind sicher« haben eine totale Verunsicherung der Bürger bewirkt. Jedes Neuordnungskonzept aber wurde zum Attentat auf den Generationenvertrag erklärt, einem Vergleich der Renditen von gesetzlicher Rentenversicherung und Kapitalmarktanlagen durfte man sich nicht einmal nähern. Kurt Biedenkopf zum Beispiel hat ein nicht realisierbares Konzept für eine Grundrente vorgelegt, dabei aber im Grundsatz die richtigen Fragen gestellt. Wer will noch plausibel machen, daß der durchschnittliche Arbeitnehmer 20 Prozent seines Lohnes für die Alterssicherung hinblättern soll, wenn jeder vierte dafür nur eine Rente auf Sozialhilfeniveau erhalten wird? Die gravierendsten Auswirkungen auf unser lohn- und beitragsbezogenes Rentensystem gehen vom Arbeitsmarkt aus: Der Anteil der Vollzeitarbeitsverhältnisse schrumpft, derjenige der befristeten, geringfügigen oder Teilzeitjobs wächst. Eine Statussicherung im Alter kann von der gesetzlichen Rentenversicherung allein immer weniger erwartet werden. Deshalb brauchen wir erstens Sicherheit im System der Renten: eine Garantierente im dreifachen Sinne, die also den Rentnern ihre Rente sichert, den heutigen Arbeitnehmern ihre erworbenen Ansprüche, aber den Jugendlichen nach einer Übergangszeit eine zukunftsfähige Alterssicherung verspricht. Laut Emnid sind heute 80 Prozent der Erwerbsbevölkerung bereit, ihre Altersvorsorge in die eigenen Hände zu nehmen. Aber im Dilemma von sinkenden Realeinkommen und steigenden Soziallasten sehen sich viele Haushalte außerstande, noch mehr dafür zu tun.

Wenn wir die Menschen auf den Weg zu einer modernen, flexiblen und solidarischen sozialen Sicherung mitnehmen wollen, dann müssen wir den Mut zu einem Kassensturz aufbringen. Das Verschweigen der Probleme führt dazu, daß die solidarische soziale Sicherung nur noch als ärgerlich, aber unreformierbar angesehen wird und immer mehr Menschen die Flucht in die Schattenwirtschaft antreten. Deshalb brauchen wir eine Garantierente, die eine kalkulierbare Versorgung im Alter sicherstellt; eine zweite, kapitalgedeckte Säule; eine Generalüberholung der Betriebsrenten und eine bessere Beteiligung der Arbeitnehmer am Produktivvermögen. Jede grundlegende Reform muß in der Übergangsphase die Dreifachbelastung der 25- bis 45jährigen möglichst gering halten.

Aber der Übergang ist möglich – wenn er auch mit jedem Jahr schwieriger wird. Einen Übergang von weniger als 30 Jahren zu kalkulieren wäre nicht realistisch, aber hätten wir vor 15 Jahren begonnen, als alle Prognosen vorlagen, wäre der halbe Weg schon geschafft. Die Jüngeren wollen sich nicht aus der Generationensolidarität verabschieden, sondern sie wollen wissen, was sie von ihr zu erwarten haben – klare Pflichten gegen neue Sicherheiten. Hier ist der Ansatzpunkt für einen neuen Gesellschaftsvertrag. Die Politik muß alles tun, damit sich die Chancen derer verbessern, die einmal den gesellschaftlichen Reichtum erarbeiten sollen, der zur Finanzierung des Sozialstaates nötig ist. Die Verkrustungen des Bildungssystems zu beseitigen, die Hochschulen zu Existenzgründungszentren zu machen und den Innovationstransfer zu beschleunigen ist deshalb für die Zukunft des Sozialstaates wesentlich wichtiger als die Frage nach versicherungstechnischen Finessen und Zahlenspielen.

Die SPD wird seit der Bundestagswahl 1998 mit Erwartungen an moderne, pragmatische Konzepte konfrontiert, die für alte ideologische Positionen keinen Raum lassen. Das ist eine gewaltige Chance und eine riesige Herausforderung. Dagegen bringt das Ende des Jahrtausends den anderen Parteien die Krise: den Grünen die schmerzhafte Entscheidung zwischen Fundamentalismus und Realpolitik, den Konservativen das Dilemma zwischen dem letzten Rest Wertekonservativismus und einem Marktliberalismus, der damit nichts mehr anzufangen weiß. Die Sozialdemokraten stehen jetzt in einer Koalition. Sie muß eine Koalition der Modernisierer sein, sie muß auf Ideologie verzichten, sonst wird sie scheitern. Die SPD hat die gesellschaftliche Themenführerschaft zurückgewonnen. Ende der achtziger Jahre vermittelten selbst einige Sozialdemokraten den Eindruck, die Grünen seien schon da, wo man selbst noch hinwollte – als markierten die Grünen die Spitze des Fortschritts. Nun haben Gerhard Schröder und Oskar Lafontaine die SPD zu einer neuen führungsstarken und selbstbewußten Kraft formiert, die gewiß ist, über das bessere Konzept für die Zukunftsbewältigung zu verfügen: ökonomischer Erfolg als Basis für soziale und ökologische Modernisierung.

Dieses Buch soll Ermunterung und Aufruf sein an alle, die können, bei dem anstehenden großen Reformwerk mitzuarbeiten. Es ist ein Plädoyer für eine Politik der Neuen Mitte, die uns in der Bundestagswahl ihr Vertrauen ausgesprochen hat. Die SPD hat sich an die

Neue Mitte dieser Gesellschaft gewandt, um ein neues Bündnis für den Wandel zu schmieden – mit den Bürgerinnen und Bürgern, die an der Sache orientiert, undogmatisch und unideologisch sind, die Problemlösungen und politische Führung erwarten. Die deutsche Sozialdemokratie muß nun alles daran setzen, ihre Verankerung in der Neuen Mitte zu bewahren, zu vertiefen und auszubauen. Nur so kann das Reformwerk geschafft werden, nur so kann die Mehrheit für nachhaltige Veränderungen gefunden und stabilisiert werden.

Die Hoffnung auf eine Modernisierung der Gesellschaft, die in der Bundestagswahl 1998 mit der SPD verknüpft wurde, muß für eine grundlegende Reform der Partei genutzt werden. Deshalb habe ich in diesem Buch die strukturellen Probleme der deutschen Parteien pointiert benannt. Der bemerkenswerteste Slogan des Labour-Wahlkampfes »New Labour – New Britain!« wurde in seiner Bedeutung hierzulande nicht voll erkannt: Modernisieren um zu regieren, dann regieren, um zu modernisieren. Wer in der heutigen Zeit noch zu hundert Prozent hinter jedem Beschluß und zur Parteiprogrammatik in jedem Nebensachverhalt steht, ist ein Fall für die Therapie und nicht für den politischen Diskurs. Die Mehrheit der Bürgerinnen und Bürger vertritt die nüchterne Einschätzung: Mal hat die eine, mal die andere Partei recht, in bestimmten Dingen die eine etwas mehr als die andere. Personen mit großer Verantwortung im Wirtschaftsleben oder Vertreter von Berufen mit starkem Wettbewerb schreckt das Parteiensystem derzeit eher ab. Aber meine Phantasie reicht nicht aus, mir die Lösung der drängenden Herausforderungen der Zukunft ohne die Parteien vorzustellen. Sie müssen die großen Themen für sich zurückgewinnen. Es ist paradox: Parteien und Verbände sind die einzigen, die den Stau auflösen könnten – Ursache und Hoffnung der blockierten Gesellschaft zugleich. Die Bürger wollen, daß die Politiker nicht weniger, sondern entschiedener und engagierter handelten. Das praktikable Konzept hat Erfolg, das jedenfalls ist die Erfahrung, die New Labour und die amerikanischen Demokraten gemacht haben. Der Mut Labours, kontroverse Themen anzupakken, sollte den deutschen Sozialdemokraten helfen. Von ihnen werden nach dem Wahlsieg Strukturveränderungen verlangt, die innerparteilich und in der Öffentlichkeit zu Kontroversen führen müssen. Der entscheidende Punkt ist, daß Tony Blair und New Labour Einschnitte und die Forderung nach Verzicht immer mit der Garantie neuer Sicherheiten verbunden haben. Nur daraus erwuchs das Vertrauen, das die britische Regierung bis heute trägt. »To govern for the many, not the few« – das war das Versprechen.

Wir Sozialdemokraten sind in einer privilegierten Situation. Hat man uns früher Theoretisieren vorgeworfen und zuviel Illusionen und Wunschvorstellungen in unseren Konzepten vermutet, so können wir heute auf die erfolgreichen Reformstaaten Europas verweisen. Dort haben Sozialdemokraten vorgemacht, wie der Staat Innovationen in Wirtschaft und Gesellschaft befördern, die Arbeitslosigkeit bekämpfen und gleichzeitig überbordende Staatsverschuldung zurückfahren kann. Dieses politische Benchmarking – Maßnehmen am Besseren – erleichtert die Suche nach Lösungen, es zeigt, daß es wirksame Konzepte für eine moderne Arbeitsgesellschaft gibt, und Beispiele erhöhen die Akzeptanz. Die breite Reformdiskussion der Sozialdemokratie wäre national längst zu eng. Sie würde einen reichen Erfahrungsschatz verschenken. Deshalb habe ich für dieses Buch bei der Auswahl unter vielen Aspekten, die wir seit langem diskutieren und die ich in Papieren zusammengefaßt habe, einen besonderen Schwerpunkt auf internationale Vergleiche gelegt. Diese müßten zum festen Bestandteil der Reformdiskussion in Europa werden. Warum nicht ein Wettbewerb der besten Ideen, eine Art organisiertes Benchmarking, damit auch alle von den erfolgreichsten Lösungen lernen?

Auf den ersten Blick scheint der Reformstau so umfassend, daß man resignieren möchte. Aber wenn man sich den Themen systematisch nähert, stellt man fest, wie eng die Verflechtung aller Bereiche ist. Wie die Abgabenlast der Lohnzusatzkosten Arbeitsmarkt und Innovationen blockiert und gleichzeitig völlig neue Ungerechtigkeiten entstehen. Wie die traditionellen Grundsätze der sozialen Sicherung heute oft zur Falle werden, wenn es gilt, Eigeninitiative und Selbstverantwortung zu belohnen. Deshalb ist es auch eine durchaus beabsichtigte Redundanz, wenn in diesem Buch in einem Sachkapitel eine argumentative Verknüpfung zum Grundgedanken eines anderen Sachkapitels hergestellt wird. Nur so wird meines Erachtens dem Leser, insbesondere dem, der ein solches Buch nicht in einem Durchgang lesen kann, der von mir gesehene Zusammenhang deutlicher.

Eine Schwäche von uns Deutschen ist es, auf Konjunkturen zu starren, auf konjunkturelle Besserung wie auf ein Wunder zu hof-

fen und entsprechend mit jedem Aufschwung die grundlegenden Anpassungen zu verschieben. Der Wiedervereinigungsboom hat das deutlich gezeigt. Den gesellschaftlichen Aufbruch schaffen – das muß uns jetzt gelingen! Nicht durch den Rückzug des Staates, sondern durch einen Aufbruch aus der Alternativlosigkeit, zu einem neuen Gesellschaftsvertrag, in einen unternehmerischen und aktivierenden Staat, zu einer Neubewertung von Rechten und Pflichten in der Gesellschaft, zu mehr Risikobereitschaft und einem Klima, in dem wieder mehr die Chancen des Wandels als seine Gefahren diskutiert werden.
Willy Brandt hat einmal gesagt: »Gerade wer das Bewahrenswerte bewahren will, muß verändern, was der Erneuerung bedarf.« Mut zur Zukunft bedeutet auch Mut zum Risiko, und wer das Risiko scheut, geht selbst das größte Risiko ein. Wir müssen die Position des sorgenvollen Zuschauers aufgeben – nicht nur die Politik, sondern wir alle.

1. Der Aufbruch aus der »blockierten Gesellschaft«

Es gibt ein sozialdemokratisches Projekt als Alternative zum Neoliberalismus – ein von Pragmatismus geprägtes Projekt, das sich an den Realitäten orientiert und die Notwendigkeit anerkennt, auf Besitzstands- und Verteilungsideologie zu verzichten, aber nur in Verknüpfung mit neuen Sicherheiten. Wir alle haben die große Aufgabe, das Modell Deutschland zu erneuern, als einen dritten Weg zwischen den Ideologien, als ein System, das angemessen auf die Veränderungen in der Welt reagiert. Wir stehen vor der Entscheidung, ob wir Wegbereiter sein wollen für eine Politik der Neuen Mitte, jenseits von Marktliberalismus und etatistischem Wohlfahrtsstaat, für eine Politik in der Mitte der Extreme und Maximalforderungen. Der Staat ist keine Schutzanstalt gegen Bedrohungen, und er kann mehr, als den Niedergang verwalten. Er kann Brücken bauen und nicht bloß Krücken anbieten für jene, die sonst draußen bleiben. Wirtschaftlicher Erfolg und soziale Fairneß schließen sich nicht aus, sondern bestärken sich. Ralf Dahrendorf hat das »Globalisierung plus« genannt: Ein Projekt, das die Menschen nicht durch Angst zwingt, sondern durch konkrete Ziele aktiviert. Angesichts der strukturellen Massenarbeitslosigkeit, der drängenden Finanzierungsprobleme im System sozialer Sicherung, angesichts der deutlichen Anzeichen sozialer Desintegration und des wachsenden Unverständnisses der Menschen gegenüber einer Politik, die geglaubt hat, sich aus der kraftvollen Gestaltung zurückziehen zu müssen – angesichts dieser sehr handfesten Herausforderungen bleibt uns nichts anderes übrig, als Vision und Pragmatismus zu verbinden. Von beidem haben wir derzeit zu wenig. Deshalb brauchen wir wieder eine Politik, die auf die Darlegung von Gründen baut statt auf alten Überzeugungen und Ideologie.

Willy Brandt hat 1973 auf dem Parteitag der deutschen Sozialdemokratie gesagt: Wer in dieser Demokratie, wer in Deutschland Mehrheit und Macht erringen will, der muß die Mitte gewinnen und halten! Das hat die Sozialdemokratie nie besser gekonnt als in den Zeiten, in denen sie die Zukunftspartei war. Als sie den Menschen etwas zutraute, ohne sie zu überfordern. Denn wie sollen die Menschen der Politik vertrauen, wenn die Politik den Menschen nicht vertraut? Deshalb wollen wir einen neuen Gesellschaftsvertrag mit jenen Bürgern schließen, die wir zur Neuen Mitte dieser Gesellschaft zählen. Das sind – jenseits aller sozialpolitischen und soziologischen Kriterien – Bürgerinnen und Bürger, die sich durch eine bestimmte Erwartungshaltung gegenüber der Politik auszeichnen. Die meisten von ihnen zählen zu den nicht ideologie- und institutionengebundenen Wählern, zu den 60 Prozent Unentschlossenen in der gesellschaftlichen und politischen Mitte. Vor allem sind sie an der Sache orientiert, undogmatisch und unideologisch. Sie erwarten pragmatische Problemlösungen und politische Führung. Sie sehnen sich nicht nach großer Politik, sondern nach angemessener: pragmatisch und gut gemacht. Sie haben sich von den Parteien und dem Staat abgewandt, weil sie Initiative ergreifen wollen, dies auch von ihrer Regierung erwarten – und dort nicht gefunden haben. Diese Leute wollen nicht um jeden Preis in ein System der Vollversorgung eingebunden sein. Sie wollen nicht mit Subventionen zugeschüttet und durch die staatliche Wohlfahrt entmündigt werden. Aber sie wollen beispielsweise auch nicht riskieren, als wirtschaftlich Selbständige beim ersten Liquiditätsengpaß die ökonomische Unabhängigkeit aufgeben zu müssen oder durch neue Arbeitsformen wie die Scheinselbständigkeit marginalisiert zu werden.

Eine grundsätzlich andere Politik erfordert die Bereitschaft, Privilegien auch wieder zurückzunehmen, Mut, Durchsetzungsvermögen und Zähigkeit. Für eine solche Politik ist ein gewaltiger Pragmatismus bei allen Akteuren erforderlich. Diesen Pragmatismus zu aktivieren, diese Leidenschaft für die sachliche Problemlösung bei allen zu wecken ist die Aufgabe von neuen Leitbildern, von klaren Reformprojekten. Allzulange hatte die Diskussion über die Beschränkung des Staates und die Neuverteilung von Verantwortung etwas Kleinliches, bedrückend Beutelschneiderisches, Konzeptionsloses – egal ob es um Reformen der sozialen Sicherung ging oder um Subventionen. Die Politik kann nicht mehr mit trügerischen Sicherheiten handeln. Die Idee des Sozialstaats ist Konsens, aber sein lebenslanges Funktionieren, die Geborgenheit durch Garantien und Rechtsansprüche werden zunehmend leere Versprechen – von denen plakatiert, die aufgrund ihres privilegierten Zugangs zu Informationen es eigentlich besser wissen. Der Vertrag zwischen wirtschaftlichem Leistungsstolz und Sozialstaat, der »rheinische Kapitalismus« und die soziale Marktwirtschaft, die Synthese von Ökonomie und Arbeitsmarkt – das ist unser Versprechen, unser Gesellschaftsvertrag. Ihn zu modernisieren auf der Grundlage neuer, klar verständlicher Konzepte mit einem engen Bezug zur geänderten Lebenswirklichkeit der Menschen, das ist unsere Aufgabe. Die Devise bleibt Arbeit und Gerechtigkeit – aber angewandt auf eine veränderte Welt. Die Zeit der Reparaturen am Status quo ist vorbei. Es ist Zeit für die Erneuerung.

Die Globalisierung, die Europäische Wirtschafts- und Währungsunion, aber auch der Wandel in der Gesellschaft selbst – etwa ihre zunehmende Überalterung, die Infragestellung der Arbeitsgesellschaft durch eine strukturell verhärtete Massenarbeitslosigkeit und durch neue Formen der Erwerbsarbeit, der Wertewandel – stellen die traditionellen

Institutionen von Politik, Interessenvertretung und sozialem Ausgleich in Frage. Gleichzeitig aber entsteht im selben Ausmaß neuer Orientierungs- und Steuerungsbedarf. Die Aufgabe ist gewaltig: Die Blockaden, die die deutsche Gesellschaft und Politik lähmen, die ihre Institutionen anderthalb Dekaden lang an der fälligen Anpassung gehindert haben, sind durch ein paar schnelle Reförmchen nicht zu beheben. Sie reichen tiefer, bis an fest verwurzelte Mentalitäten. Wer daran rüttelt, erschüttert das Menschenbild strukturkonservativer Politiker – auch in der SPD.

Das Besondere an der deutschen Auseinandersetzung mit den Zeichen der Zeit war in den neunziger Jahren der extreme Stimmungswechsel zwischen himmelhoch jauchzend und zu Tode betrübt, der uns ohnehin als typisch nachgesagt wird: Anfang der Neunziger steckten wir noch in der Zufriedenheitsfalle, als wäre erreicht, was erreicht werden kann, und als würde die Kraft nun gebraucht, durch Bewahren die Zukunft zu meistern. Gegen Ende des Jahrzehnts dagegen denken viele nur noch in den Kategorien der Apokalypse, weil nun die Reform des Bestehenden viel zu wenig scheint und der totale Umbau postuliert wird. Wir haben eine Welle der »Betroffenheitsliteratur« erlebt. Auf den Bestsellerlisten rangierte 1997 das Buch »Absturz« des Fernsehjournalisten Jürgen Roth ganz oben. Seine Diagnose war die eines neuen Klassenkampfes. Eine Leseprobe: »Die Wände der Wohnungen sind naß, Schimmel überzieht die Tapeten, Kakerlaken wimmeln in der winzigen Küche, und die Gesichtsfarbe der Kinder ist aschgrau. Dafür glänzt die Fassade der Baracke, in der Frau S. seit fünf Jahren lebt. Langsam aber sicher reißt das Gespenst des Elends unserer Gesellschaft die Maske der Wohlanständigkeit vom Gesicht; ihre Ehrbarkeit erweist sich als die Schminke einer Dirne.« Deutschland zeigt in solchen Schriften die Szenerie eines Entwicklungslandes – sozial, emotional, politisch.

Eine Folge war, daß noch nie so viele junge Leute aus der Bundesrepublik ausgewandert sind: Zwischen 1989 und 1996 haben über 900 000 das Land verlassen, mehr als in den fünfziger Jahren. Das Bundesverwaltungsamt erwartete für 1997 über 350 000 Beratungen für Auswanderungswillige, Tendenz steigend. Wenn die Einwanderungsländer nicht so zurückhaltend wären, gingen noch viel mehr. Junge Leute unter den Auswanderungswilligen nannten als einen Hauptgrund die »bleierne Schwere« in Deutschland. Was ist Wahres daran? Für die gestaltende Politik fiel in der Ära Helmut Kohls der Vorhang, nicht erst mit der gescheiterten Steuerreform 1997, sie erschöpfte sich in den neunziger Jahren in Scharmützeln um den Solidaritätszuschlag oder um die Rechtschreibreform, die als Dinosaurier staatlichen Regelungswahns mit der Überlebensfähigkeit von Wirtschaft und Gesellschaft in Deutschland nun wirklich gar nichts mehr zu tun hatte. Während die Meinungsmacher die Feuilletons in Bußpredigten verwandelten und es vermieden, Veränderungen und Chancen in einen vernünftigen Zusammenhang zu bringen, entstand ein Szenario der Bedrohung, des Niedergangs. Aber wer sich bedroht fühlt, der klammert sich um so mehr an Gewohntes und Überkommenes. Es entstand ein Teufelskreis aus apokalyptischer Weltsicht und mentaler und struktureller Reformunfähigkeit: Jeder verteidigte, was er hatte, und der Gemeinsinn verfiel. Terror der Ökonomie, Globalisierungsfalle, Ende des Wohlstands – Bedrohungsszenarien lähmten die mentale Verfassung der Politik und der Öffentlichkeit. Wenn die Menschen auf dem Weg in den Urlaub und zurück im Stau stecken, wissen sie wenigstens, wohin sie wollen und wo sie einmal ankommen werden. In der Politik aber haben sich fast zwei Jahrzehnte lang alle, die zum Aufbruch drängten, über das erstrebenswerte Ziel der gemeinsamen Reise ausgeschwiegen.

Es fehlte zu lange an »Leadership«, an einer politischen Meinungsführerschaft, die die Menschen anspricht, statt Ideologien zu pflegen. Die alarmierendste Folge war die »Vier-Augen-Gesellschaft«: Nicht nur die Gewißheiten, die das Sozialsystem verkörperte, sind brüchig geworden, der gesellschaftliche Konsens ist zerfallen. Aber die Debatte über die Ursachen und die Konsequenzen verlief im Kammerton, und ein klares Wort war Mangelware. In den achtziger und neunziger Jahren entstand ein deutlicher Gegensatz zwischen der öffentlichen Debatte, in der verschlüsselt geredet wurde, halbe Wahrheiten dominierten und Illusionen ungestraft verbreitet werden konnten, und der privaten Diskussion, in der Fehler offen zur Sprache kamen und man sich stöhnend die Wahrheit sagte.

Die Sozialpolitiker von CDU und SPD beispielsweise beurteilen die Entwicklung des Rentensystems sicher weitgehend gleich. Die vorliegenden Daten zwingen jeden Fachmann zu einer ähnlichen Einschätzung der Lage. Privat dürften sie deshalb gravierende Systemveränderungen als unabwendbar betrachten. Aber für die Öffentlichkeit vertreten Experten aller Parteien den Gedanken an eine gesetzliche Altersversorgung ohne grundlegende Änderungen. Ähnliches gilt für die Reform der Universitäten. Längst sind sich Bildungsfunktionäre aller Ebenen und Parteien darüber einig, daß die Lehrstuhlinhaber vor Einschnitten in ihre Privilegien stehen und daß die Studiendauer dringend verkürzt werden muß. Die Studenten selbst haben bereits die Notwendigkeit von Studiengebühren erwogen, sofern ihre Beiträge ihrer jeweiligen Universität direkt zugute kommen und zur Verbesserung der Studienbedingungen beitragen. Unter vier Augen dürften sich die politischen Lager auch in ihrer Haltung zu Reizthemen wie Steuerreform, Ausländerkriminalität oder Sozialfürsorge näher sein, als in der öffentlichen Debatte wahrzunehmen ist, in der nicht nach klug oder dumm, sondern gut oder böse unterschieden wird.

Mittlerweile ist das Problem der Vier-Augen-Gesellschaft auch in den Parteien riesengroß, die SPD nicht ausgenommen. Wir werden beherzigen müssen, was Dieter Buhl am 1. Oktober 1997 in der *Zeit* schrieb: »Die Situation verlangt nach Wahrhaftigkeit derjenigen, denen das Wort Gesamtwohl etwas sagt und die die Bundesrepublik weder als Verbände- noch als Nachtwächterstaat verstehen.« In diesem Sinne haben viele übrigens auch die Rede von Roman

Herzog »Aufbruch ins 21. Jahrhundert« verstanden, die der Bundespräsident am 26. April 1997 im Berliner Hotel Adlon hielt. Herzog verglich die gesellschaftliche und ökonomische Dynamik, die er zuvor auf einer Asienreise erlebt hatte, mit der Mutlosigkeit und den Krisenszenarien in Deutschland. Der Reflex, alles Bestehende erhalten zu wollen, führe zur Reformunfähigkeit. Jürgen Engert, Chefredakteur Fernsehen beim Sender Freies Berlin, beschrieb in einem Sammelband mit Stellungnahmen zur Herzog-Rede zynisch überspitzt die Reaktion der versammelten Eliten: »Die letzten Sätze im Hotel Adlon sind gesprochen. das Auditorium steht auf. Einer ruft lauthals: ›Und nun zum Essen!‹ Schulschluß.« Die Reaktionen in der Öffentlichkeit in den Tagen danach waren ähnlich. Allgemeine Zustimmung, doch niemand bezog die Kritik auf sich.

Ludwig Erhard hat in den sechziger Jahren darauf hingewiesen, daß die an sich flache Behauptung, das deutsche Volk sei zwar fähig, Wohlstand zu schaffen, aber offenbar unfähig, ihn auch zu meistern, leider mehr sei als ein billiger Slogan. Wir müssen heute bei allen Akteuren und gesellschaftlichen Institutionen nach Blockaden fahnden und jedes Instrument auf den Prüfstand stellen. Die Ungeduldigen und die Modernisierer müssen sich gegen die Alternativlosigkeit formieren. Zigfach durchgerechnete Konzepte gibt es genügend. Die tariflichen Spielräume für flexiblere Arbeitszeitmodelle sind groß. Der öffentliche Dienst muß für Teilzeit geöffnet werden, im Zusammenhang mit einer umfassenden Modernisierung der staatlichen Verwaltung. Sondertarife für Langzeitarbeitslose und die Subventionierung von Niedrigeinkommen aus eingesparten Sozialhilfemitteln sind machbar. Es gibt Investitionsbedarf für Infrastruktur wie für eine Qualifikationsoffensive. Eine bundesweite Gründungsoffensive nach nordrhein-westfälischem Vorbild ist überfällig. In Deutschland ist der Anteil der Selbständigen in den letzten vierzig Jahren von 17 auf 7 Prozent gesunken, und die Deutschen haben das Unternehmertum verlernt. Die Durchsetzung eines Investivlohns, der nicht nur ein Zwangssparen der unteren Einkommensgruppen ist, könnte zu den Instrumenten gehören, die sie wieder daran gewöhnen.

Das sind nur einige wenige Punkte, die wir sofort anpakken können. Überfällig ist auch ein Ausbildungskonsens zur Flexibilisierung und schnelleren Durchsetzung von Berufsbildern, zur besseren Verzahnung der Lernorte Schule und Betrieb, damit das in Nordrhein-Westfalen gegebene und gehaltene Versprechen »Jeder Jugendliche, der ausgebildet werden will, wird ausgebildet!« überall gelten kann. Und damit sich die Bekämpfung der Jugendarbeitslosigkeit nicht im ideologischen Streit verzettelt; als die Jungsozialisten ihre Forderung nach einer Zwangsabgabe für nichtausbildende Betriebe 1997 auf die zynische Parole brachten: »Wer nicht ausbildet, wird umgelegt!«, da markierte das den absoluten Tiefpunkt der Diskussion, einen Rückfall in tausendmal gescheiterten Dirigismus.

Wir halten in allen Bereichen von Wirtschaft, Politik und Gesellschaft an Institutionen, organisatorischen Regeln, an Strukturen und Verfahren fest, mit denen wir immer weniger in der Lage sind, die neue Unübersichtlichkeit in den Zeiten der Globalisierung, die Aspekte des raschen sozialen und ökonomischen Wandels für die Menschen transparenter zu machen, sie zu ordnen und zu flankieren. Der Bochumer Sozialwissenschaftler Rolf G. Heinze brachte es auf den Begriff, seine Diagnose für die deutsche Krise lautete: Wir leben in einer »blockierten Gesellschaft«, so auch der Titel seines 1998 erschienenen Buches. Philosophisch gesprochen, geht unseren Institutionen und Verfahrensregeln die »sinnstiftende Kraft« verloren, weil die Menschen immer weniger darauf vertrauen, daß sich durch sie mehr Sicherheit in Zeiten zunehmender biographischer Unsicherheit schaffen läßt. Institutionen wie Parteien und Verbänden gelingt es mit ihrer derzeitigen Struktur kaum noch, Zustimmung zu finden, weil potentielle Mitglieder und engagierte Bürger ihnen nicht mehr abnehmen, daß sie mit eingefahrenen Strukturen und Handlungsroutinen der rasanten Veränderungsprozesse Herr werden, die sie selbst alltäglich erleben. Das gilt auch für staatliche Institutionen wie das Rentensystem und ebenso für manche Institutionen der Interessenvertretung von Wirtschaft und Arbeitnehmern. Die Notwendigkeit, Macht, Ideenentwicklung und Handlungskompetenz dezentraler und flexibler zu organisieren und dennoch auf zentraler Ebene Konsens herzustellen sowie Kooperation zu sichern, also mehr Eigenverantwortung im klassischen Sinne des Subsidiaritätsprinzips zu erlauben und abzusichern – diese Notwendigkeit beschäftigt alle Institutionen von Wirtschaft, Gesellschaft und Politik.

Der nach innen horchende, sich im Kreis drehende Diskurs der Jammergesellschaft hat in den Achtzigern viele kluge und praktikable Konzepte dem Verdikt geopfert, nach dem jeder Gedanke an eine konzeptionelle Erneuerung einen Angriff auf den Sozialstaat darstelle. Die pragmatischen Vorschläge paßten einfach nicht in den Grabenkrieg zur Verteidigung des Status quo. Fruchtbare Diskussionen um eine Garantiesicherung in Not und Alter, Konzepte einer Steuer- und Rentenreform – sie alle wurden in den Neunzigern von der Politik leidenschaftslos gefressen, lange durchgekaut, in endlosen Gremiensitzungen verdaut und dann vergessen. Auch die Globalisierung, die eigentlich Anschub für intelligente Reformen hätte sein sollen, geriet schließlich zum lärmenden und lähmenden Popanz. In den achtziger Jahren waren die ersten Krisenszenarien etwa des Arbeitsmarktes und der sozialen Sicherungssysteme noch gewissermaßen Szenarien aus der Binnensicht. Die geltenden Regeln des Sozialstaates selbst wurden von niemandem, von keiner parlamentarischen Kraft ernsthaft in Frage gestellt. Der Blick auf die radikale »Alternative«, den totalitären Sozialismus hinter dem eisernen Vorhang, schien dieses Ansinnen von selbst zu erledigen. Alle parlamentarischen Parteien überschlugen sich bei dem Versuch, Treuebekenntnisse zum Status quo abzugeben. Um so härter ist jetzt der Bruch: Die Globalisierung prüft alle Institutionen der nationalen Gesellschaften und Politik gnadenlos auf ihre Funktionalität im internationalen Wettbewerb – obwohl durchaus noch nicht entschieden ist, welche Anforderungen sie genau stellt und wieviel Spielraum sie bei Anpassungsmaßnahmen läßt.

Die Globalisierung ist Realität, Alltagserfahrung deutscher Manager, die sich täglich mit fremden Recht auseinandersetzen müssen und mit fremden Märkten konfrontiert werden. Sie schrumpft die Welt. Die Nationalstaaten scheinen zu einer belanglosen Zwischengröße zu werden. In Umfragen sagen beinahe drei Viertel der Manager, die Politik sei nur die Vorderbühne, das tatsächliche Geschehen würde von der Hinterbühne der wirtschaftlichen Prozesse geprägt. In allen entwickelten Industrienationen stellt sich neu die Frage nach der Solidarität, dem Zusammenhalt in der Gesellschaft und der Fähigkeit, soziale Sicherheit und ökonomische Effizienz zu verbinden. Die Globalisierung schafft Unsicherheit, wo alles sicher schien. In einem international wettbewerbsfähigen Land mit vielen Standortvorteilen zu leben ist keine Garantie mehr für einen sicheren Arbeitsplatz, im Gegenteil: Die Arbeit scheint gerade in weltweit konkurrenzfähigen Unternehmen unsicherer denn je zu sein. In Branchen wie der Stahlindustrie, die nur noch über den Preis konkurrieren, sehen sich deutsche Arbeitnehmer plötzlich der direkten Konkurrenz von Arbeitskräften am anderen Ende der Welt ausgesetzt, die sie anders als die ausländischen Kollegen im eigenen Betrieb nie werden sehen und einschätzen können. Die deutschen Grenzen bieten keinen Schutz mehr vor den Folgen des Wettbewerbs.

Unter den Stichworten internationale Arbeitsteilung, Transnationalisierung oder Internationalisierung der Unternehmen diskutieren wir den Transfer von Ressourcen, Produktion, Kapital und zum geringeren Teil auch Arbeit von einer Volkswirtschaft in die andere schon so lange, wie wir uns des Phänomens »Weltwirtschaft« bewußt sind – im Zweifel begleitet die Debatte die längsten Phasen der Industrialisierung. Doch die Theorie der internationalen Arbeitsteilung reicht nicht mehr aus, das Standortverhalten internationaler Unternehmen zu erklären. Zu groß sind die Veränderungen der letzten fünfzehn bis zwanzig Jahre: Entwertung räumlicher Distanzen und Grenzen durch die rasante Entwicklung der Telekommunikation, Integration von Datenverarbeitung, Informationstechnik und global vernetztes Wissen. Die Informationstechnologie stellt inzwischen selbst einen zentralen Produktionsfaktor dar, ermöglicht zeit- und distanzlosen Handel, schickt für »stationär« gehaltene Dienstleistungen auf Reisen, über Zeitzonen hinweg und rund um die Uhr.

Die Politik muß sich einstellen auf Unternehmensstrategien, die weltweite Produktionsverbünde organisieren. Statt nationale Produktionsstandorte wie »Made in Germany« herauszustellen heißt es zukünftig: »Made by Daimler« oder »Made by Lufthansa«. Wir sehen uns völlig veränderten globalen Mustern internationalen Handels gegenüber, die auf Dauer keine natürliche oder sektorale Arbeitsteilung zwischen Volkswirtschaften mehr kennen. Wenn neue Produkte, Dienstleistungen und Verfahren die alten verdrängen, auf denen unsere Wirtschaftskraft beruhte, dann müssen wir an der Spitze der Entwicklung sein. Die Chance nachzuholen, haben wir nicht. Noch im Automobilbau mußten die Japaner zahlreiche Innovationsschritte nachvollziehen, bevor sie ein Automobil präsentieren konnten, das auf dem europäischen Markt angenommen wurde. In der Mikrotechnologie und insbesondere der Softwarebranche gilt das nicht mehr, wie vor Jahren das Beispiel des indischen Bangalore zeigte, das in kürzester Zeit zur weltweiten Softwarezentrale aufstieg. Arbeitsplätze, die ein deutsches Unternehmen in Portugal einrichtet, können mit dazu beitragen, daß Arbeitsplätze in Deutschland erhalten und neu geschaffen werden, wenn wir das beste aus jedem Standort machen, die Fertigungen vernetzen, dadurch international konkurrenzfähig werden.

Mittlerweile wachsen die globalen grenzüberschreitenden Investitionen dreimal so schnell wie der Handel. Allein zwischen 1984 und 1990 haben sich die Kapitalexporte der wichtigsten Industrieländer vervierfacht. Neue Ausfuhrrekorde stehen stagnierenden Inlandsinvestitionen gegenüber, rasant wachsende deutsche Direktinvestitionen im Ausland einem lähmenden Investitionsattentismus »daheim«. An den internationalen Kapitalmärkten ist derweil ein neues Zeitalter eingekehrt: 1980 machte der Wert des grenzüberschreitenden Handels in Anleihen und Beteiligungstiteln weniger als ein Zehntel des Bruttoinlandsprodukts der wichtigsten Industrieländer aus. 1997 übertraf er, durch weltumspannende Transaktionen in »Echtzeit« angetrieben, ihre zusammengefaßte Leistungskraft bereits bei weitem. Allein an den Devisenmärkten liegt der weltweite Tagesumsatz in den wichtigen Handelswährungen inzwischen mit rund 1,2 Billionen US-Dollar bei etwa einem Fünftel der jährlich weltweit getätigten Exporte. Weniger als 5 Prozent des Devisenhandels sind durch realwirtschaftliche Tauschgeschäfte unterlegt, der Rest ist bloße finanzielle Transaktion, Rendite und Risiko sind die Gradmesser.

Die exponentielle Zunahme grenzüberschreitender Handels-, Produktions- und Finanzbeziehungen wird eindrucksvoll dadurch dokumentiert, daß sich nach Auskunft der UNCTAD 1997 mittlerweile ein »weltökonomisches« Netzwerk von 39 000 multinationalen Unternehmen mit rund 270 000 Auslandstöchtern ausgebreitet hat. Die Weltexportquote stieg von rund 7 Prozent 1950 über 15 Prozent in 1973 auf heute 22,5 Prozent des weltweiten Bruttoinlandsprodukts. Unabhängig davon, inwieweit die Visionen transnationaler Unternehmen schon verwirklicht sind oder nicht – der Megatrend der Globalisierung ist Realität und bestimmt den Diskurs.

In der öffentlichen Debatte wurde das schillernde Phänomen der Globalisierung auf einen Kostenwettbewerb reduziert. Die Logik der Globalisierungsdebatte ist, der Komplexität des Phänomens zum Trotz, simpel gestrickt: Unternehmen produzieren dort, wo es am kostengünstigsten ist, wobei Kosten aus Steuern, Sozialabgaben und Löhnen bestehen. Gleichzeitig verschiebt sich die Strategie international tätiger Unternehmen von der Markterschließung stärker in Richtung von Kostensenkungen, flankiert durch die wachsende Neigung auch seitens der Industrieunternehmen, auf den expandierenden Kapitalmärkten Zusatzgewinne mitzunehmen, die im angestammten Geschäftsfeld nicht mehr so leicht zu erzielen sind. Vor dem Hintergrund dieser Strategien haben Busineß- und Managementlehren den ökonomischen Großtheorien den Rang abgelaufen, was ihre Erklärungskraft für die Abschätzung der Globalisierungsprozesse betrifft.

Der Staat dagegen, der sich nicht am Wettbewerb der nationalen und regionalen Standorte um Unternehmen und Unternehmensteile beteiligt, der dabei günstige Arbeitskosten, ein transparentes Steuersystem mit niedrigen Sätzen und reduzierte Sozialabgaben bietet, riskiert es anscheinend, sein Territorium in eine Brachlandschaft ohne Arbeitsplätze, Steuereinnahmen und Zukunft zu verwandeln. Aber die Schlußfolgerung, daß die Globalisierung Staat und Politik abschafft und keine Handlungsspielräume läßt – diese Schlußfolgerung darf nicht unser letztes Wort sein. Denn das Fatale an der Globalisierungsdebatte ist, daß sie den gemeinsamen politischen Raum zerstört: Sie macht die Menschen glauben, es gebe keinen Lebensbereich mehr, für den sie über ihre gewählten Vertreter verbindliche, wirksame Regelungen für das Zusammenleben und insbesondere für das Wirtschaften treffen könnten. Zugespitzt formuliert: Gesetzgebung findet in Brüssel statt, die Entscheidung über meinen Arbeitsplatz fällt in einer Konzernzentrale am anderen Ende der Welt, unter dem Druck anonymer Kapitalmärkte und Analysten. Warum soll ich da noch wählen gehen, gestalten und aufbauen, solidarisch sein? Was kann ich dann noch anfangen mit Wahlrecht, Parteien, Verbänden und Kirchen? In der Globalisierungsdebatte ging die Fühlbarkeit und Sinnlichkeit von Politik und das Vertrauen in ihre Gestaltungskraft verloren.

Das galt insbesondere auch für die Vorbereitung der Europäischen Wirtschafts- und Währungsunion. Die Sozialdemokratie hat heute die gewaltige Aufgabe, der EWWU zum Erfolg zu verhelfen und Europa wieder näher an den Bürger zu bringen, nicht zuletzt verpflichtet uns die europäische Ratspräsidentschaft dazu. Es ist gewiß paradox: Ausgerechnet derjenige, der vor der übereilten Einführung des Euro gewarnt hat, der sich von der Euphorie, der Euro schaffe automatisch Arbeitsplätze, nie anstecken ließ, will nun in deutscher und europäischer Verantwortung die Basis für den Erfolg des Euro legen. Es gilt, den Euro ehrlich zu machen. Die politische und publizistische Diskussion über den Euro, die Sachlichkeit und nüchterne Abwägung so nötig gehabt hätte wie kein zweites Projekt, hatte bereits 1997 im Kreuzfeuer taktisch motivierter Positionen den Charakter eines Glaubenskrieges angenommen, der nur noch die »Wahl zwischen Pest und Cholera« zu lassen schien, zwischen Weichwährung und ökonomischer Kleinstaaterei. Die neurotische Debatte über den Starttermin der EWWU und die Erfüllung der Qualitätskriterien zur Teilnahme am Euro-Projekt war ein schlechtes Omen. So, wie sie 1996 und 1997 gelaufen ist, bot die Debatte über Europa und den Euro keine strategischen Antworten auf die Herausforderungen der neuen Epoche, es regierte nationaler Kleinmut.

Schon meine Generation, und erst recht die Jüngeren, sehen in Europa einen selbstverständlichen Teil ihres Lebens, nicht den Preis für unsere Geschichte und auch nicht eine Entscheidung über Krieg oder Frieden, sondern eine Chance für die Zukunft. Bereits heute wird vor allem die Verbindung von Wirtschafts- und Europapolitik immer enger, Gespräche und Abstimmungen mit der EU-Kommission – etwa über die problematischen Auswirkungen der Reform der EU-Strukturpolitik auf Länder wie Nordrhein-Westfalen – sind für einen Landeswirtschaftspolitiker Tagesgeschäft und längst wichtiger als Verhandlungen mit dem Bund. Die wirtschaftliche Realität von Ländern und Regionen wird in Europa maßgeblich geprägt. Die Politik muß die enormen ökonomischen und gesellschaftlichen Chancen der EWWU betonen, aber auch die Bedingungen, die notwendigerweise erfüllt werden müssen, sollen diese Chancen genutzt werden. Die gemeinschaftliche europäische Währung kann die Position der Europäischen Union im globalen Wettbewerb mit anderen Wirtschaftsregionen stärken, sie kann uns mehr Einfluß auf die Spielregeln der Weltwirtschaft verschaffen und einen Beitrag leisten zu einem überschaubaren Weltfinanz- und Handelssystem. Für den Standort Deutschland entstehen neue Chancen, wenn der wechselkursbedingte Druck auf die exportorientierten Unternehmen wegfällt.

Die EU zeigte sich aufgrund ihrer Zuständigkeit für den Außenhandel in Uruguay stark, sie allein war imstande, die Fusion von Boeing und McDonald-Douglas zu korrigieren – und sie wird künftig auch im Aushandeln der Währungsparitäten stark sein. Das Elend der deutschen Nationalökonomie ist, daß sie nicht erkennt, welche Rolle Macht – heute und in Zukunft – in der Wirtschaft noch spielt. Sie unterschätzt die Macht des Dollars, der stärker als die Deutsche Mark politisch disponibel ist. Das kann man insbesondere für die Jahre 1991 bis 1994 sehr gut belegen. Ganz ohne Zweifel besteht ein globaler Bedarf an einer zweiten Weltwährung. Aus dieser Sicht ist die EWWU die letzte Chance der alten Welt, mitzureden. Und die Währungsunion wird schließlich krisenfestere Finanzmärkte bringen. In den Niederlanden hofft man unter anderem deshalb auf den Euro, weil auf einem größeren Finanzmarkt und bei günstigeren Zinsen auch die Refinanzierungsspielräume der öffentlichen Körperschaften größer werden, als sie es mit den begrenzten nationalen Finanzmärkten sind.

Gerhard Schröder hat 1997 allerdings auch die Risiken des Euro benannt und ist für seine Kurzformel, die gemeinsame Währung sei eine »Frühgeburt«, die man nun erst noch sorgfältig aufpäppeln müsse, stark kritisiert worden. Fest steht aber: Der Euro wird unsere Probleme auf dem Arbeitsmarkt nicht lösen. Es gibt Branchen, da kommen bestehende Arbeitsplätze schneller unter Druck, als in anderen Bereichen neue Beschäftigung entstehen kann. Die Anpassungen, die die deutsche Wirtschaft, vor allem die kleinen und mittleren Unternehmen und die Verwaltungen in der EWWU erwarten, werden sich nicht automatisch einstellen, sondern sie gehören ins Zentrum zukünftiger konzeptioneller Politik. Der Kampf gegen Steuerdumping gehört auf die Tagesordnung, und dasselbe gilt für die Koordination aller Systeme – vom Sozialen bis zur Umwelt. Der Internationale Währungsfonds hat 1998 nicht umsonst zentrale Risiken für den Euro in der deutschen Innenpolitik ausgemacht – vor allem eine deutsche Untätigkeit in der Arbeitsmarktpolitik hätte aus Sicht vieler internationaler Beobachter langfristig stabilitätsbedrohende Wirkungen. Die hohe und dauerhafte Arbeitslosigkeit in Deutschland kann eine mindestens so große Bedrohung für die Stabilität der gemeinschaftlichen Währung werden wie die Probleme in den Bilanzen anderer Länder.

Der Kern der Probleme ist nicht der Schuldenstand einzelner Länder, sondern die »hinkende Konstruktion« der Europäischen Wirtschafts- und Währungsunion mit ihrer supranationalen Geldpolitik und einer demgegenüber unzureichenden Koordination der Wirtschafts-, Finanz- und Beschäftigungspolitik. Im Oktober 1991 hat Bundeskanzler Helmut Kohl im Deutschen Bundestag ausgeführt: »Man kann dies nicht oft genug sagen. Die politische Union ist das unerläßliche Gegenstück zur Wirtschafts- und Währungsunion. Die jüngere Geschichte lehrt uns, daß die Vorstellung, man könne eine Wirtschafts- und Währungsunion ohne politische Union auf Dauer halten, abwegig ist.« Damals machte das Wort von der »Krönungstheorie« die Runde: der Euro als Höhepunkt und Abschluß. Gehalten wurde dieses Versprechen nicht. Nun gilt es, diese Erblast nicht länger zu beklagen, sondern nachzuholen, was versäumt wurde.

Wenn wir die unbestreitbaren Chancen der europäischen Gemeinschaftswährung nutzen wollen, brauchen wir nicht nur eine hinreichende Konvergenz der Volkswirtschaften, sondern auch die Koordination der nationalen Wirtschaftspolitiken in Europa. Die Stabilitätsorientierung der Europäischen Zentralbank braucht flankierende Maßnahmen im Bereich der Fiskal-, der Steuer- und der Arbeitsmarktpolitik. Eine griffige Reform der institutionellen Entscheidungsmechanismen und eine Effizienzreform der Kommission ist unabdingbar, und zwar nicht erst im Rahmen von Maastricht III, IV oder V. Der Vertrag von Maastricht hat keinem Land vorgeschrieben, wie es das Kriterium der Geldwertstabilität erreicht, der Weg zum Ziel mußte national ausgestaltet werden. Das gilt auch für die Forderung der deutschen Sozialdemokraten, Sozialdumping zu verhindern. Die meisten unserer Nachbarn können sich unseren hohen Standards nicht anschließen, denn in der Union gibt es Gruppen von Ländern mit sehr unterschiedlichen Sozialleistungsquoten. Wir brauchen deshalb verschiedene »Korridore« der sozialen Sicherheit, innerhalb derer sich die Länder aufeinander beziehen und ihre Standards zielgerichtet annähern können – das wäre unter »Harmonisierung« zu verstehen. Angesichts von 3,2 Prozent Arbeitslosigkeit in Luxemburg und 22,2 Prozent in Spanien kann Europa nicht auf eine »gleichgeschaltete« Sozial- und Arbeitsmarktpolitik setzen, kann es sich aber auch nicht leisten, das einzelne Land mit seinen Problemen alleine zu lassen. Und wir brauchen eine Steuerharmonisierung, vor allem bei den grenzüberschreitend wirksam werdenden Unternehmenssteuern, denn es muß verhindert werden, daß den Unternehmen die Verlegung ihrer Firmensitze mit Dumpingangeboten schmackhaft gemacht wird. Der Verhaltenskodex des Maastrichter Vertrages greift zu kurz, solange nicht verbindlich geklärt werden kann, welche nationalen Praktiken als »schädlicher« Steuerwettbewerb zu qualifizieren sind und solange Ausnahmetatbestände zum Einfallstor werden können. Der Kern ist: Ohne die Bekämpfung der europäischen Massenarbeitslosigkeit gibt es auf Dauer keinen stabilen Euro. Wenn wir die Chancen der gemeinschaftlichen Währung wahrnehmen wollen, gibt es nur den einen Weg: in eine freiheitlich-demokratische, föderativ strukturierte, nach außen offene und nach innen liberale Union, die kulturelle, sprachliche und ethnische Vielfalt mit Kernelementen einer europäischen politischen Einheit verbindet – die also nur dort integriert, wo die einzelnen Nationalstaaten jeweils alleine überfordert sind, und wo Verwaltungszusammenarbeit nicht ausreicht. Die EWWU bietet die Chance, bei pragmatischen Lösungen voneinander zu lernen, sie ist das gigantischste Benchmarking-Projekt der Geschichte.

Die Globalisierung und die EWWU bedeuten das Ende aller ideologischen Schulen. Von der flexiblen Arbeitszeitverkürzung über eine aktivierende Sozial- und Beschäftigungspolitik bis zur Gestaltung einer intelligenten ökonomischen Angebotspolitik »von links« – überall brauchen wir neue, intelligente Antworten, die sich im Zweifelsfalle um die Formeln in den Programmbüchern nicht scheren. Meine Haltung zur Globalisierung und zur fortschreitenden Integration der Nationalstaaten Europas ist folgende: Zwischen den unzweifelhaften ökonomischen Trends und den Menschen gibt es seit jeher Filter, die die Auswirkungen der Modernisierung erträglich machen und in gesellschaftlichen Fortschritt umwandeln. Die Geschichte des Wohlfahrtsstaates liest sich als dieser Versuch. Aber die staatlichen und korporatistischen Institutionen, von denen wir das erwarten, sind zum Teil ebenso alt wie das Modell selbst. Ihre Anpassungsfähigkeit ist groß, wurde aber zu lange nicht in Anspruch genommen, so daß Strukturen verfilzten und »bewährte Verfahren« zur Bremse wurden. Auch unter den Imperativen des Weltmarktes sind Solidarität und soziale Sicherheit zu organisieren, aber in neuen Formen.

Die traditionellen Institutionen zu aktivieren, sie umzubauen, nicht einzureißen, das ist die Aufgabe. Im Sommer 1997 erlebte Deutschland – als Konsequenz einer ausufernden Standortdebatte ebenso folgerichtig wie fatal – schließlich selbst den Vorstoß auf die Verfassung der Bundesrepublik. Dem Föderalismus wurde der Fehdehandschuh hingeworfen. Er wurde als Verursacher des politischen und gesellschaftlichen Stillstands diffamiert, angefeuert durch den uralten Vorwurf jeder Regierung an die Opposition, wenn die im Bundesrat die Mehrheit führt: »Blockade!« Diese Schuldzuweisung an den Bundesrat war angesichts des Stillstandes und der Blockade, die die Regierung selbst verursacht hat, eine taktische Umdeutung. Hans-Olaf Henkel, der sich dazu hergab, den Vorstoß gegen die Länder in die Öffentlichkeit zu tragen, war gewiß vom Interesse der im globalen Wettbewerb stehenden Unternehmen geleitet, keinesfalls von Verfassungsfeindschaft. Sein Vorstoß war bestenfalls naiv, aber er war auch fahrlässig. Denn eine Diskussion »Unternehmer gegen den Föderalismus« ist zwar eine Neuauflage einer deutschen Diskussion aus den späten zwanziger Jahren, aber sie ist angesichts des unabweisbaren Trends zur Europäisierung – bei korrespondierender Regionalisierung – alles andere als zeitgemäß. In den Reformländern Europas ist ganz im Gegenteil die politische, gesellschaftliche und ökonomische Schwäche des Zentralstaats erkannt. Nicht nur aus Gründen der Integrationspolitik gibt es Versuche mit stärkerer Dezentralisierung, regionaler Autonomie und föderalen Veränderungen.

Die Debatte in den zwanziger Jahren zeigt stellvertretend, wie wenig hilfreich Unternehmervorstöße mit politischem Stammtischverständnis sind. Damals unternahmen der Chef der Gute-Hoffnung-Hütte, Paul Reusch, der Reichsbankpräsident Luther und andere den Versuch der »Reichsreform«. Ihre Ziele: Einschränkung des Föderalismus, Beschneidung des Tarifvertragssystems, allgemein »Verschlankung des Parlamentarismus«. In der Krise der Wirtschaft sahen die Akteure eine Krise der demokratischen Verfahrensstrukturen und prangerten die Entscheidungsunfähigkeit des Staates im Dschungel der Interessen an, damals nicht anders als heute. Und wieder scheint es einigen, der föderale parlamentarische Verfassungsstaat produziere in der Krise vor allem Unregierbarkeit. Der Unterschied: Es waren damals keine Verfassungsfreunde am Werke, die die Diskussion anstießen, Reusch und Konsorten hätten liebend gerne auf den Parlamentarismus samt Reichstag verzichtet. Das ist heute anders, niemand kann und will den Bundesrat ernsthaft abschaffen. Doch in den zwanziger Jahren wurde die Legitimation der jungen föderalen parlamentarischen Demokratie so schwer beschädigt, daß die Konsensgegner mit ihren Konfliktparolen leichteres Spiel hatten. Das Ende ist bekannt.

Dabei hat Henkel im Prinzip gar nicht Unrecht. Wie alle Institutionen muß sich auch der Föderalismus besinnen: Was will er, was soll er? In Westdeutschland hat sich ein aufwendiger und alle Anreize einebnender »Ausgleichsföderalismus« entwickelt, bei dem eine starke Tendenz zum Kompetenzausbau des Bundes mit einer immer stärkeren kompensierenden Beteiligung der Landesregierungen an der Willensbildung des Bundes und an den großen europäischen Richtungsentscheidungen erkauft wurde. Bei den Ländern selbst blieben immer weniger eigene Kompetenzen, mit dem Ergebnis, daß das Selbstvertrauen der Länderparlamente in die eigene Handlungs- und Steuerungsfähigkeit schwand und der nivellierende Finanzausgleich trocknete den Ehrgeiz, die Finanz- und schließlich auch die Erfolgsverantwortung der Länder aus. Der Länderfinanzausgleich in seiner jetzigen Form trägt dazu bei, daß wir einen gesunden »Konkurrenzföderalismus«, den wir dringend brauchen, bislang nicht entwickeln konnten.

In vielen Bereichen hat die Vielzahl der Bund-Länder-Kommissionen eine Art »Hyperkoordination« etabliert. Die wichtigste Frage lautet: Können wir mit einem Föderalismus leben, der die »Gleichheit der Lebensbedingungen« nicht absolut setzt, für den ökonomische Gleichmacherei nicht alles ist, dessen Sinn, Funktionsprinzip und Wesenskern statt dessen der Wettbewerb um die besten Lösungen wird? In der regionalisierten Strukturpolitik des Landes Nordrhein-Westfalen schlägt sich bereits seit Beginn der Achtziger eine gewachsene Bedeutung der Regionen als wirtschaftspolitische Akteure im europäischen Wettbewerb der Standorte nieder. Wirtschaftlicher und sozialer Zusammenhalt in Europa verlangt deutliche Abstriche gegenüber unseren überzogenen Zielvorstellungen der Einheitlichkeit. Umgekehrt wird für die Regionen viel davon abhängen, wie das Subsidiaritätsprinzip neu ausgestaltet wird, welchen ordnungspolitischen Gestaltungswillen die EU diesbezüglich an den Tag legt.

Um so wichtiger ist es, die »negative Koordination« des Föderalismus schnell zu beenden und zu einer sauberen Kompetenzverteilung und mehr kreativem anreizförderndem Wettbewerb zwischen den Bundesländern zu kommen. In Europa muß jede Form zentralistischer Steuerung scheitern, statt dessen brauchen wir einen kreativen Föderalismus, der die Aufgaben, die Kompetenzen, die Finanzierung und die Ergebnisverantwortung klar verortet. Ich kann mir selbst eine europäische Armee vorstellen. Kulturpolitik hingegen kann, ja muß im wesentlichen regional sein, bestenfalls koordiniert und ergänzt durch den Bundesbeauftragten für Kultur. Die Schulpolitik wiederum sollte stärker europäisch koordiniert werden, um eine Vergleichbarkeit der Abschlüsse herzustellen. Dabei ist nichts überflüssiger als ein Bundesbildungsministerium! Die Orientierungspunkte der Bildungspolitik sind die Regionen und die EU – oder besser noch die Befähigung zur internationalen Mobilität. Auch der Förderalismus ist, was man aus ihm macht. Mit neuen Inhalten gefüllt, wäre er moderner denn je. Die USA, Spanien, Großbritannien versuchen den Föderalismus zu beleben, für Nordirland könnte er Hoffnung auf Lösung sein. Aufgabe des Bundesrates muß es wieder werden, die Selbstorganisation und die Problemlösungsfähigkeit der Bundesländer zu koordinieren und zu stärken.

In der Wirtschaftspolitik wird das ganz deutlich. Im internationalen Wettbewerb treten die sogenannten harten Standortfaktoren in ihrer Bedeutung zurück, und ihre Kraft für die ökonomische »Raumdifferenzierung« nimmt ab, weil sie mittlerweile überall als selbstverständlich vorausgesetzt werden können. Deshalb werden die Entwicklung eines unverwechselbaren Standortprofils wichtiger, die

Qualität von Schulen und Berufsschulen, Fachhochschulen, Hochschulen und Weiterbildungseinrichtungen, die wirtschaftsnahe Forschung und der Technologietransfer, die Zusammenarbeit von kleinen, mittleren und großen Unternehmen, die intelligente Nutzung der Individual-, Massen- und Güterverkehrssysteme, schließlich die Kommunikationsinfrastruktur und auch die kulturellen Faktoren. Wie man die »Sprunginvestitionen« von Existenzgründern und Mittelständlern fördert, wie leicht Chancenkapital zu bekommen ist, wie flexibel und innovativ Verwaltungen agieren, wie kreativ die Forschungspolitik Daten- und Informationsverbünde knüpft – all das entscheidet sich im Bundesland. Jeder dritte Arbeitsplatz in einer Region erklärt sich nicht aus übergreifenden Faktoren, sondern aus den Strukturen vor Ort. Es ist gerade eine Folge der Globalisierung, daß man auf der ganzen Welt eine kleine Region oder auch nur ein Tal kennt, in dem sich Spitzenunternehmen ballen – klassisch »Silicon Valley«. Gerade in der Globalisierung wird die Spezialisierung und die Spitzenleistung zur Chance der Region. Mittelmaß verliert. Die Regionen müssen mit Konzept und Methode zum Innovationswettstreit angehalten werden. Nordrhein-Westfalen verfügt in dieser Hinsicht über die meisten Erfahrungen unter allen Bundesländern. Andere Beispiele finden wir etwa in der Außenwirtschaftspolitik, wo sich Bundesländer den Unterhalt von Außenstellen in Singapur und anderswo teilen. Wir haben zur Zeit Wichtigeres zu tun, als die Länder neu zu gliedern, zumal es dafür heute keine politischen Mehrheiten gibt – und vor allem keine Mehrheiten bei den Bürgern.

Überall können die Prozesse und Institutionen, die heute noch für die Blockaden in Gesellschaft und Politik verantwortlich sind, umgekehrt oder umgebaut und aktiviert werden. Der Kampf gegen die Alternativlosigkeit ist jetzt aufgenommen. Wir müssen die Politik wieder in Gang bringen. Gerade die SPD muß ihre Tore weit öffnen für all diejenigen, die an Ergebnissen orientiert sind, nach dem Credo »Eine kleine Tat ist mehr als große Worte« leben und den moralischen Maßstab für politisches Handeln aus tatsächlichem Geschehen ableiten. In Zeiten großen Problemdrucks ist das Gutgemeinte fatal – nur noch das Gutgemachte als Beurteilungsgrundlage für Politik zählt.

Ich votiere vehement gegen die Verteidigung des Status quo: Weil unter dem wachsenden Problemdruck jede noch so kleine Innovation, die die Probleme angreift, durchgesetzt werden muß, selbst wenn die Lösung manchmal nicht den eigenen Prinzipien entspricht. Und weil Sozial- und Arbeitsmarktpolitiker, die den Status quo des Wohlfahrtsstaates verbissen verteidigen, in Wahrheit die Totengräber des Sozialstaats sind. Sie stehen an der falschen Front, genauso wie seine marktliberalen Kritiker, die auf Abbau, nicht auf Umbau setzen. Die alte deutsche Untugend, von der Richard Wagner einmal sagte: »Deutsch sein heißt, eine Sache um ihrer selbst willen zu tun« – sie darf pragmatisches, an der Problemlösung orientiertes Handeln nicht mehr blockieren. Ein Volk, in dem man nur die Risiken einer Veränderung diskutiert und nicht ihre Chancen, reagiert nicht mehr schnell genug.

Die Zersplitterung der Arbeitsgesellschaft, das Finanzierungsdesaster der sozialen Sicherung – wir erleben die bestprognostizierte Krise des Jahrhunderts, nachzulesen in den Studien der achtziger Jahre. Bezüglich des Rentensystems liegen die demographischen Zusammenhänge seit mehr als zwanzig Jahren auf dem Tisch, die Auswirkungen der Globalisierung auf die Unternehmen und die Volkswirtschaft wurden vor Jahren beschrieben, die Diskussion um das »Ende der Erwerbsarbeit« und die Krise der Arbeitsgesellschaft stammt von Anfang der achtziger Jahre. In Deutschland herrscht, mit anderen Worten, kein Mangel an Konzepten. Entsprechend der Krisenszenarien datieren auch viele Vorschläge zur Bekämpfung der Misere aus dem vergangenen Jahrzehnt: Arbeitszeitflexibilisierung auf breiter Front, Ergänzung der Sozialversicherung um Elemente einer Basis- oder Garantiesicherung, Öffnung des Arbeitsmarktes für gering Qualifizierte und Arbeitslose durch Einstiegstarife und Lohnsubventionierung etc. Doch wenn wir uns heute umsehen, stellen wir fest: Andere Länder haben längst umgesetzt, was bei uns seit 15 Jahren auf dem Tisch liegt. Während die Reformen etwa in den Niederlanden angegangen wurden, zerredet man sie in Deutschland zäh – bis heute. Da gilt es jetzt mit rigorosem Pragmatismus zum Kern der Probleme durchzustoßen. Otto Graf Lambsdorff forderte bei seinem Abschied als wirtschaftspolitischer Sprecher der FDP, jede Wirtschafts- und Finanzpolitik müsse sich an dem Ergebnis messen lassen, das auf dem Arbeitsmarkt ablesbar ist. Er hat recht.

Um das zu erreichen, müssen drei Blockaden niedergerissen werden. Erstens: Das vielzitierte »rheinische« Kooperationsmodell ist in einer ernsthaften Krise. Nicht, weil eine »Konsenssoße« die Problemlösung erstickt, sondern weil sich Kooperation heute auf die Fähigkeit bescheidet, Minimalkompromisse zwischen der eigenen Rationalität und der des direkten Gegenübers zu erzielen. Das Ergebnis ist Kooperation als taktisches Kalkül, nicht mehr ausgerichtet an gemeinsamen Zielen, sondern an subtilen Machtfragen. Wer sich zuerst bewegt, um Gestaltungsfreiheit wiederzugewinnen, ist geschwächt. In solchen Ritualen wird jeder Institution Eigennutz unterstellt, auch den traditionellen Institutionen gesellschaftlicher Verhandlung und Schlichtung. Das Scheitern des ersten, von IG Metall-Chef Klaus Zwickel 1996 initiierten Bündnisses für Arbeit an der früheren Regierungskoalition hat gezeigt: Die Fähigkeit der Tarif- und Sozialpartner, Verbände, Parteien und Parlamente, Verantwortung für das Gemeinwohl wahrzunehmen, ist gefährdet. Das ist auch abzulesen an der Strukturkrise von Arbeitgeberverbänden, Gewerkschaften, Kammern und Kirchen. Eine üppig gesponserte radikale Ein-Punkt-Bürgerinitiative bietet heute eine leichtere Art, Interessen durchzusetzen, als der Weg durch die unter Legitimationszwang stehenden Parteien.

Zweitens: Der Irrtum, der Staat hemme in der Globalisierung nur die dynamische Entwicklung von Wirtschaft und Gesellschaft. Deregulierung als Glaubenssatz. Weil die

Konservativen nicht die Kraft hatten, ihre Politik aus Werten und neuen Entwürfen zu begründen und gegen die »versäulten« Interessen durchzusetzen, verlegten sie sich seit 1982 immer wieder darauf, vermeintliche oder konstruierte Sachzwänge vorzuschieben.

Und eine dritte institutionelle Blockade wurde offensichtlich, als nach dem Scheitern des »Bündnisses für Arbeit« 1996 ein gesamtgesellschaftliches »Malefizspiel« begann, dessen Logik darin besteht, dem Gegner möglichst viele Steine in den Weg zu legen. Bei dem bis heute 1,2 millionenmal verkauften Spiel »Malefiz« ist das Erreichen des einzigen (!) Zielpunkts weniger wichtig als die vollständige Blockade der Mitspieler. Als 1960 das sportliche Wettrennen »Mensch-ärgere-dich-nicht« durch diese rabulistische Variante bereichert wurde, erregte das noch Aufsehen. Heute steht der Dauerbrenner im Spielemarkt für eine neue politische Logik: Als sich in Nordrhein-Westfalen Anfang 1996 Gewerkschaften, Kammern, Politik und Verwaltung an einen Tisch setzten, um in freiwilliger Selbstverpflichtung die überfällige Strukturreform des dualen Systems anzupacken und jedem eine Lehrstelle anzubieten (»Ausbildungskonsens«), flatterten Brandbriefe Bonner Verbandsspitzen auf den Tisch, die jeder einzelne das deutsche Credo riefen: Gibt's doch gar nicht! Wenn da jeder käme! Der Malefiz-Mechanismus blockiert die Fähigkeit, Strategien und Politik zu formulieren. Er führt zu Risikoscheu, Intoleranz gegenüber Fehlern und Lernschwächen in Unternehmen, Parteien und Verwaltungen. Aus der Innovationsforschung ist dieser lähmende Effekt bekannt. Das Krisenverhalten in der Politik ähnelt heute einem biologisch-physikalischen Experiment: Wenn man einen Frosch in heißes Wasser wirft, springt er sofort hinaus. Wenn man ihn aber in kaltes Wasser setzt und die Flüssigkeit langsam bis auf Siedetemperatur bringt, wird er sitzen bleiben, bis er gesotten ist.

Es ist höchste Zeit. Die soziale Marktwirtschaft hat nicht versagt. Aber es gilt, zu ihren Prinzipien zurückzukehren.

Der Vertrauensverlust unseres Wirtschaftssystems muß gestoppt werden. Auf Basis einer repräsentativen Umfrage Ende August 1997 kamen die Mannheimer Sozialforscher Matthias Jung und Dieter Roth vom Institut für praxisorientierte Sozialforschung (ipos) in einer Studie im Auftrag des Bundesverbandes deutscher Banken zu einer verheerenden Einschätzung politischen Vertrauens in Deutschland. Was die über 2000 Befragten zu Protokoll gaben, zeigt deutlich, daß alle Blockadeszenarien – von der Schwäche der Eliten und dem Kompetenzverlust der Parteien über die allgemeine »Jammergesellschaft« bis zu der von Krämpfen begleiteten Modernisierung des Korporatismus – zu einem Vertrauensverlust geführt haben, den die Bundesrepublik noch nie erlebt hat. Angesichts wirtschaftlicher Probleme und politischer Stagnation glauben am Ende des Jahrtausends 60 Prozent der Deutschen, die Bundesrepublik sei schlecht auf die Herausforderungen der Zukunft vorbereitet. Damit ist weniger gesagt über die Wettbewerbssituation der Volkswirtschaft als über das Vertrauensverhältnis zwischen den Bürgern und der politischen Führung.

Denn auf Schlagzeilen und Debatten haben sich alle Deutschen ihren Reim gemacht. Drei Viertel sagen, es habe der letzten Bundesregierung an der Entschlossenheit und Durchsetzungskraft gemangelt, sich über die widerstreitenden Interessen gesellschaftlicher Teilgruppen hinwegzusetzen. Von zwölf Einrichtungen des öffentlichen Lebens, Polizei und Bundesverfassungsgericht an der Spitze, rangieren Regierung und Parteien auf den beiden letzten Plätzen, was das Vertrauen in ihre Problemlösungsfähigkeit angeht. Die Botschaft ist eindeutig: Die Menschen vermissen eine politische Kraft, die ihnen sagt, wohin die Reise gehen soll. Politische Führung könnte nicht nur die Sachprobleme lösen, sondern auch das Vertrauen der Bevölkerung zurückgewinnen. Führungsstärke halten 80 Prozent der Bürger für eine Überlebensbedingung der Demokratie! Im August 1998 veröffentlichte die Zeitschrift *Capital* eine Befragung von Führungskräften (»Elite-Panel«) des Allensbach-Instituts.

Danach machten damals 46 Prozent der Entscheidungselite Regierung und Opposition gleichermaßen für die Blockaden verantwortlich. Und die Kritik richtete sich an die Gewerkschaften und Arbeitnehmer. Zwei Drittel beurteilten das Verhältnis zwischen den Tarifparteien als »eher schlecht« und glaubten, daß es sich (zu Lasten der Arbeitslosen) in den vergangenen Jahren weiter verschlechtert habe.

Die Befragungsergebnisse zeigen deutlich, daß die über die Medien alltäglich vermittelten Krisenszenarien eine pessimistische Weltsicht verfestigt haben, auch dort, wo persönlicher Mut und Initiative noch vorhanden sind. 70 Prozent der Bundesbürger sind in Hinblick auf ihre eigene Zukunft eher optimistisch, aber zwei Drittel antworten auf die Frage nach der Grundstimmung der meisten anderen Deutschen: »eher nicht optimistisch«. 90 Prozent sind mit ihrem Leben zufrieden, aber mehr als die Hälfte vermutet wachsende Unzufriedenheit in der Gesellschaft. 80 Prozent schließlich meinen, bei uns werde zuviel gejammert. Die höchsten Löhne, die kürzesten Arbeitszeiten und den längsten Urlaub können wir uns nach Ansicht einer überwältigenden Mehrheit nicht mehr leisten: »Noch geht es uns gut, aber wenn wir so weitermachen, steigen wir ab!«

Angesichts der auseinanderlaufenden Selbst- und Fremdwahrnehmung und einer enormen Sicherheitsfixierung der Bürger drängt sich die Frage auf, welche Zumutungen die Menschen in Kauf zu nehmen bereit sind. In Ost und West ist man sich einig, daß der Staat das Geld, das er zum Stopfen der Haushaltslöcher benötigt, nicht aus höheren Steuern schöpfen soll. Auch die Staatsverschuldung soll nicht ausgedehnt werden. Statt dessen plädieren die Bürger dafür, Beteiligungen zu verkaufen und staatliche Ausgaben zu kürzen: Das erstere schmerzt den einzelnen nicht. Und das letztere läßt hoffen, daß man selbst von Kürzungen verschont wird. Bei der Frage, auf welchen Gebieten denn gespart werden sollte, werden Sozialhilfe, Arbeitslosengeld und Leistungen für Asylbewerber genannt. Das sind nicht zufällig

Bereiche, bei denen die Mehrheit der Befragten von Kürzungen selbst nicht betroffen wäre.

Eine unauflösbare, paradoxe Anspruchsmentalität? Man kann die Daten als deutlichen Beleg für die mentale Blockade einer Gesellschaft werten, der nur durch die rauhen Winde des Wettbewerbs die Gedanken noch klarzupusten sind. Entscheidend aber ist, daß die Bereitschaft zu Veränderungen im engsten Zusammenhang mit der Führungsfähigkeit der politischen Klasse steht. Die Einsichten aus der Untersuchung von Jung und Roth sind ernüchternd. Sie machen aber deutlich, daß die Politik Rückenwind für Reformen hat, wenn sie sich aus ihrer Selbstblockade löst. In Deutschland wurde zu lange Politik mit der Angst gemacht. Wir müssen die sehr ernst nehmen, die befürchten, daß das sorgfältig austarierte Gleichgewicht von Freiheit und Gemeinsinn verloren geht – Stichwort »Ökonomisierung von Politik und Gesellschaft«. Aber so kann das nicht gemeint sein. Gemeint sein muß, daß in Zukunft keine Lösung, kein Instrument staatlichen Handelns mehr unökonomisch sein darf. Ökonomisches Denken ist das Überlebenstraining für das nächste Jahrhundert. Das ist jedoch nur das Mittel zum Zweck, eine humane Gesellschaft finanzieren zu können. Der Markt ist kein Selbstzweck, sondern ein Instrument. Doch auch das gesamte sozialpolitische Instrumentarium kann von der ökonomischen Logik profitieren, wenn es auf arbeitsmarktpolitische Effekte ausgerichtet und an ihnen gemessen wird.

Es gibt quasi ein ungestilltes, vagabundierendes Identitätsbedürfnis der Bürger mit ihrem Staat. Die Menschen haben Staatshandeln und Politik seit Anfang der Achtziger nicht mehr als sinnvoll vereinbar mit ihrem Alltag erlebt. Es ist das schwindende Vertrauen in die Problemlösungsfähigkeit der deutschen Politik, nicht das Zweifeln am Modell selbst, das die Identitätskrise der sozialen Marktwirtschaft ausmacht. Die Allensbach-Untersuchung bestätigte beides: Den Verlust des Vertrauens in die Wirtschaftsordnung, der Westdeutschland seinen ökonomischen Wiederaufstieg nach dem Zweiten Weltkrieg verdankt, aber auch die Hoffnungswerte wachsenden Leistungswillens. Die Ideale Ludwig Erhards haben Konjunktur, während das Vertrauen in die Fähigkeit des Staates sinkt, diesen Idealen neue Bahnen zu brechen.

Noch bis vor einem Jahrzehnt, davon sind die Deutschen überzeugt, standen Marktwirtschaft und Soziales in einem ausgewogenen Verhältnis. Dieses Gleichgewicht ist es, das in den Köpfen der Menschen die Leistungsfähigkeit wie die Menschlichkeit und die Glaubwürdigkeit des Systems ausmacht. Denn Leistung bringen und den Wettbewerb annehmen, das wollen die Deutschen. Über 70 Prozent stimmen dem Satz zu: »Wettbewerb ist gut. Er bringt die Leute dazu, hart zu arbeiten und neue Ideen zu entwickeln.« Daß für höhere Leistungen größere Anreize geboten werden müßten, unterschreibt ebenfalls eine deutliche Mehrheit (im übrigen zu Lasten einer Verringerung der Einkommensunterschiede). »Der Wohlstand kann wachsen, so daß genug für alle da ist« – davon ist das Gros der Deutschen ebenso überzeugt wie davon, daß jeder einzelne mehr Verantwortung für sich selbst übernehmen müsse. In einer Emnid-Umfrage vom Januar 1997 gaben 56 Prozent der befragten 14- bis 29jährigen an, am liebsten einmal als Selbständige ihr Geld verdienen zu wollen. Aber fast die Hälfte glaubt mittlerweile auch, daß harte Arbeit keinen Erfolg bringt – das sei mehr Sache des Glücks und der Beziehungen. Die Bürger erfahren schmerzlich: Leistung führt nicht mehr in jedem Fall zu persönlichem Erfolg, Leistungswille und Verzichtsbereitschaft bringen keine neuen Sicherheiten für die eigene Biographie und Lebensplanung. Die soziale Komponente des Wirtschaftssystems ist aus dieser Perspektive gar nicht die wohlfahrtsstaatliche Vollversorgung, der »Rund-um-sorglos-Staat«. Die soziale Komponente der sozialen Marktwirtschaft besteht dann vielmehr darin, daß individuelle Leistung belohnt und abgesichert wird durch steigenden Wohlstand, individuelle Weiterqualifizierung durch berufliches Fortkommen, Bereitschaft zur Eigenverantwortung durch größere ökonomische Spielräume und berufliche Selbständigkeit durch eine garantierte zweite Chance, wenn man einmal doch scheitert. Heute glaubt laut Allensbach die Hälfte der Deutschen, Erhard habe »planvoll in die Zukunft gearbeitet« und politischen Weitblick gezeigt. Auf die Frage aber, ob es heute wieder einem Politiker gelingen könne, ein neues Wirtschaftswunder zu schaffen, antworten Ende November 1996 nur 8,2 Prozent der Deutschen mit »Ja«.

Es war schon charakteristisch und ist eine gründlichere Analyse wert, wie sich im Jubiläumsjahr 1997 Parteien und Verbände um das Erbe Ludwig Erhards balgten. Das heftigste Gezerre entstand zwischen Sozialpolitikern und Marktwirtschaftlern. Norbert Blüm wetterte, nicht Adam Smith habe Karl Marx besiegt, sondern Ludwig Erhard. Otto Graf Lambsdorff konterte, die Überfrachtung des Sozialstaates sei genau das, was Erhard nicht gewollt habe. Daß die Kunst des großen Franken genau darin bestand, die Balance zwischen Ökonomie und Sozialem zu finden und zu halten – vergessen. Ludwig Erhard würde vielen, die ihn heute feiern, die Leviten lesen: Massenarbeitslosigkeit, Investitionsschwäche, Höchststände bei den Unternehmensinsolvenzen, Abgabenquoten auf Rekordjagd, die Fehlentwicklung zum Steuer- und Abgabenstaat. Wenn heute international jemand vom »Wirtschaftswunder« spricht – eine nie ins Englische übersetzte Formel für den Erfolg des Modells Deutschland –, dann meint er mit ziemlicher Sicherheit nicht mehr Deutschland, sondern das US-amerikanische »Beschäftigungswunder«.

Ich bin realistisch: Ludwig Erhard hat die deutschen Sozialdemokraten nicht in seinem Testament bedacht. Aber seine Enkel haben sein Erbe verspielt, seine Erkenntnisse sind heute herrenloses Gut. Es ist nur legitim, Ludwig Erhard für eine moderne Politik der Sozialdemokraten zu entdecken und seine Erkenntnisse zu nutzen. Er wird ein Stützpfeiler der Brücke sein, die liberale Prinzipien und die Grundwerte der Sozialdemokratie zu einer vernünftigen und durchschlagkräftigen Synthese verbindet. Der Kernbegriff dieser Synthese ist die Rekonstruktion der sozialen Marktwirtschaft. Erhards zeitlose Prinzipien sind dafür Eckpunkte. Erhard hat im Antagonismus der Systemkonkurrenz der Parole: »Proletarier aller Länder, vereinigt euch!« seinen Ruf: »Wohlstand für alle!« entgegenschallen lassen. Sein sozialmarktwirtschaftlicher Imperativ hat gesiegt. Das ist Geschichte. Heute haben wir es mit den Auswirkungen der Globalisierung zu tun. Und die entscheidende Frage lautet, ob wir heute in der Lage sind, nicht mehr nur (wie damals noch) einem anderen Staatsverständnis etwas entgegenzusetzen, sondern – viel mehr als das – dem drohenden Verlust an staatlicher Steuerungskompetenz überhaupt begegnen können, mit neuen Konzepten. Heute würde Erhards Ruf lauten: »Arbeit für jeden!«

Ludwig Erhard steht für vieles, was zur Jahrtausendwende wichtig ist. Da ist das Prinzip des Staates als selbstbewußter Akteur, der die Marktkräfte von der Leine läßt, sie aber sorgfältig austariert. Der Rückzug aus jedem Gestaltungsanspruch, den die Bonner Regierungskoalition 1981 bis 1998 angetreten hat, wäre mit Erhard nicht zu machen gewesen. Der Anti-Ideologe war ein Mann fester Grundsätze, ein Ordoliberaler von Herzen, der den Staat als Setzer und Wächter eines Ordnungsrahmens begriff, in dem sich die Marktkräfte frei bewegen konnten, aber in keiner Sekunde die Wirkung auf die ganze Gesellschaft aus dem Auge verloren werden durfte. Gefragt ist nicht mehr oder weniger Staat, sondern ein starker Staat, der die Partner zusammenzwingt, wenn sie zum unkontrollierten Austragen von Interessenkonflikten neigen. Auch das ist ein Prinzip, das heute aktueller ist denn je.

Als bayerischer Wirtschaftsminister (1945/46) sah Erhard, daß kollektive Planung und Lenkung die Lösung nicht waren. Seine Leidenschaft galt der Suche nach der aussöhnenden Formel, in der die Erkenntnisse der Wirtschaftswissenschaft mit den sozialen Forderungen der Gegenwart zusammenwirken sollten. Zum Programmbegriff avancierte die vom Staatssekretär in Erhards Wirtschaftsministerium, Alfred Müller-Armack, geprägte Bezeichnung »soziale Marktwirtschaft«. Der Disput, worin das Soziale der Marktwirtschaft zu bestehen habe, will seitdem nicht enden. Fest steht: Erfolgreiche Wirtschaftspolitik sollte – in Verbindung mit einer breiten Streuung der Vermögen – die Notwendigkeit sozialpolitischer Vorkehrungen auf ein Minimum beschränken. Das galt so herum und nicht umgekehrt, die Minimalisierung der Sozialpolitik ist kein Ersatz für erfolgreiche Wirtschaftspolitik. Die einfache Wahrheit ist, daß wir erwirtschaften müssen, was wir ausgeben können. Auf der anderen Seite ist die Sozialpolitik mehr als ein Ausfallbürge: Sie muß die Menschen befähigen und ermutigen, an diesem Projekt mitzuarbeiten. Die Versöhnung von Ökonomie und Arbeitsmarkt ist das Ziel. Der Beschäftigungsvorbehalt, unter den Gerhard Schröder sein Programm und seine Perspektive für das Regierungshandeln gestellt hat, wäre im Sinne Erhards gewesen: Welchen Sinn sollte denn das Wirtschaften haben, wenn nicht den, Menschen in Brot und Arbeit zu bringen?

Das zweite zentrale Prinzip ist, zugunsten eines knochenharten Pragmatismus auf Ideologie in der Wirtschaftspolitik zu verzichten. Volker Hentschel bemerkt in seiner kritischen Erhard-Biographie, vielleicht sei ja Ludwig Erhard ein so begnadeter Wirtschaftspolitiker gewesen, weil er ein so schlechter Ökonom gewesen sei. Das ist eine fast schon liebevolle Spitze gegen den Pragmatismus Erhards, der zu Beginn der siebziger Jahre die Formulierung fand, die soziale Marktwirtschaft sei ein »Stil, der eine feste Form mit der Fülle der Gestaltungsmöglichkeiten im einzelnen« verbinde. Die soziale Marktwirtschaft gleiche einem Suchprozeß, in dem ständig neue Verfahren erprobt würden. Für die Wirtschaftspolitik folge daraus, daß sie nicht an starre ideologische Grundsätze gebunden sei, sondern immer Regeln mit vielfacher empirischer Bewährung und Erprobung heranziehe. Vehement wandte er sich gegen die harmlose Zuversicht, daß man mit ein paar Behördenmaßnahmen gegen den Trend des großen Geschichtsprozesses anzugehen vermöchte.

Heute ist das aktueller denn je: Ob man auf der Rechten gebetsmühlenhaft die Globalisierung als Sachzwang verkündet, die Gestaltungsansprüche der Politik zurückzudrehen, oder ob einige auf der Linken die ganz alten Verteilungslösungen und dirigistischen Parolen herauskramen – beides läuft auf eine Re-Ideologisierung hinaus, die nur eine Scheinantwort für die verunsicherten Bürger ist. Wenn es um Verteilung geht, darf die Linke ran (weil sie eine Idee von Partizipation hat), wenn es um Wachstum geht, dürfen die Konservativen (weil sie etwas von der Wirtschaft verstehen) – das ist kalter Kaffee. Sich auf Problemlösungen zu konzentrieren, dabei alle Beschlußlagen zu vergessen und alles auf den Prüfstand zu stellen, was uns in der blockierten Gesellschaft gefangen hält – allein das ist wirklich moralisch. Der Charakter von Politik entscheidet sich an der Substanz von Politik. Heute stehen die deutschen Sozialdemokraten für eine Ethik der Tat, eine Ethik des Aufbruchs. Das ist die Verpflichtung für eine deutsche und europäische Linke, die der Ideologie abgeschworen hat.

Es ist eine Frage der Glaubwürdigkeit, ob die SPD den Antidirigismus der sozialen Marktwirtschaft zu einer Modernisierung des Staates auf allen Ebenen weiterentwickeln kann. Sie wird bei ihrer eigenen Modernisierung und der des Staates auf eine ganz neue Art von Politik setzen müssen. Die Gouvernante hat ausgespielt, der aktivierende Staat ist gefragt, der Modernisierungsimpulse bündelt und Innovationen in die Gesellschaft trägt. Wir müssen uns an den Ressourcen und Fähigkeiten der Menschen orientieren, nicht an ihren Defiziten. Wo gesellschaftliche und wirtschaftliche Dynamik ist, da muß die Politik stehen. Die wirtschafts- und gesellschaftspolitischen Herausforderungen lassen sich nur konsensual und in Kooperation bewältigen, in vielen »konzertierten Aktionen« gerade auch auf regionaler Ebene. »Innovationsallianzen«, in denen sich Unternehmer, Gewerkschaften, Politik, Verwaltung und gesellschaftliche

Gruppen an einen Tisch setzen, sind das wichtigste Modernisierungselement.

Als Symbol für Zuversicht und Aufbruch in schwerer Zeit kann Ludwig Erhard dienen. Seine Prinzipien sind Lösungsansätze. Heute ist sein Aufruf aktueller denn je: »Statt im gesellschaftspolitischen Niemandsland dahinzutaumeln, gilt es, morgen noch mehr als heute, sich wieder eines klaren Denkens zu befleißigen!« Die Berufung auf Ludwig Erhard ist keine Ausrede für die Rückkehr zu Altgewohntem, sondern sie ist Modernisierungskonzept. Unter der liberal-konservativen Bundesregierung wurden Prinzipien aufgegeben, die Erhard heilig waren: Konsens und Kooperation, positives Ordnungsdenken statt Laissez-faire, Pragmatismus in der Wirtschaftspolitik. Eine Rückkehr zu diesen Eckwerten erwarten heute alle, die sich mit dem Ethos der sozialen Marktwirtschaft identifizieren: Handwerk, Mittelstand, Selbständige und Existenzgründer. Im Zustand »moralisch-politischer Führungslosigkeit« herrscht wieder eine Sehnsucht nach Konzepten, die tragen, nach einer politischen Führung, die sich für Formalismus, Ideologie und Interessenpolitik nicht mehr zuständig fühlt. In dem kollektiven Rekurs auf das Wirtschaftswunder, den wir gerade in der Krise immer wieder erleben, manifestiert sich nichts anderes als die Sehnsucht nach einem tragenden Modell.

2. Die Maximen eines aktivierenden Staates

In Zeiten der Blockkonfrontation wurde der westeuropäische Wohlfahrtsstaat nie ernsthaft auf die Probe gestellt, zunächst auch dann noch nicht, als er in Finanzierungsschwierigkeiten geriet und die sich abzeichnende Individualisierung und Pluralisierung der Lebensstile und Arbeitsverhältnisse die Struktur der Sicherungssysteme grundsätzlich in Frage zu stellen begann. War doch das westdeutsche System in seiner demokratischen Qualität und ökonomischen Überlegenheit so offensichtlich dem realsozialistischen Gegenversuch vorzuziehen, daß sich auch andere, vorstellbare Alternativen zu erübrigen schienen. Aber nach dem Ende des Ost-West-Konfliktes ist die bequeme Negativfolie zur Definition der eigenen politischen und wohlfahrtsstaatlichen Identität verschwunden.

Nun, da die Ordnung stiftende Kraft der Systemkonkurrenz weggefallen ist, wird in der Welt der westlichen Demokratien die Krise sowohl der traditionellen Linken als auch ihres rechten Pendants sichtbar. Mitte der siebziger Jahre erschienen zuerst die Strategien des sozialdemokratischen Wohlfahrtsstaates als überlebt. Nach dem Zweiten Weltkrieg hatte sich ja auch dort, wo die Sozialdemokraten nicht regierten, eine Politik durchgesetzt, die darauf hinauslief, das ökonomische Wachstum nach politischen und sozialen Kriterien zu verteilen, den Wettbewerb einzuschränken und staatliche Eingriffe hoch zu bewerten. In den westlichen Demokratien schien für einen historischen Augenblick keine andere Art von Politik denkbar. Als dieses mehr oder weniger homogene Modell des Wohlfahrtsstaates in die Krise geriet und die deutsche Gesellschaft aus dem »kurzen Traum immerwährender Prosperität« erwachte, brachte Rolf Dahrendorf das auf die Behauptung vom »Ende des sozialdemokratischen Jahrhunderts«. Überall ließen die Wähler Parteien, die in ihren Augen eine Politik der hohen Abgaben und des Dirigismus repräsentierten, im Stich. In Deutschland traten die Konservativen und Liberalen 1982 an, die kostenträchtige wohlfahrtsstaatliche Politik zu korrigieren und Markt und Wettbewerb wieder zu ihrem Recht zu verhelfen.

Gegen Mitte der neunziger Jahre sind dann ihrerseits konservative und liberale Regierungen überall in die Krise geraten, weil sie der exzessiven Staatsverschuldung nicht Herr werden konnten, zusätzlich aber soziale Ungleichheiten gewachsen sind und dennoch das Wirtschaftswachstum schleppend verlief. So auch in Deutschland: Die programmatisch als »Wendepolitik« der damaligen neuen, CDU-geführten Bundesregierung angekündigte Deregulierung ist in Wahrheit in einer nie gekannten Regelungswut und einer Flut neuer Gesetze erstickt. Weitere »Reformen« erschöpften sich weitgehend in Kürzungen sozialstaatlicher Leistungen, die aber an der Strukturkrise des Wohlfahrtsstaates nichts änderten, weil sie im Kern keine neue Art von Politik darstellten. Immer wieder mußten daher Sachzwänge ins Feld geführt werden – zuletzt die Kosten der Wiedervereinigung und der Konsolidierungsdruck im Zusammenhang mit der Erfüllung der Maastricht-Kriterien –, um einen schrittweisen Abbau des Sozialstaates gegen die Interessen der Bürger durchsetzen zu können. Deshalb scheint Politik in Deutschland heute nur noch in einer einseitigen Zuteilung von Lasten zu bestehen.

Die konkrete Vorstellung, mit welchen Instrumenten die Politik in Deutschland den Wandel von Ökonomie und Lebenswelten begleiten, absichern und fördern kann – und erst recht jede kohärente Philosophie, der solche Instrumente verpflichtet wären – ist seit Ende der siebziger Jahre verschüttet worden. Die Bürger wurden in den achtziger Jahren und in der ersten Hälfte der neunziger Jahre vor eine Alternative gestellt, die keine war: Mehr Planung und Dirigismus, noch mehr und noch teurere Programme für das Kurieren der Symptome, mehr Geld für den Staat – und alles werde gut. Oder Deregulierung um jeden Preis, Abbau des Sozialstaates, Unterwerfung aller Politik unter die internationale Standortlogik. Die Front verlief seit Mitte der neunziger Jahre zwischen einem reinen Ökonomismus als Ersatzideologie und einer chancenlosen Verteidigung der Festung des Wohlfahrtsstaates.

Der britische Soziologe und Politikwissenschaftler Anthony Giddens hat diese verhängnisvolle Polarisierung 1996 zum Ausgangspunkt seiner Überlegungen über eine Politik »Jenseits von rechts und links« gemacht, die schließlich zum Kern des Politikverständnisses u. a. von New Labour wurden. Danach verfallen zunächst alle politischen Lager in einer Welt, in der die Grundlagen der Industriegesellschaft durch deren eigene, immer schnellere und globalere Entwicklung selbst in Frage gestellt werden, in denselben Fehler – nämlich den einer Re-Ideologisierung. Auf der Rechten stößt der Marktliberalismus den philosophischen Konservatismus ab. Die Überzeugung, es gebe Traditionen, auf die man die Zukunft gründen könne, wird als Ballast zurückgelassen, man huldigt der Ideologie des globalen Wettbewerbs. Der Konservativismus sagte noch: »Es war doch nett, wie es gestern war!« Der Marktliberalismus stellt sein kaltes: »Seht zu, wo Ihr bleibt!« darüber. Dabei leugnet er Zusammenhänge, die der Konservativismus ehedem für konstitutiv hielt: Zusammenhänge zwischen Wirtschafts- und Gesellschaftspolitik, zwischen Ökonomie, Ökologie und Arbeitsmarkt. Geleugnet wird die Notwendigkeit einer politisch handhabbaren Alternative zum Ökonomismus schlechthin, völlig verkennend, daß mit Betriebswirtschaftslehre allein die Nation nicht zu regieren ist.

Auf der anderen Seite stehen auch weite Teile der Linken nicht mehr für Progression und Fortschritt, sondern für Passivität und Defensive. Krise macht konservativ. Warum nur sind die Fortschrittlichen von gestern heute die beharrlichsten Verweigerer, wenn neu gedacht werden soll? Zur traditionellen Politik der Verteilung führt doch kein Weg zurück. Selbst in Schweden, dem sozialdemokratischen Musterland, hat Ministerpräsident Göran Persson Rezepte der Konjunktursteuerung radikal ausgemustert, alle Sozialleistungen auf ihre Rechtfertigung geprüft. Parteien sozialdemokratischen Typs, die aus Wahlen als Sieger hervorgegangen sind – wie Clintons Demokratische Partei 1992 und New Labour unter Tony Blair 1997 – haben sich von der Steuer- und Ausgabenpolitik der siebziger Jahre endgültig verabschiedet. Ihre Wähler verlangen von ihnen eine Alternative zum marktliberalen Dogma, wollen aber keine Rückkehr zur staatsgläubigen Sozialdemokratie. Es ist nicht nur die Globalisierung, sondern es sind ebensosehr die Strukturbrüche in der Arbeitswelt, die Wertedifferenzierung, der demographische und der sozialstrukturelle Wandel, die eine Modernisierung der Institutionen und der Politikkonzepte verlangen. Können die sozialdemokratischen Parteien Europas gemeinsam ein neues Drehbuch für die gesellschaftliche, wirtschaftliche und soziale Erneuerung schreiben – eine neue konkrete Vision davon, wie wir morgen leben wollen? Was kann, was soll der Staat noch regeln, wie lassen sich Ökonomie, Ökologie und Arbeitsmarkt versöhnen, wie sich Innovation und Gerechtigkeit verknüpfen?

Angesichts der Wahlerfolge sozialdemokratischer Parteien in ganz Europa und der offensichtlichen Funktionsdefizite marktliberaler Reformen und Lösungen ist mittlerweile selbst Ralf Dahrendorf von seinem Verdikt über das Ende des sozialdemokratischen Jahrhunderts milde abgerückt, wie von einer Jugendsünde. Die Erneuerung des sozialdemokratischen Politikmodells jenseits der Kategorien »Rechts« und »Links« ist ein internationaler Trend, der längst vorhandenen Realitäten Rechnung trägt. Ein Element ist die Wiederentdeckung des Wertes von Konsens und Kooperation. Als 1997 in Deutschland die Angriffe gegen die Konsensorientierung in der Politik noch liefen, kippte auf internationaler Ebene bereits die Diskussion. Bei einem OECD-Kongreß 1996 mit dem Titel »Welfare State in Transition« erntete der niederländische Sozialminister Melkert viel Beifall für die Vorstellung des niederländischen »Konsensmodells«. Bis vor ein paar Jahren herrschte noch Übereinstimmung: Mit Verhandlungen kann man keinen Blumentopf mehr gewinnen. Heute werden solche Lösungen wieder als Erfolg begriffen. Dieses Verdienst kann sich keine einzelne politische, wissenschaftliche oder gesellschaftliche Fraktion an die Fahne heften. Die Vernünftigen und die Pragmatiker aller Parteien und aller Länder treiben sie voran. Die internationale Debatte um den »Investor State«, die für diesen Trend steht, dokumentiert die wachsende Einsicht, daß die Frage »Mehr oder weniger Staat?« zu kurz greift.

Tony Blair definierte in einem Interview mit der *Wirtschaftswoche* am 6. Juni 1996 den Investor State so: »Regierungen sollten in der heutigen Zeit nicht versuchen, die Wirtschaft zu lenken. Die Rolle der Regierung besteht heutzutage in dem Versuch, in Schlüsselgebieten wie Ausbildung, Technologie, Infrastruktur, Hilfe für Kleinunternehmen die Wirtschaft und die Menschen auf Veränderungen vorzubereiten. Wir wollen nicht klüger sein als der Markt. Der Staat sollte eher ein Katalysator sein.« Für Blair garantiert die »Teilhaber-Gesellschaft« Chancengleichheit. Nur so lasse sich eine Gesellschaft formen, die ehrgeizig sei, ohne egoistisch zu werden. Für viele ist das die verteufelte Anpassung der Linken an den Marktliberalismus, aber wenn man die ursprüngliche Bedeutung von Flexibilität wieder in Erinnerung ruft, wird deutlich, daß dies im Grunde ein sehr emanzipatorisches Politikverständnis ist: Die Fähigkeit, sich veränderten Bedingungen geschmeidig anzupassen und dennoch Stabilität und Halt zu bewahren, soll gestärkt werden. Es ist nicht so sehr die Frage, was wir dabei aufgeben müssen, sondern was wir bewahren – nämlich ein Gemeinwesen, in dem die Menschen sicher sind, gemeinsam die Zukunft zu bewältigen.

Landläufige Analysen, die letztgültig feststellen wollen, welcher makroökonomische Rahmen und welche Organisationsform des Wohlfahrtsstaats allein überlebensfähig sei, irren grundsätzlich. Unter der Oberfläche der Globalisierung organisiert sich eine Welt, die für verschiedene Formen des Kapitalismus Platz hat. Die US-Zeitschrift *TIME* titelte im Dezember 1997: »Pathfinders: Can Europeans build a middle Road between uncaring capitalism and the costly welfare state?« Die Europäer seien dabei, Wege zur Reduzierung der Arbeitslosigkeit und zu neuer Wettbewerbsfähigkeit zu entwickeln, ohne dabei die Grundlagen des Wohlfahrtsstaates zu unterminieren. Dabei führe der Weg zu einem »nachhaltigen« Wohlfahrtsstaat, also einem Sozialsystem, das seine ökonomische Basis nicht selbst tendenziell auflöst, über eine neue Verantwortungsverteilung zwischen Staat, Wirtschaft und Bürgern. Hinweise darauf, wie die Europäer dies bewerkstelligen und welche Instrumente sie dabei einsetzen, sammelte der Autor in verschiedenen Ländern der Europäischen Union. In Deutschland wurde er mit dem arbeitnehmerorientierten Reorganisationsmodell von Volkswagen fündig, als Beleg für die Schlüsselfunktion von Verhandlungslösungen bei der ökonomischen Modernisierung. In Dänemark, wo allen Jugendlichen zwischen 18 und 25 Jahren eine Erstausbildung oder ein Job angeboten werden und sie verpflichtet sind, dieses Angebot auch anzunehmen, sah er neue Formen der Zusammenarbeit von Arbeitslosen, Unternehmen und der Arbeitsverwaltung. Der dritte Weg zwischen traditionellem Wohlfahrtsstaat und Marktliberalismus ist also noch uneinheitlich ausgestaltet und wird zum Teil experimentell erprobt.

In Deutschland gibt es noch Ressentiments gegen die Abgabe von Verantwortung vom Staat an die Bürger, Freiheit wird passiv definiert als – staatlich gewährte – Freiheit von Arbeitslosigkeit, von Armut und Krankheitsfolgen. Der

Staat als Verantwortlicher in allen Lebenslagen ist nicht nur ein Relikt ostdeutscher »Denke«. Die Erkenntnis wächst: Er ist ein Schönwettermodell. Die Apparate, die aufgebaut wurden, um immer mehr von den Eingriffs- und Entscheidungsmöglichkeiten des einzelnen in verwaltungs- und ordnungsrechtliche Standards und sozialstaatliche Regelungen zu transformieren, sind bürokratisch erstarrt. Seit 1950 ist die Zahl der Staatsdiener fünfmal so schnell gewachsen wie die der Staatsbürger, und mit ihr haben sich Pensionslasten aufgebaut, die in absehbarer Zeit die Staatsfinanzen in Bedrängnis bringen. Die Masse der Gesetze und Verordnungen hat kontinuierlich zugenommen, und daran haben auch die Privatisierungs- und Deregulierungsanstrengungen der vergangenen Jahre nichts geändert: im Gegenteil waren sie stets mit einem erheblichen Re-Regulierungsbedarf verbunden und von einer Flut neuer Gesetze und Verordnungen begleitet.

Es hat sich ein Mißtrauen gegenüber materiellem Erfolg und Selbständigkeit entwickelt, das heute fester Bestandteil der deutschen Absicherungs- und Mietermentalität ist – eine Art organisierte Nicht-Verantwortlichkeit. Ein großer Teil der deutschen Universitätsabsolventen zieht noch immer eine Karriere in der öffentlichen Verwaltung oder im Management von Großunternehmen dem Schritt in die Selbständigkeit vor; 1996 sind noch immer rund 54 Prozent aller Studienabgänger in den öffentlichen Dienst gegangen. Erst bei den jüngeren Generationen deutet sich in letzter Zeit eine Trendumkehr an.

Während immer mehr Privatleute an den Aktienbörsen mit zweifelhaften Derivaten und hohem Risiko Geld zu machen versuchen, ist Unternehmertum mit langfristigem Engagement wenig beliebt. Das ist kein Gegensatz: Während der Wohlfahrtsstaat die langfristige Risikoabsicherung monopolisiert und die Verantwortung für wichtige Lebensabschnitte quasi verstaatlicht hat, ist das schnell rein, schnell raus vielleicht eine Art Kompensation. Klaus von Dohnanyi kommentierte: »Der Sozialstaat ist für die Deutschen die Nation. Es gibt nichts wirklich Gewichtiges, was die Deutschen über den erfolgreichen Sozialstaat hinaus heute emotional bindet, was sie als Nationalgefühl zusammenhält.« Die Deutschen sind Sozialstaatspatrioten. Als Ludwig Erhard im Juni 1948 vom damaligen obersten amerikanischen Besatzungsoffizier, General Clay, vorgeworfen wurde, er habe die Bewirtschaftungs- und Preisvorschriften ohne vorherige Genehmigung abgeändert, da gab der die mittlerweile klassische Antwort: »Ich habe sie nicht abgeändert, ich habe sie abgeschafft.« So einfach wird das heute nicht werden. Wir stehen vor der Aufgabe, von einem »Staatssozialismus« auf ein anderes, aktivierendes Sozialstaatsmodell umzusteigen. Das allerdings braucht neue Ziele der Sozialpolitik: mehr Eigenverantwortung und Risikobereitschaft, einen aktivierenden Staat. Die Grundlagen sind da, müssen freigelegt werden. Einerseits ist richtig, daß die Bereitschaft zum Risiko im deutschen Wohlfahrtsstaat tiefer als in anderen Ländern verschüttet wurde. Andererseits unterlaufen auch bei uns die Menschen Regulierungen des Staates, die bisher ihren Wohlstand begleitet und gesichert haben, wenn sie das Gefühl haben, daß die Aufsicht zu weit geht, der Regelungsdurchgriff sie der Eigeninitiative beraubt. Das erleben wir in Phänomenen wie der Schwarzarbeit, der Steuerflucht, bei der massenhaften »Abstimmung mit den Füßen« gegen Parteien, Verbände und Vereine, auch im Widerstand von einer wachsenden Zahl kleinerer und mittlerer Unternehmen gegen die Zwangsmitgliedschaft in den Industrie- und Handelskammern. Überall, so scheint es, läuft die Realität den Institutionen und ihrer Programmatik davon.

In Zukunft muß der Staat eher wie eine Konzernzentrale gedacht werden, die weniger lenkend eingreift als vielmehr durch organisatorische Anpassungen ein Höchstmaß an individueller wirtschaftlicher und sozialer Produktivität ermöglicht. Die Parallelen zur Reorganisationen von Industrie- und Dienstleistungsunternehmen sind evident: Was Henry Ford noch am Fließband und mit bürokratischer

Buchhaltung organisieren konnte, wird heute aus Profitcentern flexibel und virtuell zusammengestellt. Weitgehend hierarchiefreie und dezentral organisierte Unternehmen bilden eine innovative Avantgarde. Was im Sozialstaat übergreifend verbindlich geregelt werden konnte, kann zukünftig nur in einem sehr viel flexibleren Netz von Regelsystemen gefaßt werden. Arbeitsteilung, Dezentralisation und Internationalisierung fordern immer mehr Bereitschaft zur Mitverantwortung der Arbeitnehmer, und das gilt ebenso für sie als Staatsbürger.

Die OECD forderte 1997 »strong political leadership«, um die Menschen von der Notwendigkeit von Reformen zu überzeugen und ihre Zustimmung für eine neue Balance von Rechten und Pflichten zu gewinnen. Der sozialen Sicherung komme dabei eine besondere Rolle zu, sie müsse so angelegt sein, daß sie die Menschen ermutigt und befähigt, Risiken zu übernehmen und flexibel auf die Veränderungen in ihrem ökonomischen Umfeld zu reagieren. Dafür brauchen wir eine »Politik der zweiten Chance«: Denn risikoscheu wird nicht nur der, der der Übernahme eigener Verantwortung durch wohlfahrtsstaatliche Gängelung entwöhnt ist, sondern auch der, der beim geringsten Fehlschlag nicht wieder auf die Beine kommt. Der Staat muß Wirtschaftsunternehmen und Arbeitnehmer, Wissenschaftler und Unternehmer befähigen, dem Wettbewerb standzuhalten. Die Unternehmen sind dem internationalen Wettbewerb ausgesetzt und müssen nach seinen Regeln spielen. Andererseits sind sie mit nationaler Politik konfrontiert, die auf eine weitgehende Standardisierung und Vereinheitlichung zielt. Wenn der Sozialstaat erhalten werden soll, muß deshalb das nationale Regelwerk flexibilisiert und auf einer neuen, vor allem auf der europäischen Ebene um Instrumente der Verhandlung und des Interessenausgleichs ergänzt werden. Der Flächentarifvertrag beispielsweise wurde geschaffen, um national faire Wettbewerbsbedingungen festzulegen. In Zukunft wird er mehr Spielräume bieten müssen, damit im grenzüberschreitenden Wettbewerb überlebenswichtige individuelle Strategien angewendet werden können.

Das gilt auch für die Sozialsysteme: Angesichts geänderter Präferenzen des Zusammenlebens, neuer Haushaltsformen und wechselvoller Erwerbsbiographien muß auch die Sozialpolitik genormte Vorstellungen über den Haufen werfen und einen neuen Rahmen abstecken, innerhalb dessen Selbstbestimmung, Eigenverantwortung und Sicherheit miteinander vereinbar sind. Mehr Eigenverantwortung der Bürger, der Unternehmen und der Verwaltungen ist notwendig, um im Umgang mit neuen unberechenbaren Entwicklungen innovativ, zuverlässig und wendig zu sein. Von der Ausbildung bis zum Arbeitsplatz, von der Gesundheitsvorsorge bis zur Gestaltung der Rente: Überall muß das Element Eigenverantwortung gestärkt werden, wenn das Gesellschaftssystem in der sich immer weiter dezentralisierenden Informationsgesellschaft anpassungsfähig bleiben soll. Keine Regelungsmonopole mehr, sondern gerechte Regelsysteme für wechselnde Wettbewerbsbedingungen und individuelle Herausforderungen. Keine traditionellen Normierungen über das Renten- und Transfersystem mehr, sondern eine neue Klammer des Konsenses und der Solidarität. Der Staat darf nicht bürokratische Gleichmacherei von Leistungsfähigen betreiben, noch darf er für die wirklich Benachteiligten der Vollstrecker des Marktes sein, der »Melker mit den kalten Händen«. Der Staat als Garant des fairen Ausgleichs, der Geben und Nehmen auswiegt, als Voraussetzung für Solidarität.

Das Stichwort ist der befähigende, der aktivierende Staat. Wir müssen die Frage stellen: Wollen wir Gleichheit im Ergebnis, oder wollen wir Gleichheit beim Start, also Chancengleichheit? Wir sind am Ende mit dem Versuch, über den Menschen ausschütten zu wollen, was ihnen qua Norm zugestanden wird, orientiert an den Einschätzungen und Machtinteressen vieler Interessengruppen, nur nicht im Interesse derjenigen, die die Hilfe brauchen. Wir müssen den Menschen helfen, das zu bekommen, was sie in ihrer jeweiligen Lebenssituation am meisten brauchen – und das ist in den meisten Fällen, jedenfalls nach den Erfahrungen in vielen Kommunen, eben nicht die reine Transferleistung, sondern ein Platz in der Arbeitsgesellschaft. Gesellschaftspolitik muß sich auch wirtschaftspolitisch verantworten, das ist Modernisierung unter Globalisierungsbedingungen. Wir brauchen die Einführung des ökonomischen Denkens auch in die Sozial- und Gesellschaftspolitik, zu ihrem eigenen Nutzen. In der sozialen Marktwirtschaft sind ökonomisch leistungsfähige Gesellschaftspolitik und sozial verantwortete Wirtschaftspolitik zwei Seiten einer Medaille. Die wirtschaftliche Leistungsfähigkeit hat ihre Wurzeln im Humankapital und in gut funktionierenden sozialen Institutionen, während eine schlecht funktionierende Wirtschaft sozialen Fortschritt hemmt, Polarisierungen verstärkt und sozialen Streß erzeugt.

Das Pendel schlägt für ein neues sozialdemokratisches Politikmodell aus. Dessen Kern ist: Die Menschen wollen wieder zusammengeführt werden unter einer Idee, einer Vision, wie wir morgen leben wollen. Eine solche Vision soll aber nicht mit einer Ideologie verwechselt, sondern ganz pragmatisch interpretiert werden: Wenn ihr bereit seid, euer Leben in die eigene Hand zu nehmen, bieten wir euch Projekte an, die anzupacken sich lohnt – und wir halten euch den Rücken frei. Wenn man sagt: Arbeit muß sich mehr lohnen als Transferleistungen, dann ist es jedoch zu billig, diese Transferleistungen einfach zurückzuschrauben. Das ist der Abriß der Chancengesellschaft, nicht ihr Aufbau. Intelligenter und ehrlicher wäre es, endlich das Konzept der Aufstockung geringfügiger Einkommen begreifbar zu machen und umzusetzen. Jeder Journalist kann im Vertrieb seines Blattes anrufen und sich darüber schlau machen, wie schwierig es ist, für kleines Geld zuverlässige Zeitungszusteller zu finden. Den Wirtschaftspolitiker erreichen ständig solche Hinweise. Der Lehrstellenmisere zum Trotz finden beispielsweise viele Handwerksbetriebe keine ausbildungswilligen Jugendlichen mehr. Das alles muß auch den letzten nachdenklich machen.

Eine Mentalität ist gewachsen, die es als überflüssig oder hoffnungslos betrachtet, die Ärmel aufzukrempeln. Wir brauchen jetzt das konkrete Signal: Wenn ihr euch aufrafft, dann geben wir euch das Geld dazu, daß ihr uns spart, weil ihr lieber zur Arbeit geht als zum Sozialamt. Die Mittel für die aktive Arbeitsmarktpolitik zusammenzustreichen, ist einfallslos und – so das Urteil der Nürnberger Bundesanstalt für Arbeit – für die Arbeitslosigkeit mitverantwortlich. Geförderte Zeitarbeit, intelligente Arbeitszeitmodelle, Anreize zur Einstellung von Langzeitarbeitslosen in wettbewerbsfähigen Branchen und eine stärker an den Erfordernissen des Strukturwandels orientierte Weiterbildungsoffensive – Brücken, nicht Krücken muß der Staat anbieten.

Wir müssen Instrumente in die Hand nehmen, die Selbsthilfe, Eigeninitiative und Unternehmertum fördern, die Mutigen unterstützen. Der Verweis auf die Globalisierung ist billig. Intelligenter und ehrlicher ist es, die Menschen fit zu machen für den Innovations- und Standortwettlauf. Wenn wir Innovationsblockaden brechen wollen, müssen wir denjenigen Risikokapital in die Hand geben, die sich trauen, etwas zu erfinden und die für ihre Träume die eigene Existenz einsetzen. Genauso billig wäre es, die Ellenbogengesellschaft wuchern zu lassen, auf die Gewinner zu setzen und hinzunehmen, daß die Schwachen resignieren. Intelligenter und ehrlicher wäre es, Selbständigkeit und Unternehmertum zum Leitbild und zur Alternative für jeden zu machen. In den Niederlanden werden Sozialarbeiter danach bezahlt, wie viele Jugendliche sie in reguläre Arbeitsplätze vermitteln. Wir dürfen nicht mehr nur Transferanstrengungen subventionieren, sondern müssen auch Erfolgskontrollen durchführen und Effizienz belohnen. Maßnahmen, die die Polarisierung in Wirtschaft, Arbeitsmarkt und Gesellschaft aufheben sollen, dürfen sich eben nicht mehr in Verteilung erschöpfen, sondern müssen positiv der Befähigung, der Aktivierung zur Selbstverantwortung dienen. Wir müssen jedem die Möglichkeit geben, sein Glück zu machen. Wir können es aber nicht garantieren.

Wir brauchen eine radikalpragmatische Politik der gesellschaftlichen Mitte, die Gemeinsinn und wirtschaftliche Freiheit wieder als gegenseitige Bedingungen, nicht als Gegensätze auffaßt. Die Sicherheiten, die eine solche Politik bietet, werden nicht die alten sein. Die Gewißheit, ein Leben lang an einer Werkbank stehen, an einem Schreibtisch sitzen zu können, hat heute niemand mehr. Noch nicht einmal die Gewißheit, das ganze Berufsleben auf Grundlage einer einmal erworbenen Qualifikation zu bewältigen. Die Bereiche, in denen der Staat tief in das Leben seiner Bürger eingreift und sich ihre Verantwortung aneignet, werden sehr klein werden. Und das ist gut so. Die Menschen wollen den Staat nicht vor der Nase haben, sondern ihn an ihrer Seite wissen, sie wollen einen Staat, der innere Sicherheit ernst nimmt, der nicht bei jeder läppischen Ordnungswidrigkeit den Amtsschimmel zur Höchstleistung anspornt, aber ganze Stadtteile, den Bahnhofsvorplatz, den Stadtpark und die öffentlichen Räume zu bestimmten Tageszeiten unpassierbar werden läßt.

Jeder, der zusammendenkt, was zusammengehört, kann sich für alle Probleme, die sich uns stellen, leicht eine aktivierende Politik, einen aktivierenden Staat denken, der aus der Starre herausführt: In einer aktivierenden Wirtschaftspolitik beispielsweise kommt es darauf an, Existenzgründungen und Selbständigkeit zu fördern, wo der Kapitalmarkt zu risikoscheu ist, und den Mittelstand in die Lage zu versetzen, den Herausforderungen der Globalisierung zu begegnen. In den neuen Ländern sehen wir heute, was passiert, wenn man alte Instrumente einsetzt zur Bekämpfung neuer Probleme, in der Wirtschafts- wie in der Arbeitsmarktpolitik. Die Bereitstellung von Risikokapital wird zu einem immer wichtigeren wirtschaftspolitischen Instrument, und auch das deutsche Konkursrecht bedarf dringend der Generalüberholung: Ich habe kein Patentrezept, wie man betrügerische Konkurse zuverlässig verhindern kann, aber ich weiß, daß heute nie mehr an Deck kommt, wer einmal die Schwurhand hob. In anderen Ländern, USA wie Fernost, ist das anders.

Ein weiterer Bereich: In einer aktivierenden »ökologischen Standortpolitik« wird es darum gehen, durch Zielvorgaben die technologischen Potentiale und den Einfallsreichtum der Ingenieure zum Nutzen des produktionsintegrierten Umweltschutzes und der Nachhaltigkeit freizusetzen, anstatt den Umweltschutz zu bürokratisieren und auf dem Stand der Technik einzufrieren. Wir sind an einem Punkt angekommen, an dem es nicht mehr sinnvoll scheint, die letzten 2 Prozent der Schadstoffemissionen in unserem Land mit hohem finanziellen Aufwand zu bekämpfen, wenn es doch gilt, produktionsintegrierte Umweltschutztechnologien zu entwickeln, die exportfähig sind und grenzüberschreitend die globale Umweltbilanz verbessern könnten. Mit der gleichen Selbstverständlichkeit und Normalität, mit der wir den Arbeitsschutz in die Produktion eingebaut, zu unserem Markenzeichen gemacht und als Qualitätsmerkmal exportiert haben, müssen wir jetzt Nachhaltigkeit und Fehlerfreundlichkeit integrieren. Wir können aus der Ressourcen verzehrenden Industriegesellschaft nicht aussteigen. Das wissen auch die Forscher des Wuppertal-Institutes, die mit ihrem »Faktor Vier« nicht zufällig den Produktivitätsgedanken in die Diskussion um nachhaltiges Wirtschaften eingeführt und damit eng verbunden haben: Es geht nicht um das »Ob« des Ressourcenverbrauchs, sondern um das »Wie«. Selbst der BDI spricht heute von Nachhaltigkeit, an den Universitäten ist sie Bestandteil der Ingenieurausbildung geworden. Die Herausforderungen nachhaltigen Wachstums sind vor allem technologische Herausforderungen. Bürokratisch verwaltete Ökologie ist ein Anachronismus, sie läßt keinen Raum für die Auswahl der langfristig tragfähigsten Verfahren und Strukturen. Verwaltungsvorschriften sind die »Rute im Fenster«, die man ggf. auch manchmal benutzen sollte. Aber man sollte das nicht mit der Einbildung verwechseln, mit Bürokratie bessere Effekte zu erzielen. Die Welt wird nicht durch eine Vielzahl von Verordnungen und Abgaben ökologischer.

In der Sozialpolitik müssen wir, um ein treffendes Bild aus der skandinavischen Diskussion aufzugreifen, das soziale Netz umbauen zu einem Trampolin, mit dem die aus der Arbeitswelt Gefallenen wieder auf die Beine zurückgefedert werden. Jedes sozialpolitisches Instrument muß auch ökonomisch tragen und einen arbeitsmarktpolitischen Beitrag leisten. Der Staat muß nicht nur die negativen Auswirkungen eines »Subsystems« (Wirtschaft, Gesellschaft, Politik) auf das andere ausgleichen bzw. regulativ verhindern, sondern gewährleisten und organisieren, daß die Subsysteme optimal aufeinander bezogen sind. Beispielsweise muß das Sozialsystem so konzipiert sein, daß es die Wiederaufnahme von Erwerbsarbeit und die Eigeninitiative optimal vorbereitet und unterstützt. Eine neue Balance von individuellen Rechten und Pflichten, die Forderung, der verwaltende, Recht setzende und Daseinsvorsorge betreibende Staat müsse seinen Bürgern wieder mehr zutrauen und zumuten – das alles bedeutet nicht den kaltschnäuzigen Rückzug des Staates aus der Verantwortung. Im Gegenteil: Es geht um ein neues Steuerungsmodell, das sehr viel mehr Kreativität braucht, Innovationsbereitschaft und den langen Atem vorausschauender Politik, als das alte, dirigistische Modell.

Deutlich wird das vor allem daran, daß nicht einmal in den Kernbereichen des Staates künftig auf neue Konzepte verzichtet werden kann. Deshalb an dieser Stelle ein Exkurs zum Thema Rechtsprechung. Sie hat in den vergangenen Jahren der Entwicklung zu einer Konfliktgesellschaft nicht gegensteuern können. Die Zahl der erstinstanzlichen Zivilprozesse in Deutschland stieg von rund 1,3 Millionen Verfahren im Jahr 1980 auf fast 2,2 Millionen 1995, Tendenz steigend. Die Justiz ertrinkt in einer Prozeßwelle, bei der es oft nur um Bagatellen geht. Weite Teile des öffentlichen Lebens sind vollständig verrechtlicht. Seine eigenen Rechte und Pflichten zu erkennen und gegen die der anderen abzuwägen wird für den einzelnen immer schwieriger. Der Bürger sieht sich hilflos einer immer größeren Normenflut gegenüber. 1949/50 hatte das Bundesgesetzblatt noch 825 Seiten. Im Bundesgesetzblatt Teil 1 von 1994 sind sie auf 4 000 Seiten in drei Bänden angewachsen, ein auch für den Fachmann kaum noch zu durchschauendes Gesetzeswerk. Dazu kommen noch die Gesetzesprodukte aus 16 deutschen Ländern und das EU-Recht.

Die Normenflut und die zunehmende Streitlust in unserer Gesellschaft bilden einen sich gegenseitig hochschaukelnden Prozeß. Kaum ein TV- oder Radiosender kommt heute noch ohne ein »Alltagsärgerteam« aus. Mit Beschwerdeshows wird unter knalligen Überschriften ein Millionenpublikum gebunden. Undurchschaubares Recht, so stellt der nordrhein-westfälische Innen- und Justizminister Dr. Fritz Behrens fest, sei konfliktträchtiges Recht: Erst der mit List und Härte ausgefochtene archaische Kampf Mann gegen Mann vor Gericht gibt offenbar dem Leben noch Sinn und Form. Hinzu kommt, daß säumige Schuldner längst das schwerfällige Zivilprozeßverfahren als Möglichkeit entdeckt haben, zu einem billigen Kredit zu kommen, weil Verfahren bis zu zwei Jahre verschleppt werden können – für viele Handwerksbetriebe sind solche Außenstände mittlerweile existenzbedrohend.

Die gerichtlichen Entscheidungen selbst werden in diesem Spiel immer weniger funktional, nicht selten dauern sie so lange, daß ihr Ergebnis schließlich bedeutungslos geworden ist. Vor allem blenden sie, weil sie zwangsläufig auf die für die formale Rechtsnorm entscheidenden Tatsachen reduziert werden, die wahren Ursachen des Streits aus, persönliche Beleidigung etwa und alte Verletzungen, das Verlangen nach emotionaler Wiedergutmachung. Urteile schaffen dann nicht mehr wirklich Rechtsfrieden. Schon kleinste Streitpunkte werden zementiert, die gerichtlichen Auseinandersetzungen gehen immer weiter. Der Staat wird verantwortlich gemacht für die privaten Ärgernisse. Wohin das führen kann, zeigte sich im Mai 1998, als ein Rentner im Verfolgungswahn einen Bochumer Richter erschoß – er fühlte sich von der Justiz, die er selber mit Klagen überzog, ungerecht behandelt.

Nicht einmal vor der »letzten Instanz« macht die Beschwerdementalität halt: Das Bundesverfassungsgericht wird überall dort in die Rolle des Gesetzgebers gedrängt, wo die Politik zu Entscheidungen nicht mehr fähig ist. In der Verfassungsklage der südlichen Bundesländer gegen den Bund-Länder-Finanzausgleich, in der Frage der Schwangerschaftsberatung, der Auslandseinsätze der Bundeswehr und sogar der Rechtschreibreform wurde das höchste Gericht zum Reparaturbetrieb einer Politik degradiert, die zum Interessenausgleich nicht mehr fähig war.

Auch vielen Bürgern scheinen die vorgeschalteten Schiedsmöglichkeiten und Gerichte, von der Einigung durch Kompromiß ganz zu schweigen, nicht mehr gut genug zu sein – kein Wunder angesichts des Vorbilds der großen Politik. Jährlich gehen in Karlsruhe rund 5 000 Verfassungsbeschwerden von Bürgern ein, die sich durch die »öffentliche Gewalt« in ihren Rechten verletzt sehen – mehr als 90 Prozent scheitern mangels Substanz an der Vorprüfung. Nur ein Prozent ist auch im Ergebnis erfolgreich. Umfragen im Oktober 1995 ergaben, daß die hohe Anerkennung des Bundesverfassungsgerichtes in den letzten Jahren um 10 Prozent auf nur noch 40 Prozent gesunken ist. Zum Ansehensverlust haben auch die oft maßlosen Angriffe von politischen Parteien beigetragen, die ihr Regierungshandeln – oder Nicht-Handeln – kritisiert und korrigiert sahen. Stichworte sind das Kruzifix-Urteil und das Existenzminimum. Die Nachbarn, die sich wegen des Misthaufens an der Grundstücksgrenze verklagen, ein gigantisches Anwachsen auch der Verwaltungsgerichtsprozesse – all das zeigt, daß eine Mentalität entstanden ist, die Einigung, Konsens und Kompromiß schon auf der kleinsten Ebene verhindert. Politik und Recht haben die Verantwortungsverschiebung von unten nach oben zugelassen und oft noch befördert. Ein Moment des aktivierenden Staates wäre die berechtigte Zumutung an die Bürger, der Aufruf: Reißt euch zusammen – rauft euch zusammen!

Ein Exkurs: In den Vereinigten Staaten hat man auf die Verwilderung der Interessendurchsetzung, die dort noch groteskere Züge annahm, reagiert. Dort ist das traditionelle Gerichtsverfahren nur noch eine von mehreren Möglichkeiten der Konfliktregelung. Streitparteien können aus einem breiten Spektrum das Einigungsverfahren auswählen, das ihnen am passendsten erscheint. Möglich ist sogar die Verhandlung vor einer Scheinjury, damit die Streithähne ihre Erfolgsaussichten realistischer einschätzen können. Diese Einigungsverfahren sind mittlerweile so fest im Gerichtssystem etabliert, daß im täglichen Umgang nicht mehr von der »alternativen«, sondern von einer »angemessenen« Beilegung gesprochen wird. In jedem Bundesstaat der USA gibt es inzwischen gesetzliche Vorschriften oder zumindest lokale Gerichtsregeln, die solche Verfahren vorsehen. Und nicht nur in den Gerichten werden Konflikte jetzt im Konsens bereinigt – auch Behörden nutzen die neuen Instrumente zur Beteiligung der Bürger. Ganz nebenbei führte dies alles zu einem Boom bei den juristischen Beratungsdienstleistungen – eine ganze Branche, die von der Prozeßflut lebte (und auch bei uns lebt) begann umzudenken, weil der Staat die Rahmenbedingungen änderte, weil er es nicht mehr zulassen konnte und wollte, daß sich seine Bürger ohne Sinn und Verstand vor Gericht bekriegen.

In Deutschland hat Nordrhein-Westfalen 1996 eine gesetzliche Neuregelung vorgeschlagen, die derzeit im Bundestag diskutiert wird: ein Güteverfahren, das bei vermögensrechtlichen Streitigkeiten bis 1 500 Mark (ausgenommen Mahnverfahren) zwingend dem Gerichtsweg vorgeschaltet werden soll. Klagen darf nur, wer zunächst wenigstens den Versuch gemacht hat, sich gütlich zu einigen. Immerhin könnten nach Schätzungen des nordrhein-westfälischen Justizministeriums bei bundesweit 280 000 bürgerlichen Rechtsstreitigkeiten die Gegner an einen Tisch gebracht werden – bevor sie das Tischtuch endgültig zerschneiden. Experten sehen Chancen, das auszubauen. Die Schlichtung könnte auch in Auseinandersetzungen rund um den Hausbau, bei Werkverträgen zwischen Auftraggebern und Freiberuflern, bei Ärger mit dem Architekten und mit Mietwucher, oder auch im Streit um die Haftung bei Ärztepfusch, greifen. Frei von den strengen Formvorschriften der Zivilprozeßordnung könnte die Klärung des Sachverhaltes erfolgen. Wo der Richter auf den Erhalt seiner Entscheidungsfähigkeit achten muß, könnte der Schlichter den Konflikt im Gespräch beilegen. Rechtsanwälte könnten Schlichter sein, pensionierte Richter, aber auch geschulte Schöffen. Natürlich könnten Entscheidungen angefochten werden, der Rechtsweg wäre weiter offen.

Ein Vergleich drängt sich auf: Erst die Einführung der Gurtpflicht hat die Bürger vom Sinn dieser Regelung überzeugt. Wir scheinen den heilsamen Zwang zum Umdenken zu brauchen, wenn wir den Trend zur Beschwerdegesellschaft brechen wollen. Und das muß früh einsetzen, in den Schulen: Auch die zunehmende Gewalt auf deutschen Schulhöfen ist ein Zeichen für die Verrohung der Sitten, ein Alarmzeichen dafür, daß die Gesellschaft dauerhaft zu verlernen droht, ihre Konflikte zu lösen. Die USA haben für den Mentalitätswandel im Gerichtssystem fast 20 Jahre gebraucht, und wenden sich jetzt auch bei der inneren Sicherheit neuen Konzepten zu. Wir haben deshalb keine Zeit zu verlieren.

Auch für eine moderne Politik der inneren Sicherheit gilt das Vorzeichen der Aktivierung: Gibt es eine Neubelebung der Kommunalpolitik ohne das Gefühl der Sicherheit und der Verantwortlichkeit? Doch wohl nur, wenn die Bürger aktiviert werden können, für ihr eigenes Umfeld Verantwortung zu tragen. Deshalb ist ein wichtiges Stück der Definition des »aktiven Staates« die entschlossene und durchgreifende Bekämpfung von Kriminalität und ihren Ursachen. Nur die Bürgerinnen und Bürger, die deutlich spüren, daß der Staat ihre körperliche Unversehrtheit und ihr Eigentum sowie auch ihre langfristigen Interessen gegen organisierte Kriminalität aktiv verteidigt, vertrauen ihm und nehmen aktiv ihre Verantwortung im Gemeinwesen wahr. Hart gegen die Kriminalität und hart gegen ihre Ursachen, dieses Prinzip muß uns leiten. In Dänemark ist man der Jugendkriminalität erfolgreich begegnet, indem man der Straftat die Bestrafung auf dem Fuße folgen läßt, gleichzeitig aber die Eltern nicht aus der Verantwortung entläßt und die ganze Familie in die Resozialisierung einbezieht.

Natürlich sind das bis hierhin nur Facetten, die Bandbreite der Zukunftsthemen reicht von fairer Steuerpolitik bis hin zur Vermeidung unkluger Staatsausgaben, und sie läßt sich weiter spinnen im Bereich der Staatsverwaltung, über das Zulagensystem im öffentlichen Dienst, das wir zugunsten verbesserter Beförderungschancen eintauschen sollten, bis hin zur Abschaffung des an formalen Bildungszertifikaten orientierten dreistufigen Besoldungssystems. Wir können uns aus politischen Gründen teure Nischen leisten, wenn die Gesellschaft das will. Aber der öffentliche Dienst ist in einem Zustand, in dem man das schwerlich behaupten kann. Die stetig wachsende Zahl von Kommunen und Verwaltungen, die mit neuen Organisationsmodellen experimentieren, die Kundenfreundlichkeit und Dienstleistungsorientierung auf ihre Fahnen schreiben und beachtliche Motivationserfolge verzeichnen, zeigt, wie groß der Bedarf des öffentlichen Dienstes und der Kommunen selbst nach größeren Spielräumen und mehr Eigenverantwortung ist.

Mir ist klar, daß eine Politik, die auf Aktivierung setzt und einen Rückzug aus der Eigenverantwortung nicht zulassen will, es mit Akteuren und Institutionen zu tun bekommt, deren Existenzprinzip die organisierte Verantwortungslosigkeit geworden zu sein scheint: mit öffentlichen Verwaltungen, die ohne Bürger am glücklichsten wären, mit Krankenhäusern, deren Verwaltung und Ärzteschaft sich medizinische Höchstleistungen zutrauen würden – wären da nur die Patienten nicht. Mit Schulen, die ganz gut ohne Schüler auskämen, aber auch mit Unternehmen, die den Kunden als

Störfaktor begreifen, ihre Subventionsabhängigkeit ignorieren und die möglicherweise die besten und teuersten Produkte herstellen – aber für Märkte, die es nicht gibt.

Bezüglich des Verhältnisses der Bürger zum Staat steht für mich fest: Nur der aktivierende Staat kann von seinen Bürgern und Bürgerinnen die Loyalität erwarten, die in der verstärkten Forderung nach neuem Gemeinsinn mündet. Der aktivierende Staat ist Partner bei der eigenen Lebensbewältigung, nicht Erzieher oder Obrigkeit. Er hilft mit maßgeschneiderten Konzepten, im Krisenfalle möglichst schnell zurückkehren zu können in ein eigenverantwortetes Leben, finanziert durch eigene Arbeit in Würde. Es wäre ein großer Fehler, zu vernachlässigen, daß der individuelle Status zum großen Teil über den jeweiligen Platz im Erwerbsleben zugewiesen wird. Sich durch Arbeit zu definieren, ist ein Wesensmerkmal der Menschen in Industrie- und Dienstleistungsgesellschaften.

Zu den Voraussetzungen einer aktivierenden Politik gehören eine größere Transparenz in der Finanzierung des Staates und der Sozialversicherungen, vor allem aber erweiterte materielle Spielräume für Eigenverantwortung und -vorsorge. Der Wohlfahrtsstaat läßt den Arbeitnehmern nicht die Luft, ihre persönliche soziale Sicherung stärker in die eigenen Hände zu nehmen. Die Belastung der abhängigen Beschäftigung durch Steuern und Abgaben wurde in Deutschland in irrwitzige Dimensionen getrieben, das ist der gemeinsame Nenner aller Diagnosen zur Krise des Sozialstaates und des Arbeitsmarktes. Die Menschen aber haben nichts dagegen, Steuern zu zahlen für Erziehung, Polizei, Gesundheit und die öffentliche Infrastruktur – sie haben nur etwas dagegen, Steuern zu zahlen für politisches Versagen.

Seit 1991 sind die realen Arbeitskosten (preisbereinigt) bundesweit um 11,3 Prozent und der reale Bruttolohn um 7 Prozent gestiegen. Aber nach Berechnungen so unterschiedlicher Institutionen wie des Deutschen Gewerkschaftsbundes und des Institutes der Deutschen Wirtschaft (iwd) sind die preisbereinigten Nettoverdienste allein 1997 in den alten Bundesländern um rund 2 Prozent gesunken. Dadurch fiel die Kaufkraft je Arbeitnehmer 1997 im Westen unter den Stand von 1980. Und die Entwicklung bei den Nettolöhnen strahlt weiter aus: Aufgrund der durch die Rentenreform geänderten Mechanik des Rentenversicherungssystems wirkten sich 1998 sinkende oder stagnierende Nettolöhne erstmals in Form von Rentenzuwächsen unterhalb der Inflation aus. Aber für den Rückgang der Nettolöhne wiederum war der Anstieg der Rentenbeiträge mitverantwortlich – wer kann das eigentlich einem Arbeitnehmer noch erklären?

So sicher die Arbeitnehmer unter der skizzierten Entwicklung zu leiden hatten, so sicher ist auch, daß sie weder die Bereitschaft der Unternehmer erhöhen konnte, in neue Arbeitsplätze zu investieren, noch konnte sie den Konsum und damit die Binnennachfrage beleben. Die Lohnstückkosten sind zwar nach Feststellung der Bundesbank in ihrem Geschäftsbericht 1997 erheblich gefallen. Entscheidend für die Zurückhaltung bei Einstellungen ist jedoch, daß die Arbeitsstunde in den alten Ländern mittlerweile fast 9 Prozent teurer ist als noch 1991. Wenn davon bei den Beschäftigten nichts angekommen ist, dann deshalb, weil die zunehmende Steuer- und Abgabenlast einen immer größeren Keil zwischen die von den Unternehmen zu tragenden Arbeitskosten und die ausgezahlten Löhne treibt. Weder konnte der Anstieg von Steuern und Sozialabgaben durch die Lohnzurückhaltung vollständig aufgefangen werden, noch ließen sich Bruttolohnzuwächse unter diesen Bedingungen in Konsum und Binnennachfrage umsetzen. Solange steigende Löhne auch wachsende Kaufkraft brachten, funktionierte auch die »Produktivitätspeitsche« in einem guten Sinne. Heute stimmt dieser Zusammenhang nicht mehr. Der Abgabenkeil bremst die Konsumkonjunktur und verhindert gleichzeitig, daß Unternehmen in Arbeitsplätze investieren.

In der öffentlichen Debatte wechselte in den vergangenen zwei Jahren die Terminologie: Heute kann von »Lohnebenkosten« kaum mehr die Rede sein, »Lohnzusatzkosten« ist längst der treffendere Begriff. Der deutsche Facharbeiter wird hoch gelobt, und selbst unsere härtesten Konkurrenten auf den Weltmärkten geben zu, daß es keine besser ausgebildeten Arbeitnehmer gibt als in Deutschland. Dennoch konnten letztere seit 1995 fast jeden Tag in der Zeitung lesen, daß sie im internationalen Vergleich zu teuer seien, daß sie zugunsten der Arbeitslosen auf Überstunden verzichten sollten – obschon sie doch angeblich schon im »Freizeitpark Deutschland« (Helmut Kohl) lebten. Die Arbeitnehmer sollen den Gürtel enger schnallen, doch er ist schon im letzten Loch. Sie können nicht verstehen, warum sie zu teuer sein sollen – verständlich, wenn sie den Nettobetrag auf ihrem Lohnstreifen sehen. Die Unternehmer aber rechnen mit den Bruttolohn- und Lohnzusatzkosten und stellen nichts anderes fest. 84 Prozent der Arbeitnehmer glauben mittlerweile, daß Steuern und Abgaben für die Wirtschaftskrise verantwortlich sind.

Ende 1997 verursachte ein TV-Dokumentarfilm mit dem Titel »Wer arbeitet, wird abgezockt« bei denen, die in der Regel zur Mäßigung aufgefordert werden, blankes Entsetzen. Dort wurde repräsentativen deutschen Arbeitnehmern vorgerechnet, welcher »Abgabenkeil« sich zwischen ihre Bruttoeinkommen und ihre Nettoverdienste schiebt. Ein Rechenbeispiel für einen Facharbeiter in einem bundesdeutschen Maschinenbaubetrieb, mit Frau und zwei Kindern: Von 7 974 Mark Bruttolohnkosten des Arbeitgebers (inklusive Arbeitgeberbeiträgen zur Sozialversicherung) kommen nach Abzug von Lohnsteuer und Sozialversicherungsbeiträgen für Arbeitgeber und Arbeitnehmer netto 3 897 Mark beim Familienvater an – das ist rund die Hälfte dessen, was er seinen Arbeitgeber »kostet«, exakt 48,9 Prozent. Aber dieser Betrag ist erst die Zwischensumme. Denn wer in Deutschland mit einem mittleren Einkommen eine Familie ernähren muß, der entrichtet auf nahezu 100 Prozent seines Einkommens zusätzliche unvermeidbare Abgaben wie Mehrwertsteuer, Steuern auf Genußmittel und Benzin, die als »indirekte Steuern« geradezu verniedlicht werden. Im Preis für einen Liter Benzin stecken fast 80 Prozent Steuern, sogar in den Nebenkosten der Wohnung sind fast 25 Prozent Steuern enthalten. Selbst wenn die Familie für bescheidene 70 Mark beim »Italiener« eine Pizza essen geht, werden davon 11,20 Mark an den Staat weitergereicht. In einem Kasten Bier stecken 4 Mark Steuern.

Das mag spitzfindig klingen, doch eine wahre Zahlenorgie ist nötig, um die effektive Steuer- und Abgabenbelastung durchschnittlicher Arbeitnehmer zu berechnen, Daten aus der Lohnbuchhaltung, die Zahlen der Gehaltszettel, Angaben aus Haushaltsbüchern und Banküberweisungen, die Hilfe von Steuerexperten. Das betrifft uns alle: Wer ist beispielsweise schon in der Lage, genau festzustellen, welchen Spitzensteuersatz er zahlt? Die fehlende Transparenz ist der eine Skandal der Steuer- und Abgabenbelastung, ihre absolute Höhe ist der zweite: Der beispielhafte Arbeitnehmer behält am Schluß ganze 34,3 Prozent als»absolutes Netto« übrig, nach Abzug aller direkten und indirekten Steuern, der Beiträge und Abgaben. Was er dann an Kindergeld, Zulagen für den Hauskauf, Steuerrückerstattungen und ähnlichem zurückerhält, hat man ihm vorher abgenommen. Mehr oder weniger treffen solche Beispiele auf jeden deutschen Arbeitnehmer zu, und im grundlegenden Befund sind sich alle Experten einig. Zum Vergleich: Ein Arbeitnehmer in den USA behält ein absolutes Netto von über 60 Prozent, ein japanischer Kollege nur ein bißchen weniger. Vor 30 Jahren, im Deutschland Ludwig Erhards, entrichtete ein Durchschnittsverdiener 10 Prozent direkte Steuern und 10 Prozent seines Bruttolohnes für die Sozialversicherungen, er konnte sich mit dem Rest noch ein Haus zusammensparen – heute im übrigen die Grundlage für die »Erbschaftswelle«, mit der diverse Wohlstandskritiker belegen wollen, daß es den Deutschen so gut gehe wie nie zuvor. 1997 wurden verschiedene Modelle einer Steuersenkung diskutiert, ein unsoziales Reformkonzept scheiterte im Bundesrat – doch für den Facharbeiter, der kaum Kapital bilden kann und mit seiner Familie alles zum Leben verbraucht, blieb nur eines sichtbar übrig: Die Mehrwertsteuererhöhung um 1 Prozent, die ihn am härtesten trifft.

Überstunden reduzieren? Arbeitszeitverkürzung ohne Lohnausgleich? Für viele sind das Patentrezepte im Kampf gegen die Arbeitslosigkeit, doch vieles deutet darauf hin, daß die Abgaben immer mehr Menschen in Schwarzarbeit und Scheinselbständigkeit treiben. Überstunden sind fest kalkulierter Bestandteil des Einkommens. Es gibt noch keine empirischen Belege, aber nach Ansicht einiger Experten steht fest, daß infolge der Verkürzung der Arbeitszeit bei Volkswagen auf wöchentlich 28,5 Stunden – ohne Lohnausgleich – die Schwarzarbeit rund um Wolfsburg zugenommen hat. Nach Schätzungen der Kreishandwerkerschaft Gifhorn wachsen in den ländlichen Randbereichen Siedlungen aus dem Boden, bei denen bis auf die Kirche kein Haus mehr ohne Schwarzarbeit errichtet wird, und nach denselben Schätzungen ist jeder dritte »Helfer« ein VW-Angestellter. Es heißt, so manches Haus würde ohne Schwarzarbeit nicht gebaut. Das Schuldgefühl ist gering. Die eigenen vier Wände sind der wichtigste Beitrag zu der allerorten geforderten Eigenvorsorge. In diesem Fall ist sie aber nur durch strafbewehrte Verhaltensweisen auf dem Arbeitsmarkt möglich. Wer mit seinem Facharbeitereinkommen ein Haus kaufen oder gar bauen will, der schöpft seine gesamten Reserven aus, und das angesichts eines Arbeitsmarktes, der kontinuierliche Beschäftigung nicht mehr garantiert. Das Tabu der Schwarzarbeit scheint gebrochen, sie ist fester, aber unausgewiesener Bestandteil unseres Bruttosozialproduktes und für den einzelnen scheinbar eine Art Notwehr gegen den Abgabenstaat.

Solange an der Steuer- und Abgabenbelastung für mittlere Einkommen nichts durchgreifend geändert wird, sind alle Pläne für stärkere Eigenverantwortung bei der sozialen Sicherung und auch für eine Beteiligung am Produktivvermögen Makulatur. Der Eigenverantwortung der Arbeitnehmer wird kein Spielraum gegeben, ihr Mitdenken ist nicht gefragt. Ihr Beitrag zu Solidarität und Fairneß in der Gesellschaft ist nur in Form von Abrechnungen erwünscht. Verantwortungsgefühl verkümmert, Delegations- und Verteilungsmentalität greift um sich. Das Gefühl, sich von Versicherungen durch Versicherungsbetrug und vom Staat durch Steuertricks so viel wie möglich »zurückholen« zu müssen, wächst. Auf legalem Weg würden viele Dienstleistungen für viele nicht finanzierbar sein. Das läßt das Problembewußtsein schwinden.

Aber auch die Diskussion um das »Ende der Bescheidenheit« seitens der Arbeitnehmer und ihrer Gewerkschaften, also über eine Trendumkehr bei den Bruttolöhnen, muß sich vor dem Hintergrund des Abgabenkeils auf Plausibilität prüfen lassen. Einerseits ist die Lohnzurückhaltung, die die Arbeitnehmer und ihre Gewerkschaften in der zweiten Hälfte der neunziger Jahre an den Tag legten, weitgehend verpufft: Der Finanzierungsbedarf des Staates und der sozialen Sicherung führt zu steigenden Steuern und Abgaben, die wiederum belasten die Beschäftigung, der Arbeitsmarkt kriselt, die Kosten der Sicherungssysteme steigen, und so weiter und so fort. Verantwortungsbewußte Gewerkschafter, die in den neunziger Jahren für Mäßigung bei Lohnabschlüssen standen, sind in der Gefahr, von den Gewerkschaftsdelegierten abgestraft zu werden, weil an der Basis die Kasse nicht mehr stimmt – ein Warnsignal, die Verpflichtungsfähigkeit der Gewerkschaften nicht zu gefährden.

Wenn ein Unternehmer einem Arbeitnehmerehepaar mit zwei Kindern (Lohnsteuerklasse III/2) 100 Mark mehr Lohn zahlt, bleiben nach dem Zugriff des Staates andererseits gerade 43,13 Mark, die es ausgeben könnte. 1996 legten die Deutschen außerdem immerhin 11,6 Prozent ihres Nettoeinkommens auf die hohe Kante, von der fiktiven Lohnerhöhung gehen also noch einmal 5 Mark ab. Und auch von den übrig bleibenden 38,13 Mark profitiert die deutsche Wirtschaft nur zum Teil, denn abzuziehen wären streng genommen noch bundesweit jährlich 70 Milliarden Mark für Urlaubsreisen ins Ausland und, wenn man es auf die Spitze treiben will, auch noch die Ausgaben für importierte Güter und Dienstleistungen, deren Wertschöpfung außerhalb Deutschlands anfällt – 10,9 Prozent des Durchschnittseinkommens gehen für den Kauf ausländischer Ware drauf. Alles in allem bleiben von 100 Mark Einkommensplus 27,23 Mark für den Binnenmarkt übrig.

Hinzu kommt, daß die 100 Mark Lohnerhöhung aus Sicht des Unternehmers tatsächlich 121 Mark sind, denn er trägt zusätzlich seinen Anteil an der Sozialversicherung. Damit betragen die Arbeitskosten dann das Vierfache der zusätzlich erzeugten Binnennachfrage. Wir müssen daher tragfähige Lösungen entwickeln, um die Kluft zwischen Arbeitskosten und Nettolöhnen zu verringern. Damit beleben wir den Konsum und schaffen Arbeitsplätze. Deshalb muß diese Aufgabe im Mittelpunkt eines jeden Bündnisses für Arbeit stehen. Tony Blair hat in seinem Grundsatzprogramm der »One Nation Society« wie selbstverständlich und gewissermaßen im Nebensatz einen uralten sozialdemokratischen Wert neu definiert: Gerechtigkeit bedeute, daß jeder den größten Teil dessen, was er durch eigene Kraft verdient, in der Tasche behalten kann.

Dabei ist der Hinweis auf die Finanzierungslasten der deutschen Einheit insbesondere im Bereich der Sozialversicherungen richtig, er allein hilft uns aber nicht sehr viel weiter. Die Finanzierung versicherungsfremder Lasten durch Steuermittel ist ein Schwerpunkt der sozialdemokratischen Politik, und sie wäre ein erster wichtiger Schritt zur breiteren Beteiligung aller Bevölkerungsgruppen an der solidarischen Finanzierung der sozialen Sicherung. Langfristig darf es aber nicht einfach bedeuten, daß beitragsfinanzierte Lasten nun auf steuerfinanzierte Lasten umgewälzt werden. Das hieße, von einer Tasche in die andere zu wirtschaften. Haushalts- und finanzierungstechnische Lösungen, die schnell greifen, müssen also durch Strukturreformen der öffentlichen Verwaltung, des Steuer- wie des Sozialsystems ergänzt werden, die den Anstieg der Finanzierungslasten mittelfristig absolut bremsen.

Nur selten wird schlaglichtartig der ganze Wahnsinn

des Systems deutlich. Zum Beispiel im Mai 1998, als Bundesgesundheitsminister Horst Seehofer auf der Eröffnungsveranstaltung des Deutschen Ärztetages in Köln die Forderung nach kräftig steigenden Arzthonoraren für gerechtfertigt erklärte. Seehofer wußte auch, wo das Geld herkommen sollte: aus Erhöhungen der Beitragssätze der Krankenkassen. Gleichzeitig sprachen sich die 250 Delegierten des Ärztetages in einem Leitantrag zur Gesundheits- und Sozialpolitik dafür aus, die Leistungen der Kassen weiter zu reduzieren. Das ist mehr als eine Petitesse, eher eine Geschichte aus dem Tollhaus. Im übrigen werden von der Kritik an diesen unheiligen Verteilungsallianzen heute auch die Tarifparteien nicht mehr ausgenommen, die seit den siebziger Jahren für einen Teil des Anstiegs der Lohnzusatzkosten aufgrund tariflicher Vereinbarungen mitverantwortlich zeichnen.

Vor dem härtesten Glaubwürdigkeitstest steht die Politik der neuen Bundesregierung in der Steuerpolitik. Die Akzeptanz des Steuersystems hängt von zwei Faktoren ab: Erstens der Einfachheit, Klarheit und Transparenz der Regelungen, zweitens der Mittelverwendung und ihrer Durchschaubarkeit. Die Grundzüge einer Steuerreform, die diesen einfachen Grundsätzen Rechnung tragen wird, entsprechen dem gesunden Menschenverstand und werden in der Tat ja auch nicht wirklich grundsätzlich kontrovers diskutiert. Die Steuersätze im oberen Bereich der Skala an das heute unter tausend Steuertricks und Abzugsmöglichkeiten tatsächlich Gezahlte anzupassen ist schlicht ein Gebot der Vernunft. Ebenso sinnvoll ist eine Senkung der unteren Steuersätze, um Kaufkraft zu schaffen, Anreize zur Aufnahme von Erwerbstätigkeit zu schaffen und Schwarzarbeit weniger lukrativ zu machen. Die Entlastung von Investitionen in Produktion und Arbeit, zu Lasten der Investitionen in Kapital, wäre das Vernünftigste von der Welt. Erbschaften dagegen steuerlich stärker zu belasten können wir uns auch unter dem Gerechtigkeitsaspekt erlauben. Unser derzeitiges System durchschaut niemand mehr. Niemand kapierte auch die spitzfindigen Argumente in der Steuer- und Rentenreformdebatte der Jahre 1997 und 1998. Allein der Umstand, daß mit einem Prozent Mehrwertsteuererhöhung auf der einen Seite ein Prozent Entlastung auf der Seite der Lohnnebenkosten finanziert werden sollte, mußte zu denken geben. Um so wichtiger ist es jetzt, den Befreiungsschlag zu wagen. Wenn Wirtschaftspolitik vor allem Psychologie ist, dann trifft das ganz besonders auch auf die psychologischen Effekte einer grundlegenden »Steuerwende« zu.

Mit jeder Schätzung brechen die Steuereinnahmen weiter ein. Die aufkommenstarken Steuern expandieren nur schwach, stagnieren oder schrumpfen. Die drei Steuern, die zusammen rund 70 Prozent des Aufkommens umfassen – Umsatz-, Lohn- und Mineralölsteuer –, wuchsen nach dem Stand Mitte 1998 zusammengenommen nur um 0,4 Prozent, und das auch nur, weil die Umsatzsteuer um 1,9 Prozentpunkte mehr in die Kasse brachte als im Vorjahr. Die amtlichen Steuerschätzer haben sich nicht zum ersten Mal spektakulär verhauen: 1995 verschätzten sie sich um mehr als 5 Milliarden Mark. Die Experten von Bund, Ländern und Gemeinden, der Bundesbank, des Sachverständigenrates, der Wirtschaftsforschungsinstitute und die Statistiker haben aber nicht das Rechnen verlernt, sondern sie wurden Opfer einer neuen Entwicklung. Man kann nicht mehr davon ausgehen, daß Wirtschaftswachstum auch zusätzliche Einnahmen beschert – die Steuern koppeln sich vom Wachstum ebenso ab wie der Arbeitsmarkt. Seit 1995 sind die Steuereinnahmen rückläufig. Bis dahin hatten sich die Steuerschätzer immerhin stets »nach oben« verrechnet. Jetzt sind ihre Schätzungen vom »business as usual« zum politischen Zittertermin geworden. Ein Zittertermin besonders für die Kommunen und die Länder. Von 1991 bis 1997 sind dem Bundeshaushalt durch Steuerrechtsänderungen 71,9 Milliarden Mark zugeflossen, während Länder und Gemeinden Steuerausfälle von 13 Milliarden Mark verkraften mußten.

Schlagseite bekommt das Steueraufkommen vor allem

durch den rapiden Verfall der Einkommensteuer. Das Einkommensteuergesetz ist ein Gesetz auf Zeit geworden, wir haben jedes Jahr eine Änderung erlebt, ein fortschreitender Prozeß des Stopfens von Lücken, der Beruhigung von Gruppen, der Befriedigung von Teilegoismen, aber keine konzeptionelle Gesetzgebungstätigkeit. In nur fünf Jahren sackte die Einkommensteuer von 41,5 Milliarden Mark (1992) auf nur wenig mehr als ein Zehntel (4,5 Milliarden) in 1997. Die fehlende Summe entspricht in etwa der Tabak-, Branntwein- und Versicherungssteuer in 1997 – ohne den Durst der Deutschen und ihre Vorliebe für den blauen Dunst brächen die Staatsfinanzen zusammen. Das eigentliche Problem ist aber ein absurd intransparentes Steuersystem, das kein Bürger mehr verstehen kann. In der Amtszeit von Finanzminister Theo Waigel ist das Dickicht der Regelungen noch undurchdringlicher geworden, selbst die simple Kraftfahrzeugsteuer ist jetzt ein Buch mit sieben Siegeln. Bundespräsident Roman Herzog ging außerdem im Sommer 1997 bei einem Besuch des Bundesfinanzhofes mit seinen ehemaligen Kollegen hart ins Gericht: Auch die Steuerrichter hätten mit ihren überdifferenzierten Entscheidungen zur Unübersichtlichkeit des Steuerrechts beigetragen. »Wer etwas verkompliziert, kann es auch wieder vereinfachen« – die Mahnung sollten sich die Steuerpolitiker aller Parteien merken.

Ein einfaches und nachvollziehbares Steuerrecht kann ebenso wie die Sozial- und Arbeitsmarktpolitik dazu beitragen, daß die Menschen bereit sind, Verantwortung für das Gemeinwesen zu übernehmen. Jenseits der statistischen Feinheiten steht heute fest, daß sich im Dickicht der Abschreibungs- und Erstattungsregelungen Einkommensmillionäre »arm rechnen«. Nur für die Hälfte aller Einkommen werden noch Steuern bezahlt. Allein deutsche Steuerflüchtlinge bringen den hiesigen Fiskus pro Jahr um Milliarden an Zinsabschlagsteuern. Vom guten Willen von Ländern wie beispielsweise Luxemburg, eine Quellensteuer einzuführen, hängt unsere fiskalische Handlungsfähigkeit ab. Das alles muß verheerende Auswirkungen auf die Akzeptanz des Staates haben. Mittlerweile ist selbst die Progressivität des Steuersystems zum Teufel, aufgrund der Entlastungen bei den direkten und der Belastungen bei den indirekten Steuern, vor allem aber wegen ausgefeilter Steuersparmodelle, die sich erst ab einem Steuersatz von 45 Prozent rechnen.

Auch die großen Unternehmen beherrschen das Versteckspiel. Nach Untersuchungen verschiedener Finanzwissenschaftler ist bei den 30 großen deutschen Aktiengesellschaften die Ertragsteuerquote (der Anteil der Ertragsteuer am Bruttogewinn) zwischen 1989 und 1994 von 48 Prozent auf knapp 24 Prozent gefallen. Große Unternehmen können konzernintern ihre Gewinne dorthin verlegen, wo die Ertragsteuern besonders niedrig sind. Produktionsverlagerungen, Verrechnungspreise, Finanzierungsgesellschaften – die Instrumente sind in den vergangenen Jahren erheblich verfeinert worden. Mittelständler dagegen können ihre Gewinne nicht verlagern; ihre steuerliche Belastung stieg zwischen 1980 und 1994 im europäischen Durchschnitt von 34 auf über 40 Prozent.

Das europäische Steuerrecht radikal zu reformieren, kann nur mit einfachen Grundzügen gelingen, nicht mit hochkomplexen Systemen. Die Vereinfachung des deutschen Steuerrechts ist eine Voraussetzung für Maßnahmen gegen das europäische Steuerdumping. Das gilt auch für das Argument, die hohe Steuerbelastung in Deutschland sei für ausbleibende ausländische Direktinvestitionen verantwortlich. In der Zeitschrift *Capital* rückte im August 1997 Rainer Hübner die Verhältnisse gerade: Während die Präsidenten der Industrie- und der Handelskammern, Hans-Olaf Henkel und Hans Peter Stihl, die heimischen Großunternehmen als »Zahlmeister der Nation« ausmachen, kompensieren in der Realität die großzügigen deutschen Regeln bei der Gewinnermittlung vollständig den Vorteil niedrigerer amerikanischer oder auch niederländischer Steuersätze. Das steuertechnische Arsenal umfaßt Verlustvorträge und -rückträge sowie eine nicht zu überblickende Anzahl von steuerlichen Rückstellungen. Die Steuerschlupflöcher machen 26 Prozent des gesamten Volumens der Firmenbilanzen aus, dreimal soviel wie in Frankreich oder Italien. Obwohl die Firmen wieder so hohe Kapitalrenditen erzielen wie Anfang der siebziger Jahre, stagniert das Aufkommen der Körperschaftsteuer, 1996 bei 29,5 Milliarden Mark, weniger als Mitte der achtziger. Dennoch: Ausländische Investoren orientieren sich in der Regel an den nominalen Steuersätzen. »Ehrliche« niedrige, dafür aber lückenlose Tarife sind deshalb die einzige Möglichkeit, das Steueraufkommen kalkulierbar zu machen und gleichzeitig Investitionen zu erleichtern.

Mittlerweile gesteht jeder zweite Bundesbürger seine Neigung, Steuern zu hinterziehen. 74 Prozent sind laut einer Untersuchung der Kölner Forschungsstelle für Sozialökonomik überzeugt, daß staatliche Stellen so viel Steuergeld verschwenden (nach Schätzungen jährlich 70 Milliarden Mark) und Unternehmen sich vor so vielen Abgaben drükken, daß die Steuerhinterziehung des kleinen Mannes »eigentlich gar nicht mehr unmoralisch« sei. Auf die Frage, was als »schwerer Verstoß« gegen die Steuergesetze gelten müßte, nannten 70 Prozent den verschwenderischen Umgang des Staates mit Steuergeldern, danach folgten die Gründung von Scheinfirmen, die Verlegung des Wohnsitzes ins Ausland und das Verheimlichen von Nebeneinkünften. Wer will da wem einen Vorwurf machen? Wenn die Zahl der legalen Steuertricks zunimmt und aus der Entrichtung eines solidarischen Beitrags zur Finanzierung der Staatsaufgaben der Volkssport »Versteckspiel« wird, dann muß sich über den Steuerentzug niemand wundern. Wenn die Parteien nach der geplatzten Steuerreform beklagen, daß ein Zahnarzt weniger an den Staat abführt als seine Putzfrau, dann verhöhnen sie die Masse der Lohnsteuerzahler.

Schon immer haben Regierungen und Parteien ihre jeweilige Klientel mit steuerlichen Entlastungen zufriedengestellt. Man nutzte die Steuer, um Familienpolitik zu treiben, die Baukonjunktur anzukurbeln, Investitionen und Verbrauch anzuregen: Steuern mit Steuern. In den Paragraphen des Einkommen- und Körperschaftsteuergesetzes spiegelt sich das politische Gerangel um Ausnahmetatbestände oder Steuerschlupflöcher. Schon vor 30 Jahren forderte der wissenschaftliche Beirat des Bundesfinanzministeriums, den Steuerdschungel zu roden und im Gegenzug die Steuersätze rigoros zu senken. Doch seitdem wurde für jedes verschlossene Schlupfloch mindestens ein weiteres legales geöffnet. Die Kernfrage, um die es geht, ist, wie man in einem demokratisch verfaßten Gemeinwesen die Handlungsfähigkeit aller öffentlichen Ebenen sichern kann. Wie binden wir Kapital für nationalökonomische Interessen, wenn es sich international tummelt und sich da sammelt, wo schnell hohe Renditen winken? Wenn Deutschland die nominale Steuerbelastung der realen angleicht, fehlt nichts in der Kasse, aber die abschreckende Wirkung des angeblichen Hochsteuerlandes verlöre sich.

Am deutlichsten wird das, wenn man sich theoretisch dem verteilungspolitischen »Gott sei bei uns« der Steuerpolitiker aller Parteien nähert: der sogenannten flat rate tax, einem einheitlichen Steuersatz auf alle Einkommen. 1994 betrug die Summe aller in Deutschland erzielten Einkommen 2 569 Milliarden Mark. Einkommen-, Körperschafts- und Gewerbesteuer schöpften davon im selben Jahr ganze 15,6 Prozent ab. Nach Einschätzung des Steuerexperten Thilo Sarrazin könnte dasselbe Aufkommen auch durch eine flat rate tax von 20,5 Prozent bei einem freigestellten Existenzminimum von 15 000 DM je Steuerpflichtigen erbracht werden, wenn bei der Besteuerung alle Einkommensarten so vollständig wie in der volkswirtschaftlichen Gesamtrechnung erfaßt würden. Die unteren Einkommen würden stark entlastet, und die Größenordnung der Steuer würde Hinterziehung und die meisten Sparmodelle unattraktiv werden lassen. Obwohl politisch nicht durchsetzbar, verdeutlicht der einheitliche Steuersatz trotzdem das Kernargument, das jede Reformdiskussion beherrschen sollte: Wenn man wirksame Tarifsenkungen mit einer hohen Ergiebigkeit verbinden will, muß man die Besteuerungsbasis grundlegend neu definieren.

Das Scheitern aller Reformvorschläge hat zwei Ursachen: Zum einen erschien der politische Preis für das Streichen von Vergünstigungen allen Parteien zu hoch, die Kraftanstrengung für die Zerschlagung der organisierten Gruppeninteressen zu gewaltig. Vielleicht brauchen wir eine grundlegende Umkehr der Beweislast: Alle Steuervorteile wären zunächst rigoros, ohne Ausnahme zu streichen, und wer bestimmte Vergünstigungen dennoch für erforderlich halte, der müßte das begründen. Zum anderen wurde in der Debatte in einer falschen Reihenfolge diskutiert. Vergeblich argumentierte 1997 der nordrhein-westfälische Finanzminister Heinz Schleußer, die Möglichkeiten der Tarifgestaltung ergäben sich aus dem Umfang des Subventionsabbaus, und nicht umgekehrt. Erst Tarife vorzustellen und dann darum zu feilschen, wie man sie finanzieren könnte, erwies sich dann tatsächlich als das kompliziertere und letztlich erfolglose Verfahren. Der Schleußer-Vorschlag enthält die Eckpunkte, um die es bei einem steuerpolitischen Befreiungsschlag gehen müßte: Die Gewohnheit, über Steuern zu steuern, muß aufgegeben werden. Soweit staatliche Hilfen gewährt werden, muß dies offen über direkte Zuschüsse geschehen. Eine Tarifreform, die diesen Namen verdient, muß Subventionen weitestgehend abbauen und die Steuersätze gleichzeitig deutlich senken. Dies führt zu Steuerentlastungen in allen Einkommensgruppen – soweit die Betroffenen bisher nicht in großem Umfang in der Lage waren, Abschreibungs- und Ermäßigungsmöglichkeiten optimal zu nutzen.

In der Steuerpolitik schlägt die Stunde der Wahrheit: Kann die Herrschaft der Bürokraten und der Interessengruppen überwunden und so ein zentrales Thema für den offenen Diskurs »zubereitet« werden? Das ist der Prüfstand, auf dem die SPD beweisen muß, daß sie ein politisches Marketing entwickeln und Themen freikämpfen kann. Unerwarteterweise hat heute die SPD die Aufgabe, nicht nur sozialdemokratische, sondern auch liberale Konzepte zu modernisieren. Die real existierende FDP jedenfalls scheint ihr historisches Erbe nicht nur nicht zu pflegen und weiterzuentwickeln, sondern sogar vergessen zu wollen. Die SPD muß die Kraft aufbringen, die neuen Anforderungen an die Menschen mit einer aktivierenden Politik abzusichern, zu flankieren und zu unterstützen. Man darf an dieser Stelle ruhig einmal Edmund Burke zitieren: »Ein Staat, dem die Mittel zu einer gewissen Veränderung abgehen, ermangelt der Mittel zu seiner Bewahrung.«

3. »Erst das Land ...« – die Zukunft der Parteien

Nüchterne Bilanzen, so scheint es, werden in Deutschland allenthalben von Hütern der Lagermentalität verhindert, über untragbare Zustände darf nicht schonungslos gesprochen werden. Ideologische Gräben wurden jahrzehntelang auch durch viele Verantwortungsträger in allen politischen Parteien verteidigt, Zumutungen an die eigene Klientel wurden zerredet. Um Themen wie die Reform des öffentlichen Dienstes und der Beamtenversorgung, die Flexibilisierung des Arbeitsmarktes und das Paradebeispiel der Agrarsubventionen bewegten sich die Parteien herum wie die Katze um den heißen Brei. Jetzt aber haben es die Bürger satt. Die Wechselstimmung, die Hoffnung, die in der Bundestagswahl 1998 mit der SPD verknüpft wurde, ist eine gewaltige Chance; sie umzumünzen in neuen Zulauf für die Parteiorganisation ist eine ebenso gewaltige Aufgabe. Kurz nach der Wahl ist die Aufbruchstimmung ein Blankoscheck, sie bedeutet gewachsenes Vertrauen und eine neue Kompetenzzuweisung angesichts neuer Konzepte. Die Umsetzung der Konzepte wird aber ohne eine durchgreifende Modernisierung der Parteien, allen voran der SPD, nicht gelingen. Deshalb will ich erläutern, wo die strukturellen Probleme liegen, damit die Sozialdemokratie die Modernisierung der Gesellschaft mit der Modernisierung der Partei verbinden kann.

Zunächst zeigt ein Blick auf die internationale Debatte, daß die politischen Systeme auch in den USA, in Japan, in praktisch allen hochentwickelten Ländern vor ähnlichen Problemen stehen. Nirgends zeigt sich eine ernsthafte Bedrohung der Demokratien. Doch überall gehört zum Kern der Krise politischer Willensbildung, daß sich das Verhältnis der Bürger zum Staat und zu den politischen Parteien dramatisch geändert hat und weiter in Richtung geringerer Aufmerksamkeit und wachsender Frustration verändert. Den Parteien ergeht es nicht besser als den korporatistischen Akteuren. Sie sind ja eng mit ihnen verflochten auf allen Ebenen des Staates, in Gremien, Arbeitskreisen und Personalunionen. Dennoch ist Ende der Neunziger die an sich banale Frage: Wozu sind Parteien noch gut? in den Hintergrund gerückt. Die Parteien scheinen sich im Auge des Hurrikanes zu befinden. Wahrgenommen wird der interne politische Richtungsstreit – auf die Tagesordnung gebracht in den Jahren 1997/98 erst durch die Kandidatenkür der SPD und dann durch die Personaldiskussion innerhalb der CDU/CSU. Jede Partei hat ihren »Modernisiererstreit«, aber die tiefer liegenden Probleme in den Parteiapparaten traten in den Hintergrund. Dabei war augenscheinlich, daß alle Modernisierer nicht mit, sondern gegen ihre Parteien die Programme zu reformieren und ideologische Positionen zu räumen versuchten. Der bemerkenswerteste Slogan des Labour-Wahlkampfes »New Labour – New Britain!« wurde in seiner Bedeutung hierzulande nicht voll erkannt: Modernisieren um zu regieren, dann regieren, um zu modernisieren.

Dabei sind die Defizite der SPD wie aller Parteien bei der eigenen Modernisierung offensichtlich, und das deutlichste Symptom ist die organisatorische Auszehrung. Der Organisationsgrad aller Parteien hat in den achtziger und neunziger Jahren abgenommen, die SPD beispielsweise hat allein zwischen 1991 und 1995 im Westen 11,5 Prozent der Mitglieder verloren. Der Trend wurde 1997 gestoppt, muß jetzt aber noch umgekehrt werden. Ausschlaggebend dafür ist das Zutrauen in die Problemlösungsfähigkeit. Die Shell-Jugendstudie 1997 spricht Bände: Hinsichtlich ihres zentralen Problems, der Angst vor Arbeitslosigkeit, ist das Vertrauen der Jugend in die Problemlösungsfähigkeit aller Parteien massiv gesunken, es betrifft aber auch andere Lebensbereiche. »Jugendliche bewegt, was Politik ausklammert. Sie hassen Vereine mit ihren Formalismen und ihrem – wie sie es sehen – verschrobenen und verlogenen ›selbstlosen‹ Engagement und praktizieren eine Abstimmung mit den Füßen, deren politische Brisanz schon von den DDR-Oberen unterschätzt wurde: Sie bleiben einfach weg.« Soweit der Soziologe Ulrich Beck in seinem Buch »Kinder der Freiheit«. Der typische Sozialdemokrat sieht deshalb nicht besonders frisch aus, unter Dreißig sind gerade noch 7,4 Prozent der Genossen. Die Mitgliederzahl der Jungsozialisten ist seit Mitte der achtziger Jahre auf weniger als die Hälfte gesunken. Das kritische Potential an den Universitäten ist kaum noch bereit, den etablierten Organisationen beizutreten und dort für Reformen zu kämpfen. Immer drängender wird die Frage, wer künftig den »dirty job« übernimmt. Woher sollen neue Konzepte kommen, wenn vor allem traditionell orientierte Personen unter Karriereperspektive die zentralen politischen Organisationen und Institutionen dominieren? In Brandenburg und den anderen ostdeutschen Ländern können kommunale Mandate kaum noch besetzt werden, weil sich niemand dazu bereit findet. Schon formuliertes Fazit: Der Demokratie gehen die Demokraten aus.

Die Nachwuchsschwäche kann sich zur handfesten Regenerationskrise auswachsen. Lange Zeit alterten CDU und SPD stetig, zehrten aber noch von der Beitrittsschwemme der siebziger Jahre. Nun geht es, wenn sich nichts Einschneidendes ändert, rapide bergab. Die Gewerkschaftsjugend und der gesamte organisierte Jugendbereich fallen als »Reserveorganisationen« aus, die traditionell auch für Parteinachwuchs gesorgt hatten. Der Generationenvertrag, in dem die Neigung zur Parteimitgliedschaft in Familie und sozialem Umfeld quasi vererbt wurde, läuft aus. Die junge »Was-bringt-mir-das-Generation« beteiligt sich an Demonstrationen und Unterschriftenaktionen, den organisierten

Politikbetrieb mit seinen Tagesordnungs- und Antragsdebatten findet sie aber ätzend langweilig. Trendmeldungen aus einer internen Studie über die nordrhein-westfälische SPD von 1997, einer Nachfolgestudie zur Untersuchung »Die SPD von innen«, die ich Mitte der achtziger Jahre mitherausgegeben habe: Der aktive Kern, der die Hauptlast der ehrenamtlichen Arbeit vor Ort trägt, ist stabil geblieben. Aber der Kreis der gelegentlich Aktiven, die für Wahlkämpfe, Aktionen, Arbeitskreise gewonnen werden können, ist spürbar kleiner geworden, Anfang der achtziger Jahre waren das 12 Prozent, heute sind es nur noch 6. Der brave Parteisoldat, der erst jahrelang Plakate klebt und schließlich vielleicht im Gemeinderat sitzt, ist eine aussterbende Spezies. Das hat auch positive Seiten. Die etwas Älteren unter uns erinnern sich ja vielleicht noch. Es gab sie tatsächlich, diese hundertfünfzigprozentigen Parteigänger. Männer und Frauen, die nicht nur davon überzeugt waren, immer die richtige Antwort zu kennen, sondern auch davon, die Ursachen des Übels benennen und die Zukunft nach dem Sieg ihrer Partei präzise beschreiben zu können. Sie waren nicht nur fest im Glauben, sondern auch streng in der Mission. Wenn sie mal eine Antwort nicht wußten, so war der einzige Selbstzweifel, der zulässig war, das Schuldgefühl, den politischen Anführern nicht geduldig genug zugehört und ihre Reden und Schriften nicht genau genug studiert zu haben.

Das zumindest liegt heute so fern, als wären es Inszenierungen aus dem Jurassic-Park. Hundertfünfzigprozentige sind seltene Exemplare geworden. Wer in der heutigen Zeit noch sagt und wirklich glaubt, »meine Partei hat immer recht«, wer zu hundert Prozent hinter jedem Beschluß und zur Parteiprogrammatik in jedem Nebensachverhalt steht, ist ein Fall für die Therapie und nicht für den politischen Diskurs. Der Parteigänger von heute mag ein »Siebzigprozentiger« sein und würde seine Bindung an die Partei etwa so umschreiben: »Meine Partei hat meist – oder oft recht.« Die Mehrheit der Bürgerinnen und Bürger aber, über 90 Prozent, gehört keiner Partei an. Ihre nüchterne Einschätzung ist: Mal hat die eine, mal die andere Partei recht, in bestimmten Dingen die eine etwas mehr als die andere. Vor 15 bis 20 Jahren reichte es noch, zu erfahren, daß jemand aus einem Ort mit 100 000 Einwohnern stammte, katholisch war und sonntags zur Kirche ging, um ihn oder sie mit hoher Signifikanz als CDU-Wähler oder CDU-Wählerin zu identifizieren. Im Gegenzug hatte man mit an Sicherheit grenzender Wahrscheinlichkeit einen SPD-Wähler vor sich, wenn man ein Gewerkschaftsmitglied in einem Großbetrieb, im großstädtischen Umfeld wohnend, traf. Die statistische Signifikanz war jeweils nahe bei 80 Prozent. Heute sind diese und andere Merkmale kaum noch tauglich, Parteipräferenzen vorherzusagen.

Es wäre eine große Chance, wenn die Parteien mit den neuen, wechselnden Präferenzen konstruktiv umgehen würden. Noch entspricht der strukturelle Zustand auch der SPD nicht der gesellschaftlichen Aufbruchstimmung, die endlich wieder mit der Sozialdemokratie verbunden wird. In den Ortsvereinssälen und den verrauchten Hinterzimmern der Gasthäuser hat sich am Erscheinungsbild der Partei und am Ohnmachtserleben vieler Mitglieder nicht viel verändert. Für viele ist die erste Begegnung mit dem Ortsverein ernüchternd. Viele suchen den Ort politischer Analyse, die Chance, Problemlösungen zu erarbeiten. Sie wollen mitwirken an der durch das Grundgesetz den Parteien zugeschriebenen Funktion der Meinungsbildung und insbesondere der politisch-parlamentarischen Realisierung. Sie suchen mehr den Konzeptionsverein als den Ortsverein, ein Angebot, das es viel zu selten gibt, das aber entwickelt werden muß, um dem Partizipationswunsch der Bürgerinnen und Bürger auch durch Parteien Rechnung zu tragen. In Mitgliederuntersuchungen tritt durchweg das Gefühl zutage, einflußlos, unwichtig und an der Willensbildung nicht beteiligt zu sein.

Ulrich Pfeiffer kritisiert, die SPD sei zu einer »Partei der Zeitreichen und Immobilen« geworden (übrigens gibt es fast mit gleichen Worten Untersuchungen über die CDU). Das rigide System einer regional organisierten Hierarchie, die den Entscheidungs- und Meinungsbildungsprozeß dominiere, setze räumliche Immobilität voraus und erfordere viel Zeit. Wer sich auch nur ein Minimum an Mitwirkungsmöglichkeiten erarbeiten wolle, der müsse »viel Zeit aufwenden und sich in den verschiedenen Gruppen und Gremien bekannt machen. Ohne physische Präsenz und hohen Zeitaufwand gibt es kaum Mitbestimmungsmöglichkeiten. Natürlich empfiehlt es sich auch, seinen Wohnort nicht zu wechseln.« Personen mit großer Verantwortung im Wirtschaftsleben oder Vertreter von Berufen mit starkem Wettbewerb sind logischerweise unterrepräsentiert, Leistungsträger werden abgeschreckt. In komplizierten Abstimmungs- und Gremienverfahren werden Positionen aus zweiter Hand so lange miteinander abgeglichen, bis sie sich mit Traditionsmeinungen vertragen. Hier steckt die Wurzel eines strukturellen Konservatismus, der alle neu auftauchenden Probleme und Themen an geheiligten Positionen und Beschlüssen mißt.

Die Debatte um die Zukunftsfähigkeit der deutschen Parteien ist nicht neu. An realistischen Bestandsaufnahmen hat es nicht gemangelt. 1977 stellten Sozialdemokraten aus dem nordrhein-westfälischen Bezirk Niederrhein einen vieldiskutierten Antrag auf dem damaligen Bundesparteitag. Sie identifizierten den ideologischen Streit zwischen Flügeln und Gruppierungen in der Partei als Kern der Probleme. Nahezu alle Reformvorhaben entwickelten sich zu einer für den Bürger unverständlichen Debatte von Experten, deren Fachvokabular sich selbst gestandene Minister nicht gewachsen zeigten – von einer breiteren Öffentlichkeit ganz zu schweigen. Die Unfähigkeit zur Bündelung und zur Konzentration auf zentrale Konzepte führte dazu, daß in der anbrechenden Phase der Realpolitik die Gruppierungen an der gesellschaftlichen und ökonomischen Realität und der Regierung Helmut Schmidts irre wurden. Dieses Auseinanderklaffen zwischen großem Entwurf und alltäglichem politischen Handwerk begleitet die SPD bis heute. Schaden nehmen muß sie an diesem Widerspruch aber nicht zwangsläufig. Schaden nimmt sie, wenn der Zusammenhang zwischen diesen beiden Seiten verlorengeht und eine von ihnen dadurch die Oberhand gewinnt.

Eines der Strukturprobleme ist die Delegation wesentlicher Arbeitsfelder an die zehn parteiinternen Arbeitsgemeinschaften. Für Außenstehende kaum zu durchschauen, gibt es heute für alles separate Zuständigkeiten: die Arbeitsgemeinschaft für Arbeitnehmerfragen für alle Themen im Bereich Mitbestimmung; die Arbeitsgemeinschaft sozialdemokratischer Frauen für Frauenpolitik, den § 218, das Ehe- und Familienrecht; die Arbeitsgemeinschaft der Selbständigen, zuständig für Mittelstandspolitik; die Jusos, die bis heute von der unbegründeten Vermutung leben, besonders kompetent in Sachen Jugendpolitik zu sein; außerdem die Arbeitsgemeinschaft der sozialdemokratischen Juristen (AsJ); die Sozialdemokraten im Gesundheitswesen (ASG); die Arbeitsgemeinschaft SPD 60 plus; die Arbeitsgemeinschaft für Bildung in der SPD (AfB); die Arbeitsgemeinschaft verfolgter Sozialdemokraten (AvS) und die Sozialdemokratische Gemeinschaft für Kommunalpolitik in der Bundesrepublik (Bundes-SGK). Der jeweilige inhaltliche Alleinvertretungsanspruch ist problematisch. Er kann zu einem Mangel an konzeptioneller Rückkoppelung führen und zu einer Verengung auf den jeweiligen alters-, geschlechtsspezifischen oder berufsständischen Blickwinkel. Die Partei erscheint Neueinsteigern dann als »besetzt«, als eine Art geschlossene Gesellschaft, bei der man Anerkennung und das Gefühl der Zugehörigkeit auf einem langen Marsch durch die Institutionen erwerben muß.

Ich habe die Defizite bewußt überspitzt dargestellt. Denn noch ist die Zahl derer, die mit schrillen Tönen allzu neue Gedanken abwehren, die ihre publizistische Macht nutzen, um ihre Vorstellung von political correctness durchzusetzen, gerade bei der Linken ausgesprochen groß. Die alt gewordenen Achtundsechziger haben für den Weg durch die Papiere und den Sturm durch die Antragsbücher viel investiert. Sie haben ihre Formeln, Symbolwörter und das damalige gedankliche Allgemeingut in Anträge gegossen. Programmatik wurde niedergeschrieben und durch Mehrheitsbeschluß gesichert. Programme zum Handeln, Problemlösungen für heute sind es nicht. Die gestern vorwärts drängende und Veränderungsdruck auslösende Linke erschöpft sich heute noch oft in der Verteidigung der alten dirigistischen Ideen im Verteilungs- und Wohlfahrtsstaatsmodell. In ihrem Herzen bleiben viele Funktionäre der Partei der Vorstellung treu, nur der Staat könne mit seiner Lenkung das erlösende Gleichgewicht zwischen Mensch und Gesellschaft herstellen – niemals aber der Markt.

Die Erstarrung des Organisationslebens hat es in vielen Bereichen verhindert, daß sich Parteien den Realitäten inhaltlich und konzeptionell stellen. Wir müssen uns damit abfinden: Politik ist im subjektiven Empfinden ein nebensächlicher Lebensbereich, vor allem für junge Menschen. Inhaltliches Interesse läßt sich schon früh mobilisieren, institutionenbezogenes Politikinteresse, wenn überhaupt, erst sehr spät. Vielleicht wären »Konzeptionsvereine« als Standbein neben den Ortsvereinen die Lösung, in denen überregional, mit Hilfe neuer Medien und zeitlich extrem flexibel konzeptionell diskutiert werden kann. In einigen nordrhein-westfälischen Städten haben sich »Kontaktgruppen Innovativer SozialdemokratInnen« gegründet, quer zu den Zuständigkeiten in der Partei und in den Unterbezirken, ohne formale Statuten und mit Diskussionsforen zu Städtebau, Verkehr und Umwelt, Arbeit und Sozialem, Wirtschaftspolitik. Der Zulauf zu diesen Gruppen dokumentiert den wachsenden Bedarf an hierarchiefreier politischer Mitarbeit. Wir müssen die Organisationsprobleme der deutschen Parteien ernst nehmen, denn sie sind nur oberflächlich betrachtet ein internes Problem. Das Publikum aber hat die Erstarrung registriert. In der Ära Kohl ist das Vertrauen in die Parteien und die Politiker laut Emnid-Daten von rund 50 auf 20 Prozent gesunken. Unsere Volksvertreter rangieren nach Beliebtheit und Ansehen unter allen Berufsgruppen nur noch auf Rang 25!

Es entstand der Generalverdacht, Politiker würden sich im wesentlichen als opportunistische Patronage- und Machterhaltungskartelle zusammenrotten. Die Zahl derjenigen, die glauben, daß es »unter denen, die unsere nationale Politik bestimmen, viele unehrliche Menschen gibt«, stieg zwischen den frühen achtziger und den neunziger Jahren stark an. Die Antipathie bezieht sich nunmehr auch auf die lange Zeit bewunderte Verwaltung und die politische Klasse. Die Diskussion um die Finanzierung der Parteien und ihrer Abgeordneten, die der Parteienkritiker Hans-Herbert von Arnim in regelmäßigen Abständen auf populistischem Niveau anzettelt, ist weniger in ihrer Substanz interessant, als in ihrer symbolischen Bedeutung. Sie ist ein deutliches Zeichen dafür, wie heruntergekommen die Debatte über die Institutionen der Demokratie ist.

Meine Phantasie reicht nicht aus, mir die Lösung der drängenden Herausforderungen der Zukunft ohne die Parteien vorzustellen. So attraktiv Bürgerinitiativen und Ein-Punkt-Bewegungen geworden sind, es fehlt ihnen letztlich die Verzahnung mit dem politischen und parlamentarischen Betrieb. Die Erfahrung der Grünen lehrt, daß es nicht reicht, eine informelle Struktur bereitzustellen, die als parlamentarischer Arm der Bürgerinitiativbewegung fungiert. Jede parlamentarische Entscheidung und erst recht jeder notwendige Kompromiß führt zu Spannungen und Enttäuschungen auf beiden Seiten. Der Versuch, die Konsens- und Kompromißbildungsprozesse in die Ein-Punkt-Bewegung zu tragen, muß naturgemäß scheitern.

Die Parteien müssen die großen Themen für sich zurückgewinnen. Das wird nicht leicht sein. Parteienforscher vergleichbarer westlicher Länder verweisen auf den Wertewandel und auf den rapiden Wandel der Medienlandschaft. Manche Beobachter in Japan und den USA sprechen bereits von der »Videokratie«. Nun bestimmten nicht mehr die politischen Parteien und die Öffentlichkeit, was zentral diskutiert wird, sondern die großen Medien. Die Personalisierung und Emotionalisierung der Politik wächst. Gleichzeitig ist sie nur noch ein Farbtupfer unter vielen Angeboten – vom Sport bis hin zu Alltagsproblemen. Und wenn man sich schon mit der Politik beschäftigt, dann eher mit den Attitüden von Spitzenpolitikern, aber nicht mit der Programmatik einer Partei. Die innerparteilichen Informationswege und erst recht die parteieigenen Medien sind belanglos geworden in der allgemeinen Informations- und Meinungsflut. Der Bezug einer bestimmten Tageszeitung ist immer weniger Ausdruck einer bestimmten Weltanschauung. Eine Säule massenhafter parteipolitischer Durchdringung und Ausrichtung ist wohl unwiederbringlich gefallen. Die Erwartung, daß Parteien ein durchgängiges Weltbild vermitteln, parteiliche Einstellungen zu allem und jedem, kann nicht mehr ausgemacht werden. Bedauern darüber braucht es nicht zu geben.

Auch die Politikverflechtung zwischen Bund, Ländern und Gemeinden mit ihren tausend Querverbindungen über Kommissionen und Ausschüsse macht den Parteien zu schaffen. Die Parteien sind immer dabei, immer dafür und immer dagegen. In einem Land opponiert sie heftig gegen das, was im anderen die Parteifreunde an der Macht als kompetentes Regierungshandeln loben. Die Politikverflechtung zwischen Bund, Land und Gemeinde entzweit die Volksparteien innerlich: Politisches Überleben auf der einen Ebene erfordert Distanzierung auf der anderen Ebene. Die Opposition im Bund kämpfte zunächst gegen eine Mehrwertsteuererhöhung, die Landesregierungen derselben Partei forderten sie als finanzielle Überlebensnotwendigkeit. Die Politikverflechtungsfalle schnappt zu, ein Netz, in dem sich alle Parteien gefangen finden. Denn alle sind sie irgendwie mitverantwortlich, regieren irgendwo in Bund, Land und Gemeinden mit.

All diese Befunde zur Lage der Parteien sind so vielschichtig wie die gesellschaftlichen Entwicklungen selbst. Aber sie haben einen Kern. Die Menschen wollen nicht mehr den verkrusteten Parteien- und Verbändestaat, in dem jeder erst einmal seine Schäfchen ins trockene bringt. Es ist paradox:

Aufgrund des Reformstaus wird eine gestaltende Politik immer notwendiger, und die Parteien und Verbände sind die einzigen, die den Stau auflösen könnten – Ursache und Hoffnung der blockierten Gesellschaft zugleich. Marion Gräfin Dönhoff traf 1997 ins Schwarze, als sie in ihrem Buch »Zivilisiert den Kapitalismus« schrieb, das Gerede von der Politikverdrossenheit sei oberflächlich; bei genauerem Hinsehen artikulierten die Bürger den lebendigen Wunsch, daß die Politiker nicht weniger, sondern entschiedener und engagierter handelten.

Die Parteien sind nicht am Ende. Sie hängen in ihrem Anpassungsprozeß nur zu weit zurück. Sie müssen schnell wieder zum Ort des gesellschaftlichen Diskurses, der Suche nach Lösungen werden. Der Düsseldorfer Parteienforscher Ulrich von Alemann sah 1995 Hoffnungszeichen. Schon das Superwahljahr 1994 hatte gezeigt, daß die Wahlbeteiligung nicht weiter gesunken war und die Großparteien sich stabilisieren konnten – trotz zunehmenden Stimmensplittings nicht nur zwischen Erst- und Zweitstimme, sondern auch zwischen Wahlen in Kommunen, Ländern und Bund. Für die SPD sind die positiven Trends dann bereits in der Niedersachsenwahl 1998 verstärkt worden. Dennoch bleibt die Mahnung von Alemanns weiter richtig: »Die Parteien der Zukunft werden sich weiter anstrengen müssen, Ansehen und Kompetenz zurückzugewinnen. Sonst werden sie schnell erneut in die nächste Krise schlittern.« An der Spitze seiner 20 Vorschläge für eine Reform der Parteiendemokratie steht folgerichtig die Organisationsreform; sie dürfe weder vor den Parteisatzungen noch vor dem Parteiengesetz haltmachen.

Der Befund aller Untersuchungen zum politischen Extremismus am rechten Rand der europäischen Parteiensysteme lautet: Die Polarisierung kann verhindert werden, wenn die Parteien der Mitte ein mitreißendes neues und solidarisches Gesellschaftsprojekt anbieten. Alle politischen Parteien sind aufgerufen, die realen Blockaden in der Politik aufzulösen. Der Schlüssel zum Vertrauen der Wähler ist

Problemlösungsfähigkeit. Die Bürger orientieren ihre politischen Präferenzen an ihren konkreten Erfahrungen im beruflichen und wirtschaftlichen Bereich, zwischen den Generationen, an Erfahrungen im Privat- und Freizeitleben. Deshalb sind ihnen pragmatische Konzepte lieber als die ganz großen weltanschaulichen programmatischen Entwürfe. So ist der Kampf gegen den Verkehrsstau, der ja eine ökonomische und ökologische Großbelastung ist und an unser aller Nerven zerrt, durchaus erfolgreich möglich. Die Menschen reagieren noch ungläubig, wenn Politiker ihn auf die Tagesordnung holen, haben sie sich doch zu sehr daran gewöhnt, daß Politik derart konkrete Probleme lieber tabuisiert. Wer es schafft, Visionen mit radikal pragmatischen Konzepten zu verbinden, und konkrete, spürbare Verbesserungen durchsetzt, hat Erfolg. Das jedenfalls ist die Erfahrung, die New Labour und die amerikanischen Demokraten gemacht haben.

So selbstverständlich es klingt – es wäre schon ein wichtiger Schritt, wenn die SPD in Zukunft bei jedem Beschluß bedenken würde, ob und wie sie dafür Mehrheiten gewinnen oder erhalten könnte. Denn das ist ja die Voraussetzung dafür, daß ein Beschluß Wirklichkeitsbezug hat. Die Beschäftigung der Parteien mit sich selbst ist überall das Problem. Die Frage, wie man für etwas eine Mehrheit bekommt, wird heute durchaus noch als populistisch oder opportunistisch diffamiert. Eine Bewertung, die mir zutiefst fremd ist, weil ich in keiner Partei eine Seminarveranstaltung oder gar eine Sekte gesehen habe, die ihr Selbstwertgefühl aus der Zelebration einer Minderheitenposition bezieht. Für einen Demokraten ist es selbstverständlich, sich an den Interessen der Mehrheit auszurichten, von der er gewählt werden will.

Tony Blair und New Labour: Pragmatismus mit Visionen

Daß es aus der deprimierenden Diagnose der deutschen Parteien- und Politikerverdrossenheit einen Ausweg gibt, zeigt das Beispiel von New Labour in Großbritannien. Diese Partei ist das Vorbild bei der Verbindung von Pragmatismus und Visionen, in New Labour dokumentiert sich eine politische Veränderungskultur, die sich in der SPD vorerst nur zaghaft und planlos entwickelt, eine politische Veränderungskultur jenseits der alten parteipolitischen Strukturen und Rituale. Es gibt ein Leben nach den Dinosauriern. Heute ist New Labour die am schnellsten wachsende Partei der Welt. Das Durchschnittsalter der Partei liegt bei 43 Jahren, und fast 50 Prozent der neuen Mitglieder sind Frauen. Mit dem Wahlergebnis vom 1. Mai 1997 konnte die Partei erstmals einen großen Teil der Mittelklasse für sich gewinnen: 60 Prozent der neuen Mitglieder gehören zu dieser wahlentscheidenden Gruppe. Noch nie hatte ein Labour-Führer eine so breite Legitimation. Sie erlaubte ihm, Fraktionen innerhalb der Partei zu disziplinieren und interne Konflikte über den politischen Kurs – insbesondere mit einem Teil der mittleren Funktionärsebene – unter Verweis auf die positive »Abstimmung mit den Füßen« der Parteimitglieder zu umgehen. Das immer wiederholte Motto Blairs ist: Schluß mit dem Zurückblicken, Aufräumen und Abreißen, nach vorn mit Vorstellungskraft und Phantasie. Die Zeit der Dogmen und Ideologien ist zu Ende. Tony Blair hat modernisiert, um zu regieren. Deshalb erteilte man ihm den Auftrag, zu regieren, um zu modernisieren. Gewählt wurde ein Mann, der in der Lage war, die am stärksten verkrustete und rückwärtsgewandte Links-Partei Europas auf Modernisierungskurs zu bringen und zu disziplinieren: »New Labour – New Britain«.

In der Tat bekamen die politischen Beobachter mit seinem triumphalen Einzug in No. 10 Downing Street ernste Interpretationsprobleme. Steht Blair wirtschafts- und sozialpolitisch rechts von der CDU, wie die *FAZ* kommentierte, oder hatte New Labour nur das »Godesberg« der deutschen Sozialdemokraten nachgeholt? Was würde Blairs Rolle in der möglichen europäischen Politikwende zugunsten der Sozialdemokratie sein? Der neue politische Pragmatismus von Labour läßt sich mit den Denkkategorien von Rechts und Links tatsächlich nicht mehr erfassen. Die ausgelöste innerparteiliche Dynamik läßt sich mit Godesberg vergleichen, aber in der Sache geht es noch darüber hinaus.

Tony Blair war ein Parteirebell, aber er stand nicht allein. Der Abtransport ideologischer Altlasten und der Rezepte von gestern begann als vorsichtige Inventur nach der katastrophalen Wahlniederlage von 1983 unter Neil Kinnock. Tony Blair zog gerade erst in das Unterhaus ein. 1979 abgewählt, in den frühen achtziger Jahren gespalten und politisch totgesagt, kämpfte sich Labour unter den Parteivorsitzenden Kinnock, Smith und Blair zurück. Innerparteiliche Reformen eröffneten Labour den Zugang zur politischen Mitte und damit zurück an die Regierung. New Labour steht hier vor allem für das Aufbrechen der traditionellen Parteistruktur, also den Verbund von Partei, Gewerkschaften und beigeordneten Organisationen. Bis heute hat Blair keine Konzessionen an die Erwartung der Gewerkschaften gemacht, es werde eine Rückkehr zu den alten Tagen geben. Ihr Einfluß auf die Politik wurde nach Margret Thatcher auf einem niedrigen Level stabilisiert.

Entscheidend für die innerparteiliche Reform waren die Beschlüsse des Parteitags in Brighton 1993: Parlamentskandidaten wurden nicht mehr von Einzelgewerkschaften und Parteimitgliedern aus den Wahlkreisen, sondern nur noch von den Parteimitgliedern in den Wahlkreisen ausgewählt. Das ist das neue Prinzip »One Member One Vote«, eine Strukturrevolte gegen innerparteiliche Erbhöfe, denn zuvor hatten die Gewerkschaften 40 Prozent der Delegiertenstimmen »gepachtet«, 60 Prozent die Parteimitglieder und Abgeordneten. Ein weiterer Schritt zur Veränderung der Partei war die Änderung von »Clause IV« der Parteisatzung 1994. Auf ihn beruft sich heute, wer auf das Godesberger Programm der SPD verweist. Die uralte Forderung nach der Vergesellschaftung der Produktionsmittel wich zugunsten eines Bekenntnisses zum demokratischen Sozialismus. Diese Änderung war deshalb so einschneidend, weil gerade die Vergesellschaftungsklausel als die Kernaussage der traditionellen Labour Party galt. Die Änderung demonstrierte der Öffentlichkeit nachhaltig den Willen der Partei zur Erneuerung und zur Aufgabe längst überholter, aber trotzdem als unabänderlich angesehener Zielvorgaben der Partei.

Für sich genommen, sind die Reformen tatsächlich kein Maßstab für die SPD. Aber der Effekt, die politische Aussage und gesellschaftliche Ausstrahlungskraft, ist mit dem vergleichbar, was die deutschen Sozialdemokraten seit dem März 1998, der Landtagswahl in Niedersachsen und der Kür Gerhard Schröders zum Kanzlerkandidaten der SPD erlebt haben. Die Zeiten sind seitdem vorbei, in denen das Machbare als nicht sozialdemokratisch und das Sozialdemokratische als nicht machbar gegolten hatte. Vergleichbar ist aber auch die Grundthese. »Wir haben die Partei reformiert – das zeigt, wir können auch dieses Land regieren« – so hatte Tony Blair während des Wahlkampfes 1997 argumentiert. Die interne Reform von Labour war der wesentliche Motor für den Erfolg. Die Partei hat einen – verglichen mit dem Zustand in den Achtzigern – unglaublichen Aufstieg vollbracht, durch einen langen Prozeß, in dem »Old Labour« das Fenster zur Wirklichkeit aufstieß. Unterschätze niemand die Mühen dieser Ochsentour, die Teilen der SPD erst noch bevorstehen.

Ohne Kinnock und Smith wäre Tony Blair nicht denkbar. Ohne Tony Blair wäre aber der Sieg vom 1. Mai 1997 ebensowenig denkbar. Etwas hatte bis dato gefehlt. Die Modernisierung brachte lange ja keine Wahlsiege. Es fehlte das Charisma, das Sendungsbewußtsein, die Glaubwürdigkeit und Berechenbarkeit, die dieser Mann verkörperte – die Einheit von Partei, Projekt und Person. Vor allem die unter

Thatcher politisch erstarkte, sozial und ökonomisch aber verunsicherte Mitte der britischen Gesellschaft kaufte erst Tony Blair und den Modernisierungskurs und die neu gewonnene Zukunftsfähigkeit von New Labour ab. Blair formte aus dem breiten Strom vorhandener Modernisierungsideen in seiner Partei handfeste, realistische und überprüfbare Projekte. Das war es, was die Partei und das Land gewollt hatten. Blair nannte es »Operation Victory«. Besonders bei den jungen Männern und vor allem Frauen aus den aufstrebenden Mittelschichten, die bis dahin eher zu den Nichtwählern zählten, wirkte nach Einschätzung etwa der Beobachter bei der BBC die Kombination aus Modernitäts- und Vertrauenskampagne. Diese Leute wählten einen Mann, der weder den Labour-Matsch an den Füßen noch den Tory-Filz auf dem Kopf trug. Hier kam der »amerikanische Stil« an: offen, rücksichtsvoll nach außen und hart nach innen.

Die Regierung Blair wird von vielen kritisch-reserviert betrachtet: Jeder könne schließlich erfolgreiche Politik betreiben, wenn er die Regierung in einer wirtschaftlichen Hochphase übernehme. Daran ist ein Stück Wahrheit. Wer in eine konjunkturelle Hochphase hineingewählt wird, der hat es sehr viel leichter, Politik zu gestalten und zu finanzieren, als derjenige, der den Karren erst einmal aus dem Dreck ziehen muß. Ein anderer Vorwurf lautet, New Labour sei nichts weiter als die grundsätzliche Weiterführung der Deregulierungs- und Privatisierungspolitik der Tories in neuen Gewändern. Blair trifft die Kritik an der von ihm vermeintlich exemplarisch vorgeführten Mediendemokratie; Videos zu Beginn einer jeden Veranstaltung, bunte Bilder, schlagwortartige Thesen statt der Vermittlung von Inhalten. In das Bild paßt die europaweit beispiellose, nach Einschätzung deutscher und britischer Beobachter künftig stilbildende Art, in der der Wahlkampf fast ausschließlich über die Medien geführt wurde. Flexiblere Formen politischer Kommunikation werden Standard, öffentliches Nachdenken anstelle von endlosen Gremiendebatten in verrauchten

Gasthofsälen. Aber was ist denn nun nach fast zwei Jahren der Regierung Blair? Ist die neue Mannschaft nur eine für bunte Bilder und Schlagwörter, wie dem des »Cool Britannia« – oder setzt sie auch um, was im Wahlkampf versprochen wurde?

An dieser Stelle ein Exkurs zur Frage der Personalisierung von Politik und ihrer öffentlichen Darstellung im Werben um die Zustimmung der Wähler. Blair ist aufgrund seiner Biographie (Tory-Elternhaus, später Einstieg in die Politik, Jura-Examen) von Anfang an als Mann des Ausgleichs in die Politik eingestiegen. Die Partei läßt sich durch ihn disziplinieren, weil sie weiß, daß sie sonst keine Chance bei den Wählern hätte. Von linkslastigen Beobachtern wird ihm das allerdings angekreidet: Im NBC-Interview zum Beispiel wurde die Einschätzung geäußert, man befinde sich auf dem Weg zu einem »Ein-Parteien-System«, das die politischen Alternativen ununterscheidbar mache. Hinter diesen Vorwürfen verbirgt sich ein viel tieferes Problem, das auch wir Deutschen haben: Die Infragestellung eines nur ideologisch begründbaren Status quo durch pragmatische Modernisierer in allen Institutionen und Bereichen der Gesellschaft. Die Situation Mitte der neunziger Jahre erinnerte an den Moment, in dem der Soziologe Max Weber in demokratischen parlamentarischen Systemen die Stunde eines »charismatischen Führers« gekommen sah – an den Moment, in dem die verfahrene Situation nur auflösbar scheint durch einen, der die Akten vom Tisch fegt. Weber hat die Mechanismen bürokratischer Herrschaft beschrieben und auch die Bedingungen, unter denen selbst verbürokratisierte Institutionen gezwungen sind, sich einem neuen Schlichter unterzuordnen – wenn nämlich sonst nichts mehr geht und die auf Traditionen und formale Verfahren und Zuständigkeiten gestützte Legitimität der Institutionen und Interessengruppen so rapide abnimmt, daß ihre Existenz in Frage steht. Und sind wir nicht heute so weit, daß Parteien und Verbände sich diese Frage stellen müssen? Wir haben erneut gesehen, daß Charisma im Wahlkampf von überragender

Bedeutung sein kann, von ihm kann der Wahlerfolg und damit die Legitimationsgrundlage aller Beteiligten abhängen. Wenn dem so ist, dann muß dem charismatischen Anführer gestattet werden, die etablierten Interessen zu umgehen, neue Konzepte durchzusetzen, die das Überkommene sprengen, das unattraktiv gewordene Beharren durch faszinierende Visionen ersetzen. Das charismatische Moment ist also ein integrierender Bestandteil des demokratischen Systems, weil es politische Alternativen erst wieder konturiert und sichtbar macht, die in der Politik- und Interessenverflechtung auf dem kleinsten gemeinsamen Nenner eingeebnet und für den Wähler unsichtbar geworden sind.

Eine übermäßige und einseitige Personalisierung birgt natürlich die Gefahr, daß die Macht der Medien bei der Verbreitung und Interpretation politischer Inhalte unerträglich steigen kann. Ich will nicht falsch verstanden werden. Aber ein gewisses Maß an Personalisierung entspricht der Lebenserfahrung und ist sinnvoll. Ich selber habe nie einen Politiker kennengelernt, der in einer Sitzung im kleinen Kreise, nachdem die Türen geschlossen wurden, das Parteiprogramm oder Antragsbuch aus der Tasche zieht, um abzuarbeiten, was geschrieben steht, oder für ein aktuelles Problem auszulegen, was irgendwann beschlossen wurde. Es ist schon richtig, nach den Grundeinstellungen der Charaktere zu fragen, wenn man vorausahnen möchte, wie ihre Entscheidungen sind, wenn es darauf ankommt.

Denn gäbe es eine Vergleichsmöglichkeit zwischen dem konkreten, lösungsorientierten Entscheidungsverhalten und dem Verhalten in Programmdiskussionen, würde sich mancher erstaunt die Augen reiben. Allein insofern ist der Wunsch, die Persönlichkeiten und ihre Persönlichkeit genauer zu kennen, durchaus politisch-emanzipatorischer als die Frage nach programmatischen Leitsätzen aus Kollektivabstimmungen. Aber es ist eben auch der innerparteiliche Prozeß von Persönlichkeiten mit geregelten Einflußsphären, die das Maß an sozialer Kontrolle begründen, die notwendig ist, um das Abheben oder gar Ignorieren von politischen und sozialen Verpflichtungen zu vermeiden. Gründe genug für den Umbau der Partei, der man sich zugehörig und verpflichtet fühlt, zu plädieren, eben weil man sie mag und ihr eine Zukunft wünscht.

In Großbritannien zeigt heute der eingekehrte politische Alltag, daß die Probleme aller Politik auch Labour treffen: Der Widerstand von Interessengruppen und die mühsame Vermittlung von Standpunkten, die Schwierigkeiten, für komplexe Anforderungen transparente und verständliche Konzepte zu entwerfen – das alles läßt sich durch politische Show nicht lösen. Natürlich nicht. Doch Labour zeigte in seinem ersten Jahr auch den Mut zu harten Entscheidungen. Die Übernahme und Fortführung der Politik der Konservativen bringt für New Labour innerparteiliche Belastungen. Bislang hält das neu gewobene Organisationsnetz der Partei dieser Anspannung aber sehr gut stand. Der Mut Labours, auch kontroverse Themen anzupacken, sollte den deutschen Sozialdemokraten helfen. Von der SPD werden nach dem Wahlsieg im September 1998 Strukturveränderungen verlangt, die innerparteilich und auch in der Öffentlichkeit zu Kontroversen führen müssen – und die Labour weitestgehend erspart blieben, weil die härtesten Schnitte von den Konservativen bereits durchgeführt worden waren. Der entscheidende Punkt aber ist, daß Tony Blair und New Labour notwendige Einschnitte und die Forderung nach Verzicht konzeptionell immer mit der Garantie neuer Sicherheiten verbunden haben. Nur daraus erwuchs das Vertrauen, das die britische Regierung bis heute trägt, und das sie noch in keinem Punkt enttäuscht hat.

Erfolgreiche Politik entscheidet auch in Großbritannien über Wohl und Wehe einer Regierung. Die Erfolgsliste der Labour-Regierung beinhaltet zentrale Reformprojekte, für die die Briten Labour an den Start geschickt haben. Nebenbei gesagt: In Deutschland wird der Erfolg Labours viel zu oft an den Tagesordnungspunkten gemessen, die bei uns wichtig sind – außen vor bleiben die aus britischer Sicht epochalen Staatsreformen. Beispiel Verfassungsreform: Die

»Devolution«, die Dezentralisierung und Übertragung von Hoheitsrechten von Westminster an Schottland und Wales wurde umgesetzt, ebenso das Verhältniswahlrecht für die Wahlen zum europäischen und schottischen Parlament, und die Wiedereinführung eines Bürgermeisters von London. Beispiel »Welfare to Work«: Das aus einer – »Windfall Tax« genannten – Steuer auf den Profit privatisierter Unternehmen finanzierte, 3,5 Millionen Pfund schwere Programm soll 250 000 unter 25jährige Arbeitslose aus der Wohlfahrt zurück in den Arbeitsmarkt bringen – ein symbolträchtiger »New Deal« in der aktiven Arbeitsmarktpolitik. Es geht nicht mehr um lebenslanges »Employment«, sondern um »Employability« – Beschäftigungsfähigkeit. Und das Beispiel Bildung: Die Regierung hat 2,5 Millionen Pfund in das nach deutschen Maßstäben äußerst marode Schulsystem gepumpt. Aber es wurden auch neue Qualitätsstandards für die schulische Ausbildung eingeführt, inklusive eines schonungslosen Leistungsvergleichs der Schulen. Alle Vierjährigen erhalten garantiert eine »nursery education«, eine Art Vorschulunterricht. In allen »primary schools« wird es eine Stunde Mathematik und eine Stunde Lesen zusätzlich geben, und alle Schulen erhalten je 1 000 Pfund für neue Bücher.

Entscheidend war im Grunde die schonungslose Schwachstellenanalyse des britischen Wohlfahrtsstaates. Die Bürger erkannten, daß die Politiker die Probleme sehen, die sie täglich erfahren. In der radikalen Abschaffung aller inhaltlichen Tabus war Blair ein Rebell. Wir setzen die Agenda ein, die Problemlösung ist der Maßstab! Blair hat die Partei mit Themen hinter sich gebracht, die an den Problemen der Menschen und der Unternehmen anknüpften, und die in der Partei zwar breit, aber nur hinter vorgehaltener Hand akzeptiert waren: Bildungsoffensive, Aussöhnung von Arbeit und Ökonomie, Bekämpfung der Kriminalität, ein neuer Gesellschaftsvertrag.

Die Stärke der Regierung Blair zeigt sich darin, daß abweichende Meinungen, ja selbst kleinere Aufstände in der eigenen Fraktion gemeistert und begrenzt werden können.

Wer die Politik in Großbritannien verfolgt, sieht deutlich, daß New Labour kein Wahlverein geworden ist. Die offene Diskussion gibt es nach wie vor – gepaart aber mit dem festen Willen, sich nicht schon nach einer Legislaturperiode die Macht wieder entreißen zu lassen – wie das bisher noch das Schicksal jeder Labour-Regierung war. Eine große Strecke des »dritten Weges« von New Labour ist schon zurückgelegt. Der Begriff bezeichnet die Abgrenzung vom wirtschaftlichen Individualismus der Thatcher-Ära, der Wettbewerb mit Konfrontation gleichsetzt. Er meint aber auch die Abgrenzung von einem Anspruchsdenken gegenüber dem Staat. Aus dem Umverteilungs- wird ein »Supply-Side«-Sozialismus, der die Pflichten des einzelnen für sich selbst und gegenüber der Gemeinschaft betont, aus der Gerechtigkeit im Ergebnis die Gerechtigkeit beim Start. »To govern for the many, not the few« – das war und ist das Versprechen. An diesem Credo wird die Partei gemessen.

Der einzelne, der etwas leistet, muß auch den Hauptanteil seines Erfolges in der Tasche behalten. Blairs »Business Manifesto« garantiert flexiblere Wettbewerbsmärkte, bessere Qualifikationen, Investitionssicherheit und Hilfen für den Mittelstand. Ein Vertrag auf Gegenseitigkeit: Die Unternehmen akzeptieren dafür die Unterschrift unter die Europäische Sozialcharta, einen Mindestlohn und andere »Zumutungen«. Die Gewerkschaften halten aus, daß es keine Rückkehr zur Regulierung des Arbeitsmarktes gibt. »Müssen Linke Sozis sein?« titelte die *Wirtschaftswoche* im Juni 1996, als Blair schon im Vorzimmer der Macht stand. Blair hat diese Frage auf seine Weise beantwortet, zum Beispiel in der Steuerpolitik von New Labour, die nicht mehr auf eine Bestrafung der Leistungsträger, sondern auf Effizienz des Systems ausgerichtet ist. »Wenn es jemand bei uns zu Wohlstand bringt, dann wünschen wir ihm alles Gute!« versichert Blair und argumentiert, schließlich sei die britische Linke gegründet worden, um die Leute aus der Armut herauszuholen. Solche Erkenntnisse sollte sich die SPD für die kommenden Reformen hinter den Spiegel stecken.

4. Die Krise des traditionellen und der Beginn eines neuen Korporatismus

1996 und 1997 standen im Zeichen der Aufkündigung von Konsens und Kooperation. Das Scheitern des Bündnisses für Arbeit und die durchschlagende Standortdebatte der Jahre 1995 bis 1997 waren die Höhepunkte. Dabei wurde ein zentrales Strukturprinzip der sozialen Marktwirtschaft aufgegeben. Der rheinische Kapitalismus, das Modell des institutionalisierten Interessenausgleichs zwischen Staat, Wirtschaft und Arbeitnehmern, wurde als »Konsenssoße« und generell als Innovationshemmnis diffamiert. Es ist erschreckend, wie weit wir uns dabei von einer positiven, konstruktiven Auffassung vom Korporatismus entfernt haben. Exemplarisch verdeutlicht wurde das noch im Frühjahr 1998, als sich bei der Internationalen Handwerksmesse in München die Spitzenverbände der Wirtschaft zur Wahlkampfhilfe für Helmut Kohl aufstellten und die Schaffung von einer halben Million neuer Stellen noch im selben Jahr ankündigten. Schon tags darauf mußten sie zurückrudern: Nicht mehr 500 000 Arbeitsplätze versprachen sie, sondern erst einmal 350 000, dann nur noch 100 000 – vielleicht. Damit haben die Verbandsvertreter nicht nur die Bundesregierung blamiert, die sich solcher Hilfe besser erwehrt hätte, sondern auch die deutschen Unternehmen, die an dieser Öffentlichkeitsarbeit nicht interessiert sein können.

Ein neuer politischer Stil, offenere Formen der Interessenvertretung und der Kooperation zeichnen sich ab. Die Benennung des erfolgreichen Software-Unternehmers Jost Stollmann als Kandidat der SPD für das Bundeswirtschaftsministerium 1998 war dafür ein Beispiel, denn die Computerbranche ist weitgehend verbandsunabhängig, und soweit in ihren Unternehmen Formen der Mitbestimmung realisiert werden, entsprechen sie nicht immer den im Betriebsverfassungsgesetz vorgeschriebenen Institutionen. Hierarchiefreie Unternehmen sind aber grundsätzlich keine Bedrohung, sondern im Gegenteil eine enorm spannende Herausforderung für die deutsche Mitbestimmung. Weh tut der neue Stil des Interessenausgleichs offensichtlich aber vor allem den Arbeitgeberverbänden, denn trotz aller Kraftmeierei ist ihr Organisationsgrad eher rückläufig. Neue Unternehmen im Dienstleistungsbereich werden nur selten Mitglied. Im Osten gehört noch ein knappes Drittel der Unternehmen den Arbeitgeberorganisationen an. Und die tatsächliche Fähigkeit der Verbände, die Betriebe für eine bestimmte Verbandspolitik in die Pflicht zu nehmen, schwindet mehr und mehr. Gerhard Schröder dagegen praktiziert offen eine Art »inszenierten Korporatismus«: Die Politik setzt sich mit den jeweils innovativsten und entscheidungsfreudigsten Unternehmern, Betriebsräten und Gewerkschaften zusammen, um ein konkretes Problem zu lösen – nie aber mit den Zaudernden und auch nicht immer unbedingt mit den Zuständigen. Mit diesem Politik- und Staatsverständnis eines aktivierenden Staates haben die Spitzenfunktionäre auf beiden Seiten Probleme. Die Angst vor dem pragmatischen Konsens treibt sie um. Zu tief stecken sie in der Politikverflechtungsfalle, um auf die neuen »Innovationsallianzen« hoffen zu können. Aber gerade dieser pragmatische Konsens ist der Kern der sozialen Marktwirtschaft.

Ein historischer Exkurs: Mit dem Staatsverständnis der sozialen Marktwirtschaft hatte insbesondere der Bund der Deutschen Industrie (BDI) schon immer Probleme. Als Ludwig Erhard in den fünfziger Jahren um eine Wettbewerbsordnung mit weitgehendem Kartellverbot (»Wirtschaftliches Grundgesetz«) kämpfte, wetterte der BDI gegen eine »der deutschen Wirtschaft wesensfremde Regelung« und die »bürokratische Bevormundung durch den Staat«. So etwas ausgerechnet dem Vater der sozialen Marktwirtschaft vorzuwerfen, mutet heute absurd an. Wenn man allerdings das Staatsverständnis Erhards mit dem der damaligen Wirtschaftsfunktionäre vergleicht, erklärt sich alles. Erhard wollte einen starken Staat, der einen Ordnungsrahmen setzt. Darin sollten sich dann die wirtschaftlichen Kräfte frei entfalten. Der BDI dagegen polemisierte damals in einer durchsichtigen Strategie gleichermaßen gegen einen »ungezügelten Liberalismus« wie gegen »Dirigismus«. Ein starker Staat, wie er Erhard vorschwebte, mußte für die Verbände bedrohlich sein, weil er Herr des Verfahrens blieb, weil er sich nicht zur Beute machen lassen wollte, und er Wettbewerb, Transparenz und Leistung sicherte, wo die organisierten Interessen Staat und Wirtschaft unter sich aufteilen wollten. Das war kein Staat, in dem man kungeln und klüngeln konnte. Auf dem Höhepunkt der Schlacht um das Kartellgesetz 1954 zog Erhard die Notbremse, nachdem der BDI den Entwurf in zahllosen Beratungsoffensiven verwässert hatte. Die Verfassung stehe einer direkten Beeinflussung durch Interessenten entgegen, rief Erhard am 24. März dem Bundestag zu: »Wo alle Gruppen einen besonderen Schutz haben wollen, werden die Menschen immer unfreier werden und immer mehr an echter Sicherheit verlieren.«

Können wir es schaffen, das Verständnis für die Notwendigkeit eines aktivierenden Staates wiederzubeleben, der die auseinanderstrebenden Interessen zusammenführt? Im Juli 1954 retteten Pragmatiker und sozial verantwortliche Manager und Unternehmer den Konsens. Männer wie Winkhaus (Mannesmann), Henle (Klöckner), Soehngen (Rheinstahl) und Ziervogel (Ruhrgas) unterzeichneten einen offenen Brief, der den BDI zur Kooperation zwang. Auch im März 1998 haben innovative und pragmatische Unternehmer die Funktionäre im Streit um die Lohnfortzahlung zur Ordnung gerufen. BDI-Chef Hans-Olaf Henkel suchte wieder das Gespräch. Prompt wurde er aus der CSU dafür beschimpft, er sei »für das politische Geschäft ungeeignet, weil er keine politische Richtung« habe. Das schlage, so damals auch der CSU-Mittelstandsvertreter Hans Michelbach, »auf die Wirtschaft zurück«. So etwas drückt die blanke Panik vor dem Ende des Klüngel-Korporatismus aus, der nicht den Konsens sucht, sondern nur die eigenen Interessen wahren will.

Die Bereitschaft zum pragmatischen Konsens ist die Voraussetzung für eine neue »konzertierte Aktion« zur Lösung der drängenden Probleme. Die Voraussetzungen für eine erfolgreiche korporatistische Konfliktregulierung, für eine Neuauflage der kooperativen Wirtschaftspolitik haben sich allerdings seit der konzertierten Aktion in den sechziger Jahren dramatisch verändert. Damals herrschte praktisch Vollbeschäftigung, heute Massenarbeitslosigkeit. Damals verzeichnete die Bundesrepublik ein hohes Wachstum des Bruttosozialproduktes, mit Möglichkeiten der Zuwachsverteilung, heute beklagen wir ein Wachstum ohne Beschäftigung sowie eine dramatisch steigende Belastung der privaten Haushalte mit Gebühren und Abgaben bei stagnierenden und sogar leicht sinkenden Realeinkommen und zu Lasten der Binnennachfrage. Die Befunde über den Zustand des deutschen Korporatismus in der Endphase der Kohl-Regierung waren deprimierend. Norbert Walter, Geschäftsführer der Deutsche Bank Research, resümierte im Januar 1997 in der Zeitschrift *Capital* die Degenerationserscheinungen eines mißverstandenen, als Interessenvertretungsmaschine mißbrauchten rheinischen Kapitalismus: »Die soziale Marktwirtschaft, das Markenzeichen Nachkriegsdeutschlands, wurde zum Exportartikel und wurde am Ende ganz exportiert. Wir sind als Korporativisten geendet – mit vielen großen, lauten Gruppen, an vielen Runden Tischen, Befindlichkeiten suchend, unfähig zur Auseinandersetzung, unwillig für Entscheidungen, mutlos für einen Sprung zu neuen Ufern.«

Für das Modernisierungsdilemma des traditionellen deutschen Korporatismus, der seine Prinzipien bewahren muß und gleichzeitig neue Verfahren des Interessenausgleichs zu entwickeln versucht, bietet sich das Bild einer »Treibsand-Gesellschaft« an: Wer in der Wüste in Treibsand gerät, der versinkt darin um so schneller, je heftiger er trampelt und davonzulaufen versucht. Nur wenn er das in dieser Situation völlig Ungewohnte und Unkonventionelle tut und mit überlegten Schwimmbewegungen beginnt, wird er sich retten können. Und nicht nur der, der reflexartig schneller tritt, versinkt, sondern auch der, der zurückzulaufen versucht. Im Moment sieht es so aus, daß sich einige innovative Akteure (auf der Arbeitnehmerseite vor allem Betriebsräte) mit Schwimmbewegungen aus dem Treibsand retten, der entsteht, wenn die Realität des sozialen Wandels und des verschärften Wettbewerbs den Boden der verfestigten Ideologien und der angelernten institutionellen Überzeugung und Programmatik zunehmend aufweicht. Andere Akteure vertiefen noch den Schlamassel, indem sie weitertreten oder es mit den Schlagworten und Überzeugungen von gestern versuchen, statt pragmatisch neue Lösungen zu suchen. Der Verbändekorporatismus auf Bundesebene, mit seiner unverhohlenen Parteilichkeit, mit seinen rituellen Formen und traditionellen Zirkeln, hat immer weniger Bodenhaftung und Gestaltungskraft. Die drängenden Probleme – etwa die Jugendarbeitslosigkeit – sind mit den herrschenden Instrumentarien offenbar nicht in den Griff zu bekommen.

Auch das traditionelle Tarifmodell stabilisiert diese überkommenen Formen nicht, weil es selber unter Anpassungsdruck gerät. Ernstzunehmende Beobachter des deutschen Systems industrieller Beziehungen sehen die Krise vor allem aus Richtung der Arbeitgeberverbände kommen. Wolfgang Streeck prognostizierte im Februar 1996 in einem Beitrag für die *Gewerkschaftlichen Monatshefte*: »Auf kürzere Sicht setzt das Fortbestehen des Flächentarifs als Korrektiv des Arbeitsmarktes die Stabilität und Verpflichtungsfähigkeit der Arbeitgeberverbände voraus. Bei anhaltender

Arbeitslosigkeit ist mit weiterer Verbands- und Tarifflucht auf Arbeitgeberseite zu rechnen, mit oder ohne stillschweigende Duldung der betrieblichen Arbeitnehmervertreter. Ohne starke und repräsentative Arbeitgeberverbände kann es jedoch keinen Flächentarifvertrag und langfristig sehr wahrscheinlich auch keine Industriegewerkschaften geben. Insofern stehen die Gewerkschaften heute erneut vor dem aus der Geschichte vertrauten Paradox, daß sie in ihrem eigenen Interesse dem Kapital helfen müssen, sich zu organisieren.« Seit Mitte der sechziger Jahre kann ein abnehmender Organisationsgrad festgestellt werden, in einzelnen Arbeitgeberverbänden von fast 70 Prozent auf heute knapp über 40 Prozent. Diese Entwicklung verlief nicht gleichmäßig, sondern stark beschleunigt seit Mitte der achtziger Jahre. Neue Unternehmen, beispielsweise in vielen regionalen Verbänden der Metall- und Elektroindustrie, werden kaum noch Mitglied. Noch aussagekräftiger ist der Rückgang beim Organisationsgrad der Beschäftigten. In Ostdeutschland arbeiteten schon 1994 nur noch etwas mehr als die Hälfte aller Beschäftigten in verbandsangehörigen Unternehmen. Norbert Blüm sagte 1997: Die Verbandspräsidenten sollten sich einmal auch nur 10 Prozent ihrer Zeit um die eigenen Mitgliedsunternehmen kümmern – dann sei schon viel gewonnen.

Aber auch die Gewerkschaften haben Probleme mit ihrer Bindungsfähigkeit. Die Zahl der im DGB organisierten Gewerkschaftsmitglieder sank allein von 1994 bis 1995 in Deutschland insgesamt um 4,2 Prozent, im Osten um 8,8 Prozent und im Westen um 2,6 Prozent. Das sind auf den ersten Blick keine dramatischen Zahlen, doch zwischen 1990 und 1995 addierte sich der Mitgliederrückgang auf immerhin 10 Prozent, und dieser Trend hält an. Der Organisationsgrad liegt durchschnittlich noch bei 30 Prozent. Die Gewerkschaften erkennen ihr Interesse daran, das System der Flächentarife zu modernisieren. Das ist für die Mitbestimmung existentiell, denn nach einem der Gutachten, die für die Mitbestimmungskommission erstellt wurden, ist die

Zahl der Arbeitnehmer, die weder im Aufsichtsrat noch durch betriebliche Mitbestimmung repräsentiert sind, von Mitte der achtziger bis Mitte der neunziger Jahre von 50,6 auf 60,5 Prozent gewachsen. Die Dramatik des tendenziellen Verfalls der Tarifverträge wird deutlicher, wenn man sich vergegenwärtigt, daß Ende der achtziger Jahre in der alten Bundesrepublik fast flächendeckend die Löhne und Arbeitsbedingungen durch Tarifverträge reguliert wurden. Diese Ausnahmesituation gegenüber allen anderen vergleichbaren Industrieländern ist endgültig zu Ende. Das »Modell Deutschland« mit seinem System industrieller Beziehungen steht vor einer Zerreißprobe, wenn nicht sogar schon zur Disposition, ohne daß aber bereits ein anderes Modell konzertierter Steuerung erkennbar wäre. Die Politik muß wieder klarmachen: Beim Korporatismus wie auch beim Föderalismus handelt es sich nicht um ein System zur Erleichterung organisierten Widerspruches. Es handelt sich um ein System zur kreativen und pragmatischen Problemlösung.

Die neue Gestalt des deutschen Korporatismus, das Profil eines neuen Bündnisses ist zum Teil bereits an der neuen Flexibilität bei den Flächentarifverträgen abzulesen. Tarifliche und betriebliche Vereinbarungen über die Altersteilzeit haben gezeigt, daß die alten ideologischen Fronten glücklicherweise nicht halten. Die Tarifparteien sind auf dem besten Wege, einen neuen grundlegenden Konsens zu finden. Dabei sind die Arbeitnehmervertreter in weiten Bereichen die Vorreiter. Erfahrene Betriebsräte machen die routinierte Verantwortungsverschieberei nicht mehr mit, weil sie die Wunden sehen, die der Wettbewerb schlägt, weil sie wissen, daß nur überlebt, wer auf den Märkten bestehen kann, weil sie erkennen, daß der wachsende Abgabenkeil eben das nicht zuläßt. In einem gemeinsamen Papier empfahlen schon 1996 zwei Vordenker wie Wolfgang Streeck und Walter Riester: Sozialdemokratie und Gewerkschaften müßten bereit sein, die Mitverantwortung des einzelnen für die Sicherung seiner sozialen Existenz und die Finanzierbarkeit sozialer Solidarität zu betonen. Jeder muß sich bewegen.

Die Diagnose, daß der traditionelle Korporatismus sich verändern wird, und das Scheitern des Bündnisses für Arbeit 1996 haben in den Augen vieler Kommentatoren und Verbandsvertreter die Chancen für ein neues Bündnis, wie es Gerhard Schröder angekündigt hat, reduziert. Dabei wird übersehen: Alle europäischen Nachbarländer, die in den letzten Jahren Erfolge auf dem Arbeitsmarkt hatten, haben sich für einen permanenten, sach- und problembezogenen Dialog zwischen den Tarifparteien und dem Staat entschieden. Dreiseitige Bündnisse zwischen Regierung, Gewerkschaften und Arbeitgebern zur Bekämpfung der Arbeitslosigkeit, für die Reform des Arbeitsmarktes und des Sozialstaates gibt es mittlerweile in zahlreichen europäischen Ländern. Nur in Deutschland ist – trotz seiner beispiellosen Tradition der Sozialpartnerschaft – ein solches Bündnis bislang nicht zustande gekommen. Doch angesichts der neuen Bedingungen auf den internationalen Märkten, der europäischen Integration und des von ihr ausgehenden Konsolidierungs- und Modernisierungdrucks, sowie der Beschränkungen des monetären und fiskalischen Spielraums ist die einzige Alternative zum Konsens die Stagnation.

Die europäischen Beschäftigungsbündnisse gehen in der Regel auf die Initiative der Regierung zurück. Wenn die Suche nach Konsens über eine neue nationale Wirtschafts- und Sozialpolitik nicht zur Chefsache gemacht wird, hat sie keine Chance. Die soziale Autonomie der Tarifpartner und die politische Führung durch die Bundesregierung schließen sich nicht aus. Aufgabe der Regierung ist es, die Tarifpartner an ihre Verantwortung zu erinnern, und deutlich zu machen, daß sie notfalls im Wege der Gesetzgebung allein handeln will. Das bekannteste positive Vorbild sind die Niederlande. Der damalige Premier Ruud Lubbers drohte bei Nichteinigung sogar mit staatlichen Eingriffen in die Lohnfindung. Der »Akkord von Wassenaar« 1982, Gründungspapier der niederländischen Reformpolitik, ist nur wenige Absätze lang. Konsens wurde herbeigeführt nicht in jedem Einzelpunkt, sondern in Form gemeinsamer Problemdeutungen und einer nüchternen Analyse. Ein Bündnis für Wachstum und Beschäftigung, wie ich es lieber nennen will, könnte natürlich keine Lohnleitlinien aufstellen oder Beschäftigungszuwächse vertraglich vereinbaren. Eine übereinstimmende Einschätzung der Lage und der Handlungsperspektiven – das muß ein Bündnis für Arbeit auf der zentralen Handlungsebene zuvorderst leisten. Es kann dann bei der Umsetzung nur die Form vieler dezentraler Bündnisse annehmen, etwa für Branchen und Regionen. Dafür muß aber eine zentrale Übereinkunft und Zielvereinbarung vorhanden sein. In den Niederlanden gibt es anders als in Deutschland feste Institutionen des Konsenses, in denen sich die Sozialpartner und die Regierung, aber auch unabhängige Experten regelmäßig treffen, und zwar auch außerhalb von Konfliktsituationen: die Stiftung der Arbeit, ein Organ der Arbeitgeber- und Arbeitnehmerdachverbände, in dem diese regelmäßig die mittel- und langfristigen Ziele der Arbeitsbeziehungen und der Tarifpolitik vereinbaren und neu justieren, und den sozial-ökonomischen Rat als paritätisch besetztes Planungs- und Beratungsbüro, dessen Ratschläge für die Arbeitsmarkt- und Wirtschaftspolitik und bei der Bewertung von Gesetzesvorhaben in den vergangenen Jahren phasenweise einen Stellenwert genossen, der an Verbindlichkeit grenzte. Nachdem unsere Nachbarn diese Institutionen Ende der siebziger Jahre fast abgeschafft hätte, wurden sie angesichts der Krise Anfang der Achtziger neu belebt.

Ein neues Bündnis für Arbeit in Deutschland müßte ähnliche Formen des »institutionalisierten Vertrauens« entwikkeln. Reformbündnisse brauchen einen langen Atem, das zeigt auch der bereits angesprochene Ausbildungskonsens in Nordrhein-Westfalen. Fünf Themen, für die es gemeinsame Lageeinschätzungen zu entwickeln gilt, sind in allen Ländern dieselben:

- die Ausgestaltung einer beschäftigungsorientierten Lohnpolitik,
- die Senkung der gesetzlichen Lohnnebenkosten zusammen mit einer Steuerreform,

- die Modernisierung des Wohlfahrtsstaates und die Anpassung der sozialen Sicherungssysteme an die neuen Beschäftigungsformen zum Beispiel im Dienstleistungssektor, etwa durch gemeinsam zu vereinbarende Regelungen über einen Kombilohn, aber auch beispielsweise durch eine Ausweitung der Möglichkeiten für die Beteiligung der Arbeitnehmer am Produktivvermögen,
- differenzierte Arbeitszeitverkürzungen, die die Flexibilitätsbedürfnisse der Unternehmen ebenso berücksichtigen wie die Arbeitszeitpräferenzen der Arbeitnehmer,
- die Neugestaltung der Mitbestimmung, um Kooperation und neues Vertrauen auf der betrieblichen und der Unternehmensebene zu verankern, und die Nutzung und Gestaltung von Standortvereinbarungen.

In dem Maße, wie es gelingt, die Themen, die ineinandergreifen, auch auf die Tagesordnung der kooperativen Wirtschaftpolitik zu setzen, wird sich herausstellen, daß der Interessenausgleich um so leichter wird, je umfänglicher das Gesamtpaket ist. Die Beschäftigungspolitik wird zum Beispiel nicht daran vorbeikommen, grundlegende Fragen an Bildung, Qualifizierung und völlig neue Formen der Weiterbildung zu stellen. Wolfgang Streeck brachte es im Juni 1998 in einem Interview mit der *Mitbestimmung* auf den Punkt: Wir brauchen eine Orientierung am pragmatisch Möglichen und den Fakten. Wir brauchen eine Kombination von disziplinierter Wirklichkeitsbeobachtung und dem Aushandeln von Konsens, anstelle unverbindlichen Geredes in Presseerklärungen, jeder für sich, und von Verhandlungssituationen, in denen alle gegeneinander stehen. Die Partner müssen ohne Selbstdarstellungszwänge und Verteilungskonflikte miteinander reden können – über jene Wirklichkeit, mit der alle zurechtkommen müssen.

Wenn es um die dezentrale Umsetzung geht, treten die bereits in zahlreichen Betrieben in Deutschland geschlossenen Betriebsvereinbarungen und damit die Rolle der Mitbestimmung in den Mittelpunkt der Diskussion. Seit 1996 die ersten Betriebsvereinbarungen zur Beschäftigungssicherheit in die öffentliche Debatte geraten sind, wirken sie polarisierend. Irritation entsteht, wo gemeinsame Deutungen fehlen. Die Betriebsvereinbarungen erscheinen den einen als vorbildliche Flexibilisierungsstrategie, die anderen lassen sie als Instrument nur in äußerster Not gelten. Weil über ihre Ziele keine Übereinkunft besteht, werden extreme Positionen möglich – bis hin zu der Aufforderung des BDI-Präsidenten Hans-Olaf Henkel 1998, die Spielräume für Betriebsvereinbarungen auch in Westdeutschland extensiv auszuschöpfen – was in der Öffentlichkeit als Aufforderung zum Tarifbruch gewertet werden mußte. Erst heute beginnt die Debatte über die Zukunft des Tarifvertragssystems und die Rolle von Öffnungsklauseln und Betriebsvereinbarungen sich zu versachlichen.

Die Mitbestimmung ist in Deutschland eigentlich eine Erfolgsstory. Sie macht ein Kernelement des Modells Deutschland aus, als eine durchaus flexible und an veränderte Wettbewerbsbedingungen anpaßbare Strategie. Die hochkarätige 35köpfige Expertenkommission, die im Auftrag der Bertelsmann-Stiftung und der gewerkschaftseigenen Hans-Böckler-Stiftung zwei Jahre lang Praxis und Folgen der Mitbestimmung untersucht hat, kam zu dem Ergebnis: Die Mitbestimmung ist ein Standortvorteil für Deutschland, weil sie den Umstrukturierungsprozeß in vielen Unternehmen und den Strukturwandel unterstützt und dabei für Stabilität gesorgt habe. Das Lob bezog sich insbesondere auf beschäftigungssichernde und beschäftigungsfördernde Bündnisse für Arbeit auf betrieblicher Ebene. Die Zusammensetzung der Kommission war bemerkenswert: ihr gehörten Wissenschaftler, aber auch der ehemalige Arbeitgeberpräsident Klaus Murmann an, der frühere Hauptgeschäftsführer des Arbeitgeberverbands Gesamtmetall Dieter Kirchner ebenso wie DGB-Chef Dieter Schulte, ÖTV-Vorsitzender Herbert Mai und die Vorsitzenden der IGBCE und der HBV, Hubertus Schmoldt und Margret Mönig-Raane. Auch als im Mai 1998 eine der aufsehenerregendsten Fusionen der letzten Jahre – die Verschmelzung von Daimler-Benz und Chrysler zu einem Welt-Automobilkonzern – über die Bühne ging, da war sie eingebettet in die Übernahme des deutschen Mitbestimmungsmodells, und dessen Vorteile waren ein wichtiges Argument für die Entscheidung für Deutschland als Firmensitz. Jürgen Schrempp, der Vorstandsvorsitzende von Daimler-Benz, ist mittlerweile so sehr von der Mitbestimmung überzeugt, daß er sie seinen amerikanischen Partnern als effizientes Konzept der Unternehmenssteuerung empfohlen hat. Und diese haben akzeptiert.

Ist die Mitbestimmung also ein Modell außerhalb der Diskussion, der Idealfall und Prototyp funktionierender korporatistischer und sozialpartnerschaftlicher Steuerung? In der Tat kann die Mitbestimmung potentiell ein Instrument betrieblicher Innovation sein, denn sie begünstigt eine Art »kooperativen Modernisierungspfad«. Diesen Pfad hat Deutschland immer beschritten, wenn sich Arbeitnehmer und Betriebe an schwieriger gewordene wirtschaftliche Bedingungen anpassen mußten. Diese Tradition läßt sich nutzen, um die Risiken zukünftiger Marktentwicklungen beherzt anzugehen. Man könnte fast sagen: »Entscheidend ist nicht, wie der Wind weht, entscheidend ist, wie wir die Segel setzen.« Das gilt auch für die Sicherung bestehender und die Schaffung neuer Arbeitsplätze. Standortvereinbarungen können ein wichtiger Beitrag zur Beschäftigungspolitik sein, sofern sie von zentraler Ebene – sprich: von den Tarifpartnern – entsprechend unterstützt werden. Wenn ein Unternehmen mit sich verhandeln läßt über mittelfristige Investitionsprojekte, während die Arbeitnehmerseite im Gegenzug bestimmte Zusagen macht, dann kann das auch eine interessante Erweiterung der Themenliste der Mitbestimmung sein. Entscheidend ist, wie Tarifvertragssystem und betriebliche Kooperation miteinander verknüpft werden. Das wird ein zentraler Punkt für ein zu schließendes nationales Bündnis für Arbeit sein, denn es wird erweiterte Möglichkeiten für Standortvereinbarungen beinhalten müssen, flankiert durch Tarifverträge. Letztere müßten – unter der Voraussetzung, daß bestimmte Investitions- und damit Beschäftigungszusagen gemacht werden – den Betriebsräten ermöglichen, über Materien zu verhandeln, die bereits in Tarifverträgen behandelt sind. Dabei ist natürlich eine geeignete Beteiligung der Tarifparteien sicherzustellen. Aber ein Bündnis für Arbeit müßte betriebs- und branchenspezifische Beschäftigungspakte ermöglichen, die sich nicht zentral regeln lassen.

Der Flächentarif kann eine Zukunft haben. Er kann heute den Unternehmen und den Beschäftigten allerdings immer weniger aufgezwungen werden. Insbesondere die Auszehrung der Arbeitgeberverbände ist in dieser Hinsicht problematisch, denn ohne starke Arbeitgeberverbände wird es keinen Flächentarifvertrag mehr geben. Wenn der Flächentarifvertrag eine Zukunft haben soll, muß er dem wachsenden Bedürfnis nach Gestaltbarkeit Rechnung tragen. Auch die Zukunftsbranchen der hochproduktiven Dienstleistungen müssen mit ihren besonderen Flexibilitätsansprüchen in ihn hineinpassen. Prinzipiell gilt: Arbeitnehmer wie Arbeitgeber haben gute Gründe, am Flächentarif grundsätzlich festzuhalten. Trotz der manchmal überbordenden Deregulierungsrhetorik der Arbeitgeber haben auch sie ein fortbestehendes Grundinteresse an einer überbetrieblichen Regelung von Kernelementen des Beschäftigungsverhältnisses. Wenn dieses Interesse zur Zeit auch bei vielen verschüttet zu sein scheint, so könnte man es doch gerade durch eine energisch vorangetriebene Reform des Vertrags- und Verhandlungssystems neu aktivieren.

Das deutsche System der industriellen Beziehungen hat in den vergangenen Jahren vielfältige Methoden entwickelt, um eine Anpassung des Flächentarifs an unterschiedliche betriebliche Bedingungen möglich zu machen – von gemeinsamen Erklärungen und gegenseitigen Zusicherungen der Tarifparteien, über Menüs von alternativen Regelungen bis hin zu Öffnungs- und Härteklauseln. Die Flexibilität ist in der Praxis weiter fortgeschritten als die Theorie – und wird doch selten als Argument gegen die angeblich tiefsitzende Modernisierungsblockade ins Feld geführt, eben weil gemeinsame Deutungen und Zielvereinbarungen fehlen. Für die Organisation und die Arbeitsstrukturen in den Gewerkschaften und Arbeitgeberverbänden selber würde eine entsprechende Umorientierung eine nicht geringe Herausforderung bedeuten. Allerdings müßten auch die Apparate beider Seiten umorientiert werden, die nicht nur groß, sondern auch hochkompetent besetzt sind – nach Ansicht durchaus wohlmeinender Kritiker aber auch mit lauter »Linienrichtern«, die darauf spezialisiert sind, Abweichungen von der Beschlußlage sofort anzuzeigen und ihren Vorgesetzten zu erläutern, warum sie an dieser oder jener Stelle keinesfalls zustimmen können. Das enge Denken vieler Hardliner, Gralshüter und Bedenkenträger nicht nur in den mittleren Verbandsbürokratien darf die Handlungsfähigkeit der korporatistischen Akteure nicht mehr behindern.

5. Glückliches Holland, starkes Amerika? Was uns Vorbilder lehren

Man stelle sich folgendes Bild vor: Eine Delegation prinzipienfester deutscher Sozialpolitiker sitzt im Frühjahr 1997 im Flugzeug nach Amsterdam, auf den Klapptischchen vor ihnen stapeln sich Papiere mit Tabellen, ökonomischen Grunddaten, Informationen über gesellschaftliche Rahmenbedingungen, Einstellungen, Mentalitäten und Traditionen. Alle diese wertvollen Hintergrundinformationen, Schaubilder und Grafiken – von Referenten sorgfältig zusammengestellt – drücken bereits aus, daß man im Grunde gar nichts lernen kann von dem kleinen Nachbarland, weil alles viel komplizierter sei. Der Lernerfolg dieser Reise ist leicht vorstellbar. Im übrigen hat sich das wirklich ereignet, die *Zeit* überschrieb damals ihren Bericht mit den Worten: »Modell Holland! Modell Schweden! Rudolf Dreßler fuhr hin und fand die Lösung: Modell Deutschland!«

Eine vergleichbare Szene hätte sich genausogut in einem Flugzeug nach New York oder im Fernzug nach Kopenhagen abspielen können. Die intensive öffentliche Debatte über internationale Vorbilder für deutsche Reformen steht in einem merkwürdigen Kontrast zur offensichtlichen Unlust vieler Politiker am Benchmarking. Zu einem guten Teil ist das schlicht Notwehr. Es ist ein beliebtes Spiel, den vermeintlichen Niedergang des deutschen Modells mit den ökonomischen Erfolgen anderer Länder zu kontrastieren, dadurch womöglich noch schwärzer zu malen und zu belegen, daß die deutsche politische Elite generell unfähig zu grundlegenden Reformen ist. In ihrem Buch »Der Preis der Gleichheit. Wie Deutschland die Chancen der Globalisierung verspielt« arbeiteten 1998 die Journalisten Klaus Methfessel und Jörg Winterberg mit den Standort-Rankings so illustrer Institutionen wie der Heritage Foundation, des Fraser Institutes und des World Economic Forum. Sie alle prophezeien, daß das Einkommen der Deutschen im Vergleich zu anderen in den kommenden Jahren deutlich abnehmen werde. Gemeinsam mit Argentinien, Bolivien und Chile landet Deutschland beispielsweise auf der Tabelle des Fraser Institutes auf Platz 25 unter 115 analysierten Ländern. Der Grund: zu hoher Staatskonsum, zu hohe Steuersätze und ein zu generöses Transfersystem, das zusammen mit dem inflexiblen Arbeitsmarkt die Rekordarbeitslosigkeit verschuldet habe.

1998 wurde allerdings deutlich, wie wenig Prognosekraft solche Rankings haben. Instruktiv ist, daß ausgerechnet die asiatischen Staaten in allen Ranglisten weit besser abschneiden als Deutschland. Noch vor einem Jahr waren sie die Leitsterne am ökonomischen Firmament. Und heute? Noch vor sechs Jahren galten die USA als Absteiger, Japan als Supermacht. Und heute? An keinem Punkt konnte man die begrenzte Halbwertzeit internationaler Wettbewerbsvergleiche besser studieren als am Beispiel der Asienkrise. Sie machte deutlich, daß wir keine Rankings brauchen, sondern ein langfristiges, sorgfältiges Benchmarking, das die Unterschiede berücksichtigt, um von den Gemeinsamkeiten zu lernen. Mittlerweile ist man sich einig, daß nicht ein Zuviel an Regulierung mitverantwortlich für die Krise der südostasiatischen Staaten ist, sondern gerade die Schwäche des normativen Regelwerks und der politischen Institutionen – illustrierbar an dem Versagen der maroden Bankenaufsicht in den meisten Boomstaaten.

Plötzlich entdeckte man, daß die Gesetze der Ökonomie in Asien nicht außer Kraft gesetzt wurden, und daß im selben Maße, in dem die Volkswirtschaften der »kleinen

Tiger« zum Westen aufholten, auch das Wachstum langsamer wurde und die sozialen Probleme zunahmen. In Indonesien wurde mit den politischen und sozialen Unruhen 1998, die zur Abdankung Suhartos führten, besonders deutlich, daß die Bedeutung einer stabilen Demokratie und funktionierender sozialer Ausgleichsmechanismen für eine nachhaltige ökonomische Entwicklung deutlich unterschätzt wurden. Die Kommentatoren sind sich mittlerweile einig, daß der Hang zum Klientelismus und die weit verbreitete Mentalität, die Wirtschaft habe in erster Linie der Stärkung der Machteliten und dann erst dem Wohlstandszuwachs der Bürger zu dienen, in Südkorea, Malaysia, Thailand, China und Indonesien zur Krise wesentlich beigetragen haben. Die Versöhnung des Primats der Ökonomie mit den gesamtgesellschaftlichen Interessen ist für diese Staaten eine enorme Herausforderung. Die Zeit der hypnotischen Faszination des asiatischen Modells ist damit vorüber. Der Blick wird klarer für die sich verschärfenden Ungleichgewichte zwischen dem rasanten wirtschaftlich-technologischen Wandel und den viel trägeren Anpassungsprozessen der politischen und gesellschaftlichen Institutionen.

Im Mittelpunkt der meisten Analysen zu den Ursachen und den möglicherweise noch zu erwartenden internationalen Folgen der Asienkrise steht Japan, und nicht zufällig ist die Standortdebatte dort der deutschen nicht unähnlich: Eine international extrem erfolgreiche Exportwirtschaft leidet unter einer chronisch schwächelnden Binnennachfrage, hohen Staatsschulden und einer prekären Lage der öffentlichen Haushalte. Nach der Analyse der auf Spekulationen aufbauenden »Seifenblasenwirtschaft« folgt jetzt in Japan selbst eine Reformstau-Debatte, die zahlreiche Parallelen zu der deutschen Blockade-Diskussion aufweist. Als die Asienkrise im Sommer 1998, ein Jahr nach ihrem Ausbruch, eine neue Dimension erreichte, schien selbst das noch vor wenigen Jahren bewunderte Vorbild Japan – so ein *Spiegel*-Titel vom Juni 1998 – »zwischen Sumo und Selbstmord« zu pendeln. Das japanische Bruttoinlandsprodukt rutschte trotz massiver staatlicher Konjunkturprogramme in ein Minuswachstum, der Nikkei-Index ging in den freien Fall über, und die Auslandsinvestitionen stockten. Genaue Beobachter der japanischen Gesellschaft und Ökonomie waren allerdings weniger überrascht als diejenigen, die noch kurz vor der Krise das japanische Modell in den internationalen Rankings auf Spitzenplätzen eingetragen hatten.

Tiefgreifende Veränderungen finden statt: Im japanischen und im deutschen Produktionsmodell – manche unübersehbar, andere erst auf den zweiten Blick zu erkennen. Wir stehen vor technologischen Herausforderungen, die neue Steuerungsmodelle brauchen. Auch die Japaner können heute mit ihrer Industriepolitik der siebziger Jahre nicht mehr viel anfangen, und daraus läßt sich lernen. Nicht Industriepolitik ist das Geheimnis des wirtschaftlichen Erfolgs, sondern ein gesellschaftliches Organisationsmuster, das es erlaubt, flexibel auf Chancen, Probleme und Herausforderungen zu reagieren. Überall ist die entscheidende Frage, ob der Staat Menschen ebenso wie Unternehmen optimal befähigt, sich dem Innovationsdruck, den geänderten Qualifikationsanforderungen und dem rasanten Wandel der Organisations- und Arbeitsformen anzupassen, und ob das System des Interessenausgleichs insgesamt flexibel genug ist, schnell neue Lösungen in der Sozial-, Arbeitsmarkt- und auch der Wirtschaftspolitik zu entwickeln und durchzusetzen. Im Auftrag der Bertelsmann-Stiftung haben Frauke Mester und Ulrich van Suntum 1998 die Beispiele Neuseeland, Österreich und USA untersucht und dabei festgestellt, daß auch keines dieser Länder, deren Beschäftigungsbilanzen in den neunziger Jahren deutlich positiv von der deutschen Entwicklung abwichen, einfach übertragbare Folien liefert. Genauso deutlich war aber der zweite zentrale Befund: Alle Vergleichsländer hatten den Mut zu durchgreifenden Reformen auf dem Arbeitsmarkt, in der Sozialpolitik und bei der Modernisierung des Staates.

Der Wert des Konsenses: Die niederländische Verhandlungsökonomie

Ein Modell, das bei uns 1997 besonders stark diskutiert wurde, belegt, daß dies im Konsens der gesellschaftlichen Kräfte nicht nur möglich ist, sondern unter Umständen sogar besonders gut organisiert werden kann: In den Niederlanden, die noch Anfang der achtziger Jahre als das Auslaufmodell eines überbordenden Sozialstaats schlechthin galten, wurde der korporatistische Interessenausgleich gründlich modernisiert und für die Umsetzung von Reformen genutzt. Besonders lehrreich ist wiederum der Vergleich zwischen den Niederlanden und Neuseeland, die oft in einem Atemzug genannt sind, aber völlig andere Philosophien verfolgten. Während die Niederlande auf den sozialen Konsens und auf langen Atem setzten, hat der Crash-Kurs in Neuseeland drei politischen Generationen den Kopf gekostet und zu sozialen Verheerungen geführt, für die die weltweit höchste Selbstmordquote unter Jugendlichen nur das bedrückendste Symptom ist.

Für Deutschland schien 1996 die Sonne im Westen aufzugehen. Die Niederlande hatte den Wohlfahrtsstaat modernisiert, und ihr »Polder-Modell« versprach alles, was in Deutschland verloren schien: Konsens- und Kooperationsfähigkeit, Pragmatismus für Einschnitte in soziale Leistungen, ohne das Wohlfahrtsmodell zu gefährden. Die Wirtschaftsdaten zeigen nach oben. Die Arbeitslosigkeit wurde von 1983 bis 1997 von 12 auf 5,2 Prozent gedrückt, das Wirtschaftswachstum gesteigert, allein in der ersten Hälfte der neunziger Jahre wurden eine Million neue Arbeitsplätze geschaffen. Das vielzitierte Jobwunder der Niederlande spiegelt sich auch in einer enormen Beschäftigungselastizität wider. 1974 bis 1995 brachte ein Prozent Wirtschaftswachstum in den Niederlanden durchschnittlich 0,41 Prozent Beschäftigungswachstum, in den USA 0,75 Prozent, in Westdeutschland ganze 0,23 Prozent – wobei man sich hierzulande längst einig ist, daß Wachstum überhaupt erst ab 2,5 Prozent in Beschäftigungszuwächse ausschlägt. Bereits seit längerem blickten etwa Kommunalpolitiker staunend auf die Modernisierung der Kommunalverwaltung beispielsweise in der Stadt Tilburg, und Kriminalpolitiker und Sozialarbeiter streiten sich schon seit zwei Dekaden über die Übertragbarkeit der niederländischen Drogenpolitik. Aber die stärksten Reaktionen rufen jetzt die Erfolge der Wirtschafts-, Sozial- und Arbeitsmarktpolitik unserer Nachbarn hervor. Den Höhepunkt der Welle öffentlicher Anerkennung bildete 1997 die Verleihung des Carl-Bertelsmann-Preises an die »Stiftung der Arbeit«. Unsere Nachbarn erfüllt ihre wirtschafts- und arbeitsmarktpolitische Erfolgsgeschichte, die sie selbst auch als »Delta-« oder »Polder-Modell« bezeichnen, heute zu Recht mit Stolz. Und daran ändern auch gelegentliche kritische Hinweise in der niederländischen Öffentlichkeit nichts, es handele sich doch allenfalls um ein »Ex-post-Modell«.

Tatsächlich lag seit dem Abkommen von Wassenaar (1982) zwischen Sozialpartnern und Regierung nie ein Masterplan für den Umbau des niederländischen Wirtschafts-, Sozial- und Arbeitsmarktsystems vor. Die Reformen nahmen eher die Form eines »Patchwork-Modells« an: Viele Einzelmaßnahmen, von denen nur ein Teil systematisch aufeinander bezogen war, ergänzten sich über den Zeitraum von 15 Jahren hinweg zu einem System, das vorher so gar nicht erkennbar war. Die Beurteilung dessen, was man hierzulande von den Niederlanden lernen kann, war dementsprechend gespalten, und dem euphorischen Ruf nach Deregulierung des Arbeitsmarktes und dauerhafter Lohnzurückhaltung stand eine kritische Analyse gegenüber, die hartnäckig auf statistische Mogeleien und die im Grund nicht berauschende Gesamtbilanz des Nachbarlandes verwies.

Beginnen wir mit letzterem: Tatsächlich führt die Art der Berechnung der niederländischen Arbeitslosenquote zu einem schmeichelhaften Bild (obwohl das ebenso für andere

Länder und selbst für die Bundesrepublik gilt). Versteckte Beschäftigungsdefizite addieren die offizielle Arbeitslosigkeit auf, die »breite« Arbeitslosenquote in den Niederlanden wurde von der OECD 1996 auf 27,1 Prozent geschätzt – also wenn man die hochsubventionierten Beschäftigungsverhältnisse, Arbeitsmarktmaßnahmen und alle anderen Formen organisierter Ausgliederung aus dem Arbeitsmarkt mit einrechnet. In Deutschland kommen wir mit dieser Rechnung auf 22 Prozent, die massiven Arbeitsmarktinterventionen in den neuen Ländern eingeschlossen. Ein wichtiger Hintergrund ist in den Niederlanden die in den siebziger und achtziger Jahren zur Personalanpassung überaus großzügig genutzte Invalidenversicherung. Schon Dreißig- und Vierzigjährige wurden in Übereinstimmung von Arbeitgebern und Gewerkschaften nicht entlassen, sondern als Invaliden gewissermaßen in Rente geschickt. Obwohl diese Möglichkeit seitdem stark eingegrenzt wurde, galt noch 1997 jeder siebte Niederländer im erwerbsfähigen Alter als Invalide. Insgesamt war nach den am weitesten gehenden Schätzungen 1997 ein Drittel der erwerbsfähigen Niederländer aus dem Arbeitsmarkt ausrangiert: 930 000, mehr als 10 Prozent, beanspruchen Sozialtransfers, die sie außerhalb der Arbeitslosenstatistik halten – obwohl sie in allen anderen europäischen Ländern als arbeitslos gelten würden. 890 000 gelten als dauerhaft arbeitsunfähig, weitere 275 000 wurden verfrüht in die Rente geschickt. Verbesserungen der Arbeitsmarktsituation gab es in den Niederlanden vor allem für die Älteren und Jugendlichen, während die Arbeitslosenquoten etwa von ethnischen Minderheiten nach wie vor deutlich über den entsprechenden Quoten in Deutschland liegen. Und das alles kostet: Die Belastung der Löhne durch die für die soziale Sicherung verwendeten Steueranteile beginnt bei 32 Prozent (bei den Mindestlöhnen) und wird insgesamt in der EU nur noch von Belgien, Italien und Griechenland übertroffen.

Auch in den Niederlanden selbst wird angesichts getrübter Wachstumshoffnungen für Ende der Neunziger wieder kritischer diskutiert. Zuletzt fragte in der *Zeit* vom 20. Mai 1998 besorgt der niederländische Korrespondent Willem Wansink: »Wird Holland zum Hongkong Europas?«. Wenn das Wachstum nachlasse, würden die sozialen Schiffswracks sichtbar, die sich in der Rheinmündung angesammelt hätten. Das McKinsey Global Institute und die niederländische Max Geldens Foundation for Societal Renewal haben zum September 1997 eine Untersuchung der ökonomischen Leistungen der Niederlande vorgelegt. Fazit: Tatsächlich habe die niederländische Wirtschaft viel von den Beschäftigungsverlusten aufgeholt, die das Land zwischen den Siebzigern und Achtzigern verkraften mußte. Ein internationaler Vergleich der Rahmendaten von Produktion, Beschäftigung und Produktivität legte aber beispielsweise Wachstums- und Beschäftigungsschwächen in den schnell wachsenden Zukunftsbranchen wie der Softwareindustrie offen: Dort ist der Beschäftigungsbeitrag pro Kopf in den USA viermal höher als in den Niederlanden. Wo Produktivitätsdefizite aufgeholt werden konnten, geschah das zu Lasten der geringer qualifizierten Arbeitnehmer. Produktionszuwächse um 15 Prozent und eine Million zusätzliche Jobs halten die Forscher für möglich. Abgebaut werden müßten dafür allerdings Barrieren, wie sie uns aus der deutschen Diskussion vertraut vorkommen: zu langsame Genehmigungsverfahren, Wettbewerbsrückstände in Wachstumsbranchen, unflexibles Arbeitsrecht und Kompensationsregelungen, Anpassungsschwächen bei der Unternehmensorganisation.

Auf der anderen Seite hatten begeisterte Ökonomen und Arbeitgebervertreter, für die die Niederlande das perfekte Rezept für den deutschen Standort darstellte, zumeist nur eine sehr beschränkte Idee dessen, was die Erfolgsfaktoren des niederländischen »Polder-Modells« waren: Für sie stand im Mittelpunkt die Lohnzurückhaltung der Arbeitnehmer, als Folge eines Lernprozesses bei den Gewerkschaften, der 1982 zum Abkommen von Wassenaar mit den Unternehmern führte. Zwischen 1985 und 1995 betrug der jährliche nominale Lohnzuwachs nur 2,6 Prozent und lag damit nur wenig über der Inflation. Tatsächlich hat eine gemäßigte Lohnentwicklung ohne gesamtwirtschaftlichen Nachfrageverlust zwar eine wichtige Rolle gespielt, aber erst als das Aufholrennen bei den Löhnen in den neunziger Jahren nach jahrelanger Mäßigung und wirtschaftlichem Wachstum ausblieb, kann von einer deutlichen politischen Entscheidung gesprochen werden. Von 1991 bis 1994 sind die realen Lohnkosten – einschließlich der Lohnzusatzkosten – in Deutschland mit 4,1 Prozent nur wenig stärker gestiegen als in unserem Nachbarland mit dort 3,9 Prozent.

Die niederländischen Lohndifferenzen sind bei extrem niedriger durchschnittlicher Arbeitszeit so gering, daß sich neoklassischen Ökonomen die Frage hätte aufdrängen müssen, ob dies nicht eigentlich zwangsläufig negative Konsequenzen für die Beschäftigung hätte haben müssen. Die mit Abstand geringste Pro-Kopf-Arbeitszeit, die wir in den Niederlanden finden, müßte sich nach der Logik der Standortdiskussion und insbesondere der Arbeitgeber-Argumentation eigentlich verheerend auf die ökonomische Leistungsfähigkeit der Wirtschaft in dem Musterland auswirken. Günther Schmid vom Wissenschaftszentrum Berlin fragte 1997: »Hat sich die Wachstumsdynamik der Niederlande infolge der massiven Arbeits- und Einkommensumverteilung verschlechtert, wie es sowohl neoklassische Gelehrtenweisheit als auch klassischer Keynesianismus voraussagen würden? Weit gefehlt. Die Niederlande weisen dieselbe Wachstumsdynamik auf wie die USA.« Der Beweis ist also nicht geführt, daß die Niederlande für einen internationalen Erfolgs- und Konvergenzdruck hin zum liberalen Marktmodell stehen, im Gegenteil.

Einige zentrale Merkmale des Polder-Modells entsprechen den Konzepten, die bei uns seit 15 Jahren immer mal wieder diskutiert werden. Aber während die Niederländer im Konsens entschlossen handelten und in enormer Stringenz Reform an Reform reihten, Ideen umsetzten und den Mut zu Experimenten fanden, hemmte bei uns die Sucht nach ewig gültigen Lösungen die politische Tat. Der Pragmatismus, mit dem sich die Regierungsfraktion der niederländischen Sozialdemokraten immer wieder, trotz der ideologischen Gegengewichte in der eigenen »Partei der Arbeit«, auf marktliberale Denkansätze und auf Schnitte in das soziale Netz einließ, ist enorm. Er wurde dadurch erleichtert, daß viele Gesetze dem Prinzip der »Sunset legislation« unterliegen, das heißt mehrfach auf ihre Wirksamkeit und Nebenfolgen überprüft werden und gegebenenfalls nach einer Frist auslaufen. Die Niederländer kalkulieren realistisch ein, daß das heute Richtige sich schon morgen als untauglich erweisen kann. Dieser Pragmatismus verschafft ihnen die Flexibilität, die uns zu den nötigen Reformen noch fehlt.

Die Bedeutung der niederländischen Verhandlungsökonomie habe ich beim Stichwort Bündnis für Arbeit bereits skizziert. In unserem Nachbarland treffen Partner aufeinander, die ihre jeweilige Schwäche kennen – keine Partei erreichte in den vergangenen 20 Jahren über 25 Prozent der Stimmen, der gewerkschaftliche Organisationsgrad liegt bei 26 Prozent. Obwohl man sich öffentlich wie die Kesselflicker stritt, konnte keiner der Akteure hoffen, sich ohne die anderen durchzusetzen, und deshalb mußten alle schon zwangsläufig auf den Diskurs setzen. Dem kam entgegen, daß man Institutionen der Verhandlungsdemokratie, in denen sich Konsens erzielen läßt, nicht abgeschafft, sondern modernisiert hatte. Parteien, Gewerkschaften und Arbeitgeber sind auf gemeinsam mit Experten besetzte Institutionen wie den Sozial-Ökonomischen Rat und das Planungsbüro angewiesen, wenn sie eigene Positionen durchsetzen wollen. Das reichte, um eine Vielzahl jeweils durchaus umstrittener Experimente durchzusetzen. Tragende Kooperationspartner wie die sozialdemokratische Partij van de Arbeid (PvdA) konnten auf diese Weise sogar die kontroversen Diskussionen an der Parteibasis überbrücken.

Das ist die vielleicht wichtigste Lehre des niederländischen Modells: Hier wurde eindeutig beantwortet, wie eine institutionelle Einbettung der Ökonomie aussehen kann, die die internationale Wettbewerbsfähigkeit eines Standortes erhöht, ohne untragbare soziale Kosten zu produzieren. Die neueste – und schlüssigste – Variante des internationalen Vergleichs polit-ökonomischer Modelle ergibt: Deutschland und die Niederlande repräsentieren eher ein gemeinsames, durch Nuancen unterschiedenes Konsens-Modell, eine äußerst funktionstüchtige Alternative zum anglo-amerikanischen liberalen Marktmodell. Das hat 1997 auch die Studie »Challenging Neighbours« des niederländischen Bureau for Economic Policy Analysis (CPB) festgestellt, der umfassendste Vergleich deutsch-niederländischer Wirtschaftspolitik: »Während Deutschland dort, wo der Markt versagt, mit stärkerer Kontrolle reagiert, setzt die niederländische Verhandlungsökonomie auf Kooperation und Austausch.«

Der niederländische Sozialstaat ist offenbar auf der Suche nach einem neuen Gleichgewicht zwischen wirtschaftlicher Wettbewerbsfähigkeit, sozialem Ausgleich und Erwerbstätigkeit (einschließlich einer neuen Arbeitsteilung innerhalb der Familie). Der zunehmende Druck der globalen Wirtschaft hat die Niederlande nicht dazu provoziert, sich auf das Glatteis des amerikanischen Wohlfahrtskapitalismus zu begeben. Unsere Nachbarn verbinden in effektiver Weise flexible Qualitätsproduktion mit Beweglichkeit auf dem Arbeitsmarkt und sozialer Wohlfahrt. Das hohe Maß an dezentralen Regelungen, das das niederländische Kooperationsmodell erlaubt, ist seine Stärke, auf Basis einer gemeinsamen Problemdeutung aller Akteure.

Die direkten Kompetenzen des sozio-ökonomischen Rates und der Stiftung für Arbeit sind nicht groß, aber entscheidend ist die gemeinsame Deutung der Probleme, die dort stattfindet, und die Konsens und Kooperation dann auch dezentral erleichtert. Beide Institutionen sind Teil eines umfassenden Netzwerks von Verhandlungsorganen, die nicht nur eine sozialwirtschaftliche Funktion erfüllen – die Einigung über die Lohnpolitik ist vielleicht nicht einmal die wichtigste Aufgabe –, sondern auch eine Rolle spielen bei der Zusammenarbeit zwischen Betrieben, der Verbreitung von Wissen und der Förderung von Innovationen. Dadurch hat sich die niederländische Wirtschaft zu einer ausgesprochenen Netzwerkwirtschaft entwickelt, mit einem feinmaschigen Netz von Institutionen, die zum Beispiel in Gestalt von Stiftungen kleine, mittlere Unternehmen und Existenzgründungen fördern, ihnen finanzielle und personelle Risiken abnehmen und den Wissenstransfer organisieren. In diesem System wurde der Dienstleistungsanteil des produzierenden Gewerbes gesteigert und die Flexibilität der Kleinbetriebe erheblich verbessert. Die in Netzwerken organisierten niederländischen Systemlieferanten übertreffen die anderer Länder mittlerweile an Flexibilität und Qualität.

Die Qualität der neuen Stellen ist beachtlich, es handelt sich keineswegs um »Mac Jobs«, und das gefürchtete »Dienstleistungsproletariat« findet sich bei unseren Nachbarn nicht. Immerhin verfügen beispielsweise zwei Drittel der Teilzeitbeschäftigten im Nachbarland über eine qualifizierte Ausbildung, was darauf hindeutet, daß zumindest ein erklecklicher Teil der Arbeitsplätze anspruchsvolle Arbeitsbedingungen bietet. Je dynamischer und technologisch fortschrittlicher ein Sektor ist, desto mehr nutzt er flexible Arbeitsverhältnisse – dieser Trend hat in den Niederlanden zu einer verstärkten Nutzung von flexiblen Arbeitsverhältnissen – vor allem Leiharbeit – auch bei höheren Qualifikationen geführt. Jede zweite Stelle, die in den neunziger Jahren neu entstand, wurde von der boomenden Zeitarbeitsbranche angeboten. Ressentiments gegen diese Form der Arbeit, die bei uns heute langsam abgebaut werden, spielen bei unseren Nachbarn keine Rolle. Entgegen populärer Auffassungen wurde der niederländische Arbeitsmarkt aber nicht dereguliert, sondern in Wirklichkeit de-institutionalisiert: Die Institution des Normalarbeitsverhältnisses wurde von einer Teilzeitrevolution abgelöst, die mit Sicherheit nicht zu einer Masse ungesicherter Beschäftigungsverhältnisse geführt hat.

Vielmehr sichert die ständige gegenseitige Rückkoppelung zwischen flexiblen Unternehmensstrukturen und flexiblen Arbeitsmärkten die höhere Beschäftigungselastizität des Wachstums. Aber die wachsende Zahl von Teilzeit- und Leiharbeitsverhältnissen stimmt auch aus Sicht der Gewerkschaften mit den Arbeitszeitwünschen der Arbeitnehmer überein, und Teilzeitarbeit als »ungesichert« einzustufen, verbietet sich schon angesichts ihrer sorgfältigen rechtlichen und sozialen Absicherung und institutionellen Einbettung. Auf vielen anderen Gebieten, wie dem Kündigungsschutz, der Tarifabdeckung oder dem Mindestlohn für Erwachsene, hat es immer wieder einmal Einschnitte, aber lange keine durchgreifende Deregulierung gegeben. Eine solche Politik wird erst seit Mitte der neunziger Jahre intensiver verfolgt. Doch schon seit Anfang der siebziger Jahre ist – mit einem Schwerpunkt in den Achtzigern – die Teilzeitquote von 5 auf 35 Prozent gestiegen, bei den Frauen sogar von 15 auf 65 Prozent, und kein anderes OECD-Land kann da heute mithalten. In Deutschland haben wir magere 18 Prozent Teilzeit, wobei die Quote der Männer gerade mal 3 Prozent beträgt. Man darf nicht verschweigen, daß die hohe Teilzeitquote in den Niederlanden auch eine Reihe von Haken hat. Rund ein Drittel der holländischen Teilzeitarbeiter arbeiten weniger als 10 Wochenstunden. Der arbeitsrechtliche Schutz vieler Mini-Jobs ist eingeschränkt, was zwar noch keine Politik des »Hire and fire« möglich macht. Der Zugang zu den betrieblichen Rentenkassen beispielsweise wird diesen Arbeitnehmern aber immer seltener gewährt.

Bei Lichte besehen sind die steigenden Beschäftigungszahlen der Niederlande im wesentlichen das Ergebnis einer gigantischen Arbeitsumverteilung – inklusive entsprechender Einkommensumverteilung. Das schmälert die Ausstrahlungskraft des Polder-Modells aber nur dann, wenn man sich an das Leitbild des Normalarbeitsverhältnisses klammert, weil nur diese Beschäftigungsform soziale Sicherheit und Status garantiere. Wenn man dagegen der Auffassung ist, daß ein Teilzeitjob besser ist als keiner, wenn man die Prämisse des Normalarbeitsverhältnisses aufgibt oder gar nicht erst befolgen muß, dann sieht man das anders. In den Niederlanden wird eine soziale Grundsicherung großzügig mit eigenem Einkommen verrechnet, wenn Arbeitslose einen Job annehmen. Auf Leistungen aus der Arbeitslosenversicherung hat auch einen Anspruch, wer weniger als zehn Stunden arbeitet, aber nach einem Fulltime-Job sucht. Das »Cappuccino-System« der Renten nimmt den Teilzeitbeschäftigten die Angst vor unzureichender Alterssicherung. In diesem System konnte seit 1982 auch Verzicht und die Pflicht zur Aufnahme einer angebotenen Arbeit zugemutet werden. Arbeitslose Lehrer, die in Amsterdam Touristen führen, sind ein bekanntes Beispiel. In den Niederlanden hat das keineswegs zu einem Aufschrei der Empörung geführt.

Modell oder Mythos Amerika?

Die Vereinigten Staaten von Nordamerika gelten bereits seit einigen Jahren als wirtschafts- und arbeitsmarktpolitisches Referenzmodell. Noch Mitte der achtziger Jahre sah die US-Ökonomie aus wie ein kranker Mann, aber spätestens seit im Mai 1998 die Arbeitslosenquote auf 4,8 Prozent sank, den niedrigsten Stand seit 24 Jahren, sprechen Politiker und Wirtschaftsfachleute nur noch in Superlativen über die amerikanische Wirtschaft. Allein 1997 hat sie 3,2 Millionen neue Arbeitsplätze ausgespuckt. Auf dem G-7-Gipfel empfahl Clinton sein Land als Modell für alle verschlafenen Nationen, und Vizepräsident Al Gore schwärmte von einer »Tiger-Woods-Wirtschaft« – wie der junge Golfchampion der Neunziger eile die Ökonomie von Erfolg zu Erfolg. Niedrige Arbeitslosenraten bei gleichzeitig niedrigen Inflationszahlen scheinen für die USA zur Regel zu werden.

Während noch in den achtziger Jahren die US-Wirtschaft in punkto Wettbewerbsfähigkeit zum Schlußlicht der Industrienationen zu werden schien, fiel nun die Schadenfreude über die »deutsche Krankheit« um so stärker aus, und die phantastischen Arbeitsmarktdaten übten einen erheblichen Druck auf die deutsche Standortdebatte aus.

Hierzulande stritt man derweil darum, wie die beschäftigungspolitischen Erfolge der USA im Hinblick auf die Qualität der entstandenen Arbeitsplätze zu bewerten sind und ob angesichts der starken sozial polarisierenden Effekte überhaupt von einem »Modell« gesprochen werden kann. Manche Experten bezweifeln die Vergleichbarkeit der Daten aus guten methodischen Gründen, denn beispielsweise zählten nach der US-Statistik auch die deutschen sozialversicherungsfreien 620-Mark-Jobs zu den regulären Arbeitsplätzen. Fest steht aber: Von jeder konjunkturellen Krise erholte sich der amerikanische Arbeitsmarkt schneller als der deutsche, auf dem sich eine strukturell verhärtete Sockelarbeitslosigkeit Treppenstufe für Treppenstufe auftürmt. Gerade die Langzeitarbeitslosenquote liegt nach OECD-Daten in den USA mit 9,7 Prozent weit unterhalb der 48,3 Prozent, die heute für Gesamtdeutschland gelten.

Alle Prognosen sagen den USA bis zur Jahrtausendwende deutliche Zuwächse bei der Beschäftigung voraus; der Zuwachs scheint damit nicht nur konjunktureller Natur zu sein, sondern eine langfristige Kapazität zu entwickeln. Trends, die bei uns nur verzögert ablaufen – etwa die steigende Erwerbsbeteiligung der Frauen oder das rasante Wachstum der Dienstleistungen, die in den USA jeden zweiten neu entstehenden Arbeitsplatz bieten –, verlaufen in den USA wesentlich dynamischer. Dabei war das Wirtschaftswachstum dort über die gesamte Phase des »Beschäftigungswunders« nicht einmal wesentlich höher als in Deutschland. Aber jeder zusätzliche Prozentpunkt des realen Bruttoinlandsproduktes bringt in den USA 0,64 Millionen neue Arbeitsplätze. Bei uns bedarf es für denselben Wert eines siebenmal so hohen Wachstums! Auch die These, daß es sich bei der Mehrzahl der neu geschaffenen Arbeitsplätze um sogenannte Mc Jobs, also um schlechtbezahlte und minderqualifizierte Stellen für ein in den USA immer wieder vermutetes Dienstleistungsproletariat handelt, ist längst so gründlich wiederlegt, daß dies hier nicht noch einmal anhand von Daten nachvollzogen werden muß.

Vieles deutet darauf hin, daß wir von den USA im Bereich der Beschäftigungspolitik vor allem die höhere Flexibilität am unteren Ende des Arbeitsmarktes lernen können. Ich bin mir bewußt: Wer immer diese These aufstellt, rührt an ein Tabu. Tatsächlich sind bei der amerikanischen Beschäftigungsentwicklung das Stellenwachstum und die negativen Effekte bei der rechtlichen und sozialen Absicherung der Jobs zwei Seiten derselben Medaille. In den USA kann aufgrund einer enorm hohen Arbeitsmarktfluktuation die Arbeitslosigkeit kaum strukturell verhärten. Eine Ursache dafür sind aber die geringen Kündigungsschutzbestimmungen, die etwa eine Konsultation der Personalvertretungen bei Entlassungen kaum vorsehen, fast keine Sozialplanpflichten kennen und auch keine Beschränkungen bei der Befristung von Arbeitsverträgen. Das gilt auch für die besser bezahlten Jobs: Das Center for National Policy (CNP) in Washington hat zum Jahresbeginn 1998 festgestellt, daß der Qualitätsindex der Arbeitsplätze, der den Anteil der Arbeitsplätze ohne Pensionsrechte und Krankheits- und Arbeitslosenversicherung mißt, gefallen ist und sich kontinuierlich weiter verschlechtert. Den Flexibilitätsvorteilen der äußerst schwachen arbeitsrechtlichen Regulierungen stehen soziale Kosten gegenüber, die keine Partei in Deutschland verantworten könnte oder wollte.

Diese Entwicklung findet vor dem Hintergrund fundamental anderer Erwartungen an die Berufsgesellschaft und die individuellen Karrieren statt. In den USA rechnet die überwältigende Mehrzahl der Arbeitnehmer nicht damit, je länger als fünf Jahre hintereinander in einem Unternehmen zu arbeiten. Vielen Beschäftigten, die auf der Basis hoher und flexibler Qualifikationen mit diesem persönlichen »Change-Management« umgehen können, ist vor diesem Hintergrund etwa auch so etwas wie eine gewerkschaftliche Tarifbindung eher ein Grund für offensive politische Ablehnung, wie Umfragen zeigen. Dennoch machen sich auch in den USA mittlerweile Desintegrationserscheinungen deutlicher bemerkbar, vor allem in der Mittelschicht.

Ein anderer Punkt ist die enorme Einkommensspreizung. In Verbindung mit einer expansiven Geldpolitik hat sie nach Übereinkunft vieler Experten wesentlich zum Beschäftigungserfolg in den USA beigetragen. Aber sie lief auch auf eine kritische soziale Polarisierung hinaus, von der auch die Mittelschichten erfaßt wurden. Zwar ist 1997 dank eines realen Lohnzuwachses von 3,4 Prozent der Verfall der durchschnittlichen amerikanischen Reallöhne aufgehalten worden. Allerdings haben die Löhne damit erst das Niveau von 1989 erreicht. Parallel sind die Einkommensdifferenzen enorm gestiegen, der Abstand zwischen den obersten und den niedrigsten Einkommen ist seit 1979 kontinuierlich gewachsen, und das gleiche gilt für den Abstand zwischen den höchsten und den mittleren Einkommen.

Im Klartext heißt das, die Flexibilität am unteren Ende des Arbeitsmarktes wurde zumindest teilweise zu sozialen und ökonomischen Kosten erkauft, die wir uns in Deutschland definitiv nicht leisten können. Im Hinblick auf die ökonomische Entwicklung sollten vor allem diejenigen, die die Effekte von arbeitsrechtlicher Deregulierung und Niedriglöhnen für den Arbeitsmarkt hervorheben, gründlicher nachdenken. Mag die Niedriglohn-Option im Rahmen mancher Dienstleistungstätigkeiten gesellschaftlich und ökonomisch sinnvoll sein – für die Produktivität im industriellen Bereich und auch bei den unternehmensbezogenen Dienstleistungen hatte die Lohnspreizung auch in den USA nicht nur positive Effekte, sondern auch kontraproduktive, und während die Arbeitsproduktivität zwischen 1980 und 1994 um 38 Prozent gestiegen ist, nahm sie in den USA nur um 17 Prozent zu. Nicht umsonst wird dort in den letzten

Jahren eine hitzige Debatte über Qualitätssteigerungen in der Schul-, Berufs- und Erwachsenenbildung geführt, denn gegenwärtig verlassen 30 Prozent der Amerikaner die Schule, ohne lesen und schreiben zu können. Bei der Berufsausbildung gilt das duale System vielen Experten noch immer als Vorbild.

Trotz dieser gespaltenen Bilanz können wir vom amerikanischen Modell lernen. Die Lerneffekte liegen aber weniger auf der Ebene der rigiden Deregulierung im Arbeitsrecht und der Streichung der Bezugsdauer von Arbeitslosen- und Sozialversicherungsleistungen. Interessieren müssen wir uns vielmehr für die grundlegende Philosophie der aktiven Arbeitsmarktpolitik, denn sie spiegelt gesellschaftliche Diskussionen, denen wir uns heute auch in der Bundesrepublik stellen müssen. Zudem folgen, allerdings unter den Vorzeichen größerer sozialer Absicherung und besserer arbeitsrechtlicher Flankierung, die sozialdemokratisch regierten Länder Europas in der Arbeitsmarktpolitik demselben Pfad wie die USA – durchaus einer Art »drittem Weg« zwischen dem amerikanischen Modell und dem Wohlfahrtsstaat westeuropäischer Prägung. Uns dagegen fehlt das schlagende Argument für die Arbeitsmarkt- und Sozialpolitik, und damit meine ich nicht eine Verkaufshilfe für unpopuläre Maßnahmen, sondern ein neues Leitbild, ein Offensivkonzept für die Flexibilisierung des Arbeitsmarktes. Die Globalisierung stellt uns diese Frage, ob wir wollen oder nicht.

Im August 1996, bei der Unterzeichnung des Sozialhilfereformgesetzes, verkündete Präsident Bill Clinton einen fundamentalen Wandel in der wohlfahrtsstaatlichen Philosophie, der seitdem nirgendwo so radikal umgesetzt wurde wie in den USA, der allerdings im Grundsatz auch die Politik von New Labour in Großbritannien, die Strategie der niederländischen Regierung und beispielsweise Dänemarks bestimmt und sie an einem neuen Paradigma ausrichtet. Clinton sagte, von nun an werde die Antwort der amerikanischen Nation auf die große soziale Herausforderung der Arbeitslosigkeit nicht mehr in einer niemals endenden

»Wohlfahrtsspirale« bestehen, sondern in der Würde, der Kraft und der Ethik der eigenen Arbeit: »Heute vollziehen wir einen historischen Wechsel, um die Wohlfahrt wieder das sein zu lassen, was sie sein sollte: eine zweite Chance, kein Lebensstil.«

Daß dies eine emphatische Verschleierung radikaler und unsozialer Kürzungen war, ist nur zum Teil richtig. Die USA haben eine Reihe von Maßnahmen entwickelt, die die Durchlässigkeit zwischen dem Sozialsystem und dem Arbeitsmarkt erhöhen. Mir ist klar, daß der enorme Druck zur Arbeitsaufnahme, der dort auf Arbeitslose und Sozialhilfeempfänger ausgeübt wird, bei uns als ein Hauptmakel des amerikanischen Sozialsystems gilt. Aber die Debatte über die Frage, ob nicht jeder Job besser ist als gar keiner, hat uns bereits erreicht. Wir leben in einer Gesellschaft, in der wir uns zur Arbeit verpflichtet fühlen, und zwar nicht nur weil die sozialen Sicherungssysteme es so vorsehen und uns in dieser Mentalität quasi gefangen halten, sondern weil es uns ein tiefes Bedürfnis ist. Deshalb, und nicht nur aus Kostengründen, können wir es uns auch moralisch definitiv nicht leisten, Arbeitslose zwar dauerhaft zu finanzieren, ihnen aber keine reale Chance zur Aufnahme einer Erwerbsarbeit zu geben.

Gegenüber der Frage, was der Wohlfahrtsstaat in Zukunft leisten kann und soll, hat insbesondere die Linke aus arbeitsmarktpolitischer Sicht noch keine Offensivstrategie entwickelt. Kritiker der USA weisen darauf hin, wie tragisch es sei, daß ein Berufseinsteiger dort damit rechnen müsse, nach 12 Monaten schon wieder arbeitslos zu sein. Sie müssen sich jedoch fragen lassen, ob das nicht besser ist, als einem Antragssteller auf Arbeitslosen- oder Sozialhilfe hierzulande sagen zu müssen, daß er mit nicht geringer Wahrscheinlichkeit nach 12 Monaten noch immer auf Transfers der Arbeitsgesellschaft, aus der er selber ausgeschlossen ist, angewiesen sein wird. Mit dem Klischee: einmal Bulettenbrater, immer Bulettenbrater, lassen sich noch immer die Arbeitsmarkterfolge der USA prächtig diffamieren. Aber mittlerweile sind solche Jobs für viele der Einstieg oder Wiedereinstieg in eine weiterführende Berufskarriere. Die *Süddeutsche Zeitung* kommentierte am 5. August 1997: »Das eigentliche Wunder ist nicht in den USA, sondern in Deutschland zu besichtigen: daß überhaupt keine Arbeit zu haben offenbar immer noch höher geschätzt wird als ein ›Mc Job‹.«

Wir müssen allerdings einen eigenen deutschen Weg finden, damit nicht die Recht behalten, die vor »working poor« auch bei uns warnen und damit bisher ein Totschlagsargument in der Debatte halten. Bei uns wird es vor diesem Hintergrund eher um eine Senkung der Arbeitskosten vor allem am unteren Ende des Arbeitsmarktes gehen, also gewissermaßen um eine Spreizung der Arbeitskosten, anstelle einer Polarisierung der Löhne. In diese Richtung geht der Vorschlag der SPD, die Lohnzusatzkosten im unteren Einkommensbereich zu subventionieren. Das ist der Kern der deutschen Kombilohn-Debatte. Den gering Qualifizierten und Dauerarbeitslosen wieder Hoffnung auf Würde und Stolz durch eigene Arbeit zu geben ist eines der wichtigsten politischen Themen. Das Heer der Arbeitslosen in Deutschland wird der Politik und dem Staat das Vertrauen immer weiter entziehen, solange nicht deutlich wird, daß da jemand Wirtschafts- und Arbeitsmarktpolitik macht, der es ernst mit ihnen meint, der sie wieder fordert und aufnimmt.

Bill Clinton hat 1993 mit seinem Vorstoß, die bisherige amerikanische Sozialfürsorge zu beenden – »To end welfare as we know it« –, eine weitverbreitete Einstellung in der Bevölkerung aufgegriffen. Parteiübergreifend und in einer breiten Öffentlichkeit war in den Jahren zuvor die Unterstützung vor allem der mit »Wohlfahrt« identifizierten Sozialfürsorgeprogramme weggebrochen, während die Zustimmung zu den beitragsfinanzierten Sozialversicherungsprogrammen für die Alterssicherung vergleichsweise hoch blieb. 1996 wurde mit dem »Personal Responsibility and Work Opportunity Act« (PRA) das zentrale Sozialfürsorgeprogramm für bedürftige Familien abgeschafft und durch zeitlich befristete Hilfen vor allem für alleinerziehende Mütter ersetzt, die diese so schnell und weitgehend wie möglich in den Arbeitsmarkt integrieren sollen.

Die amerikanische Arbeitsmarktpolitik spiegelt eine breite gesellschaftliche Diskussion über die Ursachen von Armut und die Logik ihrer Bekämpfung. Bei der Unterzeichnung des Reformwerks 1996 meinte Bill Clinton, es biete eine Chance, »die schreckliche Isolierung einer großen Zahl von Armen vom Rest der Gesellschaft zu beenden und ihnen die Möglichkeit geben, zum mainstream America zurückzukehren.« Ich habe den Begriff »mainstream America« bewußt nicht übersetzt. Das deutsche Äquivalent wäre vielleicht am ehesten »die Mitte der Gesellschaft«, aber das trifft es nicht voll. In diesem Begriff drückt sich noch stärker als bei uns das Verständnis aus, nur mit eigener Erwerbsarbeit lasse sich gesellschaftliche Teilhabe verwirklichen. Dahinter steht eine stark von den konservativen Wissenschaftlern Charles Murray und Lawrence Mead geprägte Diskussion seit den achtziger Jahren. Deren Mittelpunkt bildet – gesellschaftlich weitgehend akzeptiert – die Auffassung, die Sozialhilfepolitik selbst sei die Ursache von Arbeitslosigkeit und für das Abrutschen in die Armut. Die Fürsorge entlaste den einzelnen aus seiner Mitschuld am Zustandekommen der eigenen Notlage, fördere die dauerhafte Abhängigkeit von Transfers und rufe dysfunktionales Verhalten bei den Leistungsempfängern hervor. Nichts sei natürlicher und einfacher zu verstehen als das Verhalten von Menschen, die sich lieber für großzügige Transfers als für schlecht bezahlte Erwerbsarbeit entschieden. Das sei nichts anderes als die ganz verständliche Reaktion von Leuten, die sich rational und streng ökonomisch für die Maximierung von Lebensqualität entschieden. Gruppen der Bevölkerung werde durch leistungsunabhängige Sozialtransfers ermöglicht, einen Lebensstil fern von der gesellschaftlichen Wirklichkeit zu praktizieren, den sie später dann kaum noch aufgeben könnten.

Nur ein neuer staatlicher Sozialvertrag, der auf Leistung und Gegenleistung basiere, kann aus dieser Sicht arbeitslose Erwachsene wieder in eine Gesellschaft integrieren, deren Selbstverständnis so stark von der Arbeit geprägt sei. Die Politik müsse dazu Verhaltensmaßstäbe setzen und durch soziale Dienste wie die Kinderbetreuung die Rückkehr in die Erwerbsarbeit erleichtern.

Soweit die amerikanische Diskussion. Auch bei uns wird heute immer stärker erkannt, daß die ökonomische Logik vor Sozialhilfeempfängern nicht haltmacht. In Deutschland wird die Debatte noch vorsichtig, geradezu verzagt geführt, auch wenn viele Wissenschaftler bereits recht drastisch von einer Armutsfalle sprechen, die die Sozialhilfe für alle diejenigen aufstellt, die sich einmal darauf einlassen, staatliche Transfers der Arbeit auf schlechter bezahlten Stellen vorzuziehen – und die diese Entscheidung nach einer Phase der Dequalifikation und Demotivation später nicht mehr rückgängig machen können. Viele Kommunen in der Bundesrepublik haben deshalb begonnen, die Sozialhilfe zu einem System des Förderns und Forderns umzubauen, indem Antragstellern systematisch Jobs und Qualifizierungsmaßnahmen angeboten werden – bis hin zu einer vollständigen Laufbahnberatung, die auf einen wettbewerbsfähigen Arbeitsplatz im ersten Arbeitsmarkt führen soll. Und der grundlegende Denkansatz, Institutionen daraufhin zu überprüfen, ob sie Beschäftigung befördern oder behindern, erfaßt bereits seit einiger Zeit immer stärker auch andere Bereiche wie den Arbeits- und Kündigungsschutz. Die SPD will die konzeptionslosen Einschnitte der früheren Bundesregierung beim Kündigungsschutz zurücknehmen. An ihre Stelle muß aber ein wohlüberlegtes Konzept treten, wie man beispielsweise befristete Arbeitsverträge oder auch die Arbeitnehmerüberlassung gezielter und planvoller als Einstiegshilfe für Arbeitslose nutzen kann.

In den USA gibt es einen deutlichen Trend, der schnellen Reintegration in den Arbeitsmarkt alle anderen Unterstützungs- und Fördermaßnahmen unterzuordnen. Die meisten

US-Staaten sind dazu übergegangen, selbst Qualifizierungsmaßnahmen zugunsten einer direkteren Vermittlung in den Arbeitsmarkt zurückzuschrauben. Das hängt auch, aber nicht nur damit zusammen, daß die Sofortmaßnahmen für den Arbeitseinstieg preiswerter sind als die Trainingsprogramme. Es entspricht der Philosophie der gesamten Arbeitsmarktpolitik. Laut bundesstaatlicher Vorgaben sollen in allen Einzelstaaten 1997 25 Prozent, im Jahr 2000 40 Prozent und in 2002 50 Prozent aller Sozialhilfeempfänger eine Arbeit aufgenommen haben. Die Einzelstaaten können von den Empfängern von Sozialhilfe verlangen, nach zwei Monaten ihre Unterstützungsleistungen mit 20 Wochenstunden abzuarbeiten. Um überhaupt Unterstützung zu erhalten, müssen in diesem Umfang subventionierte oder unsubventionierte private Stellen angenommen, Jobvorbereitungskurse besucht oder Praktika abgeleistet werden. Die Bezugsdauer von Sozialhilfe ist auf fünf Jahre während der gesamten Lebenszeit begrenzt. Nach zwei Jahren wird allen Sozialhilfeempfängern die Unterstützung generell erst einmal gestrichen und die Arbeitsaufnahme erwartet. Auch von Müttern mit Kindern über drei Jahren wird in der Regel verlangt, daß sie mit 20 Wochenstunden ihre Transfers »abgelten«.

Dies ist nur eine unvollständige Skizze der amerikanischen Sozial- und Arbeitsmarktpolitik. Deutlich wird aber sehr schnell, daß die Sozialhilfereform auf einer simplen Logik beruht: Die radikale Streichung von Leistungen sorgt für materiellen Leidensdruck, der wiederum die Arbeitsaufnahme beschleunigen soll. Der materielle Druck wird noch erhöht durch einen immateriellen, in Form einer ausgeprägten öffentlichen Debatte über die Pflichten des einzelnen in der Gesellschaft. Man könnte diese Logik in der Wendung »soziale Unsicherheit als Entwicklungsmotor« zusammenfassen. Dieser Druck über soziale und materielle Not ist aus deutscher Sicht gewiß inhuman. Es ist aber nicht zielführend, sich einer Diskussion über die amerikanische Arbeitsmarkt- und Sozialpolitik zu verweigern, denn die Maßnahmen, die der amerikanische Staat seinerseits den Pflichten des einzelnen gegenüberstellt, in Form von Rechten gegenüber der Gemeinschaft, weisen zum Teil erstaunliche Parallelen zur deutschen Diskussion auf.

Da ist etwa die durch Clinton massiv erhöhte negative Einkommensteuer, mit der geringe Einkommen aufgestockt werden. Mit ihrer Hilfe kommen heute Wenigverdiener trotz gesunkener Nettolöhne auf ein besseres Einkommen als früher. Die Terminologie der Sozial- und Arbeitsmarktpolitik in den USA ist äußerst aufschlußreich: An die Stelle des Begriffes »Welfare«, der für die meisten Amerikaner zu einem roten Tuch geworden war und Faulheit und Schmarotzertum signalisierte, traten Begriffe wie »Workfare« und »Learnfare«. Wir werden eine eigene deutsche Philosophie des Sozialstaates neu entwickeln müssen. Die Weiterentwicklung komplexer nationalstaatlicher Sicherungssysteme kann immer nur »pfadabhängig« erfolgen. Aber das Ziel ist klar, und es ist bei allen Unterschieden zur amerikanischen Philosophie sehr ähnlich: Wir können es uns nicht mehr leisten, Dauerarbeitslosigkeit zu alimentieren, anstatt Arbeit zu finanzieren. Wir brauchen eine höhere Durchlässigkeit vom Sozialsystem zum Arbeitsmarkt, damit die »Armutsfalle« geschlossen wird. Die Experimente der Amerikaner dürften unsere Debatte nachhaltig beeinflussen.

An dieser Stelle eine abschließende Bemerkung zum Modell und Mythos Amerika. Noch in anderer, in viel genereller Hinsicht als auf dem Feld der Arbeitsmarktpolitik sollten wir uns einer amerikanischen Lektion nicht verschließen. Bei aller Kritik an den sozialen Folgen des marktliberalen Wirtschaftssystems: Die Offenheit der USA für individuelle Beiträge und organisatorische Reformen macht den Kern ihrer Attraktivität aus. Unser eigentliches Problem ist ein mentales, zuviel Neid mit den Erfolgreichen, Mißgunst gegen Nachbarn und Fremde, Intoleranz gegen Kreative, Querköpfe, Nestbeschmutzer. Was man von Amerika am ehesten lernen kann, ist, daß ein Gescheiterter nicht nur Häme, sondern eine zweite Chance bekommt. Daß man dort trotz Wettbewerb Teamgeist zeigt und vor allem Probleme nicht lange und qualvoll beredet, sondern entschlossener und phantasievoller anpackt.

Wir dagegen können uns kaum noch vorstellen, daß Probleme auch spannende Herausforderungen sein können, und es sogar Spaß machen kann, sie zu bewältigen. Der amerikanische Soziologe Audretsch betonte 1996 in einem Beitrag für das nordrhein-westfälische Wissenschaftszentrum, wirkliche Innovationen entstünden nur dann, wenn Unkonventionelles gedacht und getan werde. Doch in Deutschland fehle noch die Erkenntnis, daß es sich bei den wirtschaftlichen Problemen nicht um eine Rezession handelt, sondern um eine Strukturkrise, und daß eine Strukturkrise nicht innerhalb der bestehenden Strukturen gelöst werden kann. Deutschland müsse den Wandel von einer auf Produktion ausgerichteten Wirtschaft zu einer auf Ideen und Wissen basierenden Wirtschaft vollziehen – eine Aufgabe, die ohne eine gehörige Portion Optimismus und Gründergeist nicht zu bewältigen ist.

6. Innovationen für Wachstum und Beschäftigung

Der Managerkreis der Friedrich-Ebert-Stiftung forderte im März 1998 in einem Positionspapier »mehr Radikalität bei der Realitätsbewältigung«. Gefordert wird auch dort, mit anderen Worten, ein Ende der ideologischen Debatten, die uns so lange blockiert haben – vor allem der lähmenden Auseinandersetzung um eine Zielentscheidung zwischen Angebots- und Nachfragepolitik. In beiden großen Parteien wird dieser Streit der Schulen ausgetragen. Aber das Hickhack zwischen den angebotsorientierten Lehren, die die Lohnkosten senken, und den keynesianischen nachfrageorientierten Patentrezepten, die die Lohneinkommen steigern wollen – beides im Namen der Vollbeschäftigung –, ist wenig inspirierend. Denn auf der einen Seite müßten nach den herrschenden angebotsorientierten Lehren die Beschäftigungskosten an einen »Gleichgewichtslohn« herangeführt werden, der den Arbeitsmarkt räumt. Aber der Lohn ist eben nicht nur ein Kostenfaktor für die Arbeitgeber, sondern auch Einkommen und Haushaltskasse für Arbeitnehmer. Auf der anderen Seite aber verpufft auch die Nachfragewirkung jeder Lohnerhöhung, solange sie durch steigende Lohnzusatzkosten aufgezehrt wird und sich an der globalen Wettbewerbssituation und der Wirtschaftsstruktur nichts ändert. Von der Vorstellung schnell wirksamer und allein seligmachender keynesianischer Rezepte haben sich die meisten längst verabschiedet. Das Problem ist ohnehin viel differenzierter: Es gibt Branchen, in denen die Arbeit – überspitzt gesagt – gar nicht teuer genug sein kann, weil sie gar nicht produktiv und innovativ genug sein kann. Marktführerschaft und Innovationen kann man sich teuer bezahlen lassen. Auf der anderen Seite fallen geringqualifizierte Jobs dem Produktivitätswettlauf zum Opfer, und deshalb wird es bei uns Bereiche geben, in denen die üblichen Lohnkosten nicht mehr bezahlt werden können – erst recht nicht die Lohnzusatzkosten. Auch in den traditionellen Branchen, die Produkte herstellen, die bei entsprechender Anlagenkonfiguration überall auf der Welt gefertigt werden können, wird die Produktivitätspeitsche, also der immerwährende Druck auf Kosten und Löhne, Kennzeichen sein. Das kann organisatorisch durchaus aufgefangen werden, wird aber weiterhin Arbeitsplätze kosten.

Eine andere ideologielastige Debatte ist der periodisch losgetretene Streit über den Subventionsabbau. Er wies in den vergangenen Jahren regelmäßig eine eklatante Schieflage auf, weil vor allem der Bergbau als Sündenfall ins Zentrum der Diskussion gerückt wurde. Richtig ist: Subventionen rächen sich langfristig immer, zumal sie Lobbys verhärten, Interessen verstetigen, eine Neigung zu Ewigkeit und Unantastbarkeit aufweisen. Das Kieler Institut für Weltwirtschaft errechnete im Januar 1997 als Subventionssumme fast 300 Milliarden Mark pro Jahr – einschließlich der Subventionen von Bund, Bundesländern, Kommunen und Europäischer Union. Großzügige Subventionspolitik und staatliche Förderprogramme waren seit 1982 feste Bestandteile der konservativen Interventionspolitik der Bundesregierung. Angesichts einer Staatsquote von fast der Hälfte des Bruttoinlandsproduktes erinnern sich ja nur noch wenige daran, aber im Sprachgebrauch der Christdemokraten und der Liberalen zur angekündigten »Wende« 1981/82 wurde eine Quote von 50 Prozent noch schlicht und ergreifend für Kommunismus gehalten.

Der Maßstab beim Subventionsabbau muß aber sein, den Übergang und Strukturwandel zu fördern. Dafür ist aber gerade das Beispiel der deutschen Steinkohle instruktiv: Es geht nicht darum, durch eine Dauersubventionierung die Erhaltung eines nicht überlebensfähigen Wirtschaftszweiges in seinen alten Strukturen zu erzwingen, sondern darum, eine Umsteuerung und Flankierung des regionalen, technologischen und ökonomischen Strukturwandels zu schaffen, also einen Strukturwandel, der die Menschen mitnimmt. Und es gibt kaum Bereiche, in denen das so konsequent und rasch abläuft wie im Bergbau. Wenn alle Subventionsempfänger in Deutschland ein vergleichbares Angebot zur Rückführung der Subventionen vorgelegt hätten, wie es zwischen dem Bund, dem Land NRW und der Deutschen Steinkohle 1987 verbindlich vereinbart wurde, entstünde ein Einsparvolumen des Staates von bis zu 100 Milliarden Mark.

Ohnehin reagieren neue, interessante und innovative Branchen und vor allem Existenzgründer kaum auf flächendeckende Subventionen. Die Industriepolitik der siebziger Jahre taugt heute nicht mehr. Nach Feststellungen des Fraunhofer Institutes für Systemtechnik und Innovationsforschung (ISI) in Karlsruhe sind kleine und mittlere Unternehmen der Schlüssel, wenn man innovative Entwicklungen in Bereichen wie der Mikro-Systemtechnik und der Produktionslogistik in marktfähige Produkte und Dienstleistungen umsetzen will. Solche Branchen brauchen eine ganz neue Art von Wirtschaftspolitik. Auch die Förderprogramme, die auf kleine und mittlere Unternehmen, auf Innovationen, Expansionsfinanzierung, Gründung ausgerichtet sind, müssen neu definiert und besser koordiniert werden. Europäische Union, Bund und Länder bieten insgesamt über 600 Förderprogramme an, in der Regel mit geringer Mittelausstattung – eine Art Verteilung nach dem Gießkannenprinzip, die den Zugang zu einzelnen Programmen insbesondere für kleine und mittlere Unternehmen aber keineswegs einfacher macht. Selbst bei den 20 wichtigsten Förderprogrammen ist ein Durchblick ohne Hilfe eines externen Beraters praktisch nicht möglich. Und niemand weiß, wie viele Gelder auf nationaler und EU-Ebene im Labyrinth der Antragsformalitäten und Bürokratien fehlinvestiert werden. Nur wo die Effektivität und Transparenz der Förderung verbessert wird, da wird die Leistungsbereitschaft gestärkt. Deshalb sollte die Förderung stärker auf Wettbewerb setzen: Die besten Lösungen werden prämiert. Heute ist jede wirtschaftspolitische Anstrengung ohne eine gründliche Veränderung unserer Einstellungen gegenüber Wettbewerb, Risiko und Unternehmensgründungen zum Mißerfolg verurteilt. Wir brauchen eine »Angebotspolitik von links«: Moderne Wirtschaftspolitik hat die Aufgabe, die Rahmenbedingungen zu verbessern für Investitionen, Innovationen, den Arbeitsmarkt. Sie muß die wirtschaftliche Dynamik und die Schaffung von Arbeitsplätzen wieder zusammenbringen – ich nenne das die Versöhnung von Ökonomie und Arbeitsmarkt. Die Zukunftskommission der Friedrich-Ebert-Stiftung machte 1998 drei Bereiche aus, in denen eine solche Politik Blockaden und Hindernisse aus dem Weg räumen müßte: Friktionen im Innovationssystem, Reibungsverluste bei der Anpassung der Qualifikationen und Defizite bei der Dienstleistungserbringung durch die öffentliche Hand.

Tatsächlich ist die Einstellung zu Innovationen für den Standort längst wichtiger als die Kosten der Arbeit, und die Zukunftsfähigkeit unserer Gesellschaft hängt an der Innovationsfähigkeit und internationalen Wettbewerbsfähigkeit des technologisch hochentwickelten Bereichs der Volkswirtschaft. Ein hochtechnisierter Industrie- und Dienstleistungsstandort wie die Bundesrepublik wird nur dann seine Wettbewerbschancen auf internationalen Märkten ausbauen, wenn innovative Produkte für neue Märkte entwickelt und mit intelligenten Verfahren produziert werden – Produkte der Spitzentechnologie, bei denen mindestens 5 Prozent des Umsatzes in Forschung und Entwicklung fließt. Allerdings: Sich ohne Rücksicht auf gewachsene Strukturen in den Hochtechnologiewettlauf zu stürzen, bringt nichts. Die Innovationsfähigkeit einer Ökonomie ist keine Frage einer Tonnenideologie nach dem Motto: »Wer den leistungsfähigsten Mikrochip entwickelt und baut, hat die Nase vorn.« Die Hälfte aller Innovationen bis zum Jahr 2020 werden in der Chemieindustrie erwartet, also in einer landläufig als traditionell eingestuften Branche mit einem Schwerpunkt in Nordrhein-Westfalen. Die Innovationen in der Automobilindustrie in den vergangenen Jahren verdienen durchaus den Begriff »Sprunginvestitionen«, auch wenn das vielleicht nicht die engere Definition trifft. Die größten Chancen, das zeigen solche Beispiele, liegen nicht in der bedingungslosen Aufholjagd bei neuesten Technologien, sondern in einer schnelleren Koppelung von Zukunftstechnologien mit den gewachsenen technisch-wirtschaftlichen Stärken. Noch ist das Problem, daß die wieder steigende Innovationstätigkeit sich nicht auf dem Arbeitsmarkt niederschlägt. In Deutschland hat in den neunziger Jahren die Beschäftigung gerade in den technologie- und forschungsintensiven Branchen eher ab- als zugenommen. Damit bekommt das Wort »Innovationsblockade« einen ganz neuen Sinn. Für uns Sozialdemokraten ist eine Innovation erst eine Innovation, wenn sie Arbeit sicher macht und neue schafft. Innovation ist nicht nur neue Technik, sondern auch die Schaffung neuer Produkte, neuer Märkte und neuer Leitbilder, vor allem bei den Dienstleistungen. Erst wenn in einem Produkt mehr »Köpfchen« steckt, steht es nicht mehr im Preiswettbewerb und leistet einen Beitrag zu höherer Wertschöpfung, die ein Standort mit hohen Lohnkosten braucht.

Aus einer Erfindung wird erst eine Innovation, wenn sie breit angewandt wird. Der Forschungsstandort Deutschland hat aus guten Gründen bei ausländischen Unternehmen eine starke Position. Deren Tochterunternehmen haben hierzulande bisher 9,5 Milliarden Mark für Forschung und Entwicklung ausgegeben, sie beschäftigen rund 15 Prozent des FuE-Personals in Deutschland und hinsichtlich der Zahl der forschenden Unternehmen mit japanischer Kapitalbeteiligung – um nur ein Beispiel zu nennen – liegt

Deutschland hinter Großbritannien an zweiter Stelle unter den europäischen Standorten. In ihrem Bericht »Wirtschaftliche Leistungsfähigkeit, sozialer Zusammenhalt, ökologische Nachhaltigkeit« stellt die Zukunftskommission der Friedrich-Ebert-Stiftung fest, daß sich solche Unternehmen, die ihre Forschungsinvestitionen international streuen, folgende Fragen stellen: Wo sind die attraktiven, zukunftsweisenden Märkte, in denen von Anwendern gelernt werden kann und ein genügend hoher Ertrag für aufwendige Produktentwicklungen erzeugt wird? Wo können diese Märkte durch hochentwickelte Produktions-, Logistik- und Zulieferstrukturen bestmöglich bedient werden? Wo lohnt sich infolgedessen der Aufbau von Wertschöpfung am Ort? In welchen Ländern und Regionen fallen attraktive Märkte, hochentwickelte Produktionsstrukturen und exzellente Forschungsbedingungen zusammen? Ich füge hinzu: Welche Gesellschaft ist bereit, für Problemlösungen im eigenen Bereich zu investieren?

Gerade für global agierende Unternehmen ist ein fester Stammplatz mit dieser Ausstattung enorm wichtig. Das ist der Grund, warum die Globalisierung durch eine Regionalisierung begleitet wird. Wenn eine Region durch eine besondere Infrastruktur eine Kernkompetenz in einem Innovationsfeld herstellen kann, fließen ihr aus aller Welt Forschungs- und Produktionsinvestitionen zu. So wird aus einem Leitmarkt ein hochspezialisierter Entwicklungs- und Produktionsstandort. Entscheidend wird sein, Grundlagenforschung und Spitzentechnologien mit den Entwicklungen in den traditionellen Schwerpunkten der deutschen Branchenstruktur zu verbinden. Das nordrhein-westfälische Wirtschaftsministerium hat gemeinsam mit dem ISI ein Gutachten zur Zukunftsorientierung der Wirtschafts- und Innovationsstrukturen in Nordrhein-Westfalen erstellt. Ein interessantes Ergebnis unter vielen: In den wichtigsten prognostizierten Zukunftsfeldern mit hoher Innovationsgeschwindigkeit – etwa Datenverarbeitung, neue Werkstoffe und Oberflächentechnik, Biotechnologie – haben die nordrhein-westfälischen Forschungsinstitute auch im Bundesvergleich deutlich die Nase vorn. Aber das technologische Profil der nordrhein-westfälischen Wirtschaft verhält sich (überspitzt gesagt) andersherum, die Patentaktivitäten sind da besonders stark, wo die Forschungsinstitute sozusagen nichts Neues vermuten – exemplarisch im Werkzeugmaschinenbau.

Das gilt im übrigen für die gesamte deutsche Industrie. Die Untersuchung basiert auf der Patentstatistik, deren Aussagekraft für die Innovationsleistung insgesamt eher begrenzt ist. Beispielsweise wäre unsere Bauwirtschaft nach solchen Kriterien besonders innovativ. In der Realität aber tummeln sich auf den Baustellen noch immer zehn »Gewerke«, mit entsprechenden Abstimmungsproblemen und Reibungsverlusten, während in den Niederlanden die verschiedenen Handwerker in einem Team zusammenarbeiten – da liegen Felder für Innovationen, die eben nicht technischer, sondern organisatorischer, fast schon kultureller Natur sind. Aber die NRW-Untersuchung ist ein wichtiges Indiz: Wir müssen Wissenschaft und Wirtschaft näher zusammenbringen. Das Problem besteht darin, daß die Unternehmen Märkte eher kurz- bis mittelfristig abschätzen und tendenziell risikofreundlich sind, während die Wissenschaft in extrem langen Zeiträumen denkt und (wesensbedingt) Risiko nach Möglichkeit ausschließen muß. Deshalb müssen wir die auseinanderlaufende Logik der beiden Bereiche umpolen. Die Wirtschaft muß wissen, was die Wissenschaft zu leisten imstande ist. Die Wissenschaft muß schneller erfahren, was die Wirtschaft braucht. Die Kommunikation der Institutionen des Wissenstransfers vor allem mit den kleinen und mittleren Unternehmen hat Schwächen: Die Unternehmen kommen nicht auf die Wissenschaft zu, weil sie von deren breiten Angebot überfordert sind und es zuwenig maßgeschneiderte Informationspakete gibt. Die Wissenschaft findet keinen Kontakt zu den kleinen und mittleren Unternehmen, weil diese oft selbst nicht genau definieren können, was sie an Informationen und Forschungsergebnissen benötigen. Ähnliches trifft bei Existenzgründungen zu, für die sich die Hochschulen oft nicht zuständig fühlen. Es wäre aber eine enorme Chance, wenn direkt auf dem Campus eine innovative Szene entstünde, die Forschungsergebnisse in marktfähige Produkte umsetzt. In den USA ist das gang und gäbe. Wir können das auch.

Das wäre auch ein Weg, den großen Herausforderungen zu begegnen, vor denen die Universitäten stehen. Wir werden im nächsten Jahrzehnt eine Veränderung des deutschen Hochschulsystems erleben, die nur mit den Reformen der sechziger und siebziger Jahren vergleichbar sein wird. Wir sind auf dem Weg zu einem Hochschulsystem mit sehr viel mehr Wettbewerb auch über die europäische Ebene hinaus. Deshalb werden sich die Hochschulen stärker spezialisieren und profilieren müssen, und als Voraussetzung dafür muß ihre Entscheidungskompetenz gestärkt und ihnen größere Finanzautonomie eingeräumt werden. Allerdings muß uns auch bewußt sein, daß diese Finanzautonomie effektiv nur rund 10 Prozent der Mittel wirklich betreffen kann, der Rest ist durch die wenig flexiblen Personalbudgets gebunden, und solange das Beamtenrecht unangetastet bleibt, wird sich die Flexibilität in diesem Bereich auch nicht wesentlich erhöhen lassen. In diesem Zusammenhang hat der Hochschullehrer auf Zeit Zukunft – nicht der auf Lebenszeit. Die Besoldung müßte stärker leistungsabhängig sein, Dozenten auch ohne Habilitation, aber mit Erfahrung in Wirtschaft und Verwaltung könnten viele Studiengänge praxisnäher machen. Die Anwendungs- und Berufsorientierung, die Ausrichtung auf Selbständigkeit muß erhöht werden, es muß mehr Anstöße geben für Existenzgründer. In den Hochschulgesetzen sozialdemokratisch geführter Länder steht die Öffnung der Hochschulen für junge Meisterinnen und Meister, denn es geht auch um die Gleichstellung von beruflicher und allgemeiner Bildung.

Die Hochschulen müssen sich dem Wettbewerb stellen, das Land Niedersachsen hat gute Erfahrungen mit einer vergleichenden Evaluation der Universitäten gemacht. Und ein weiteres: Wir leisten uns einen erbitterten Streit über Studiengebühren, übersehen aber, daß aufgrund der langen Studiendauer das Studium in Deutschland mittlerweile auch für den einzelnen teurer ist als in den USA. Befragungen zeigen: Die Mehrheit der Studenten ist bereit, für ihr Studium zu zahlen – unter der Bedingung, daß das Geld direkt ihrer Hochschule und der spürbaren Verbesserung der Studienbedingungen zugute kommt. Beim Anteil der Studenten an der Gesamtbevölkerung rangiert Deutschland im unteren Mittelfeld, nur in der Schweiz und Großbritannien studieren vergleichsweise noch weniger junge Leute. Für Studenten aus dem Ausland sind unsere Hochschulen nicht attraktiv genug, und noch zu langsam haben wir mit der Einführung internationaler Abschlüsse begonnen.

Die Innovationsfähigkeit und das Wachstum in den wichtigsten Zukunftsbranchen hängt mehr denn je von den verfügbaren Qualifikationen ab. 1998 beklagte die Multimediabranche, sie hätte 17 000 Stellen mehr schaffen können, wenn genug Absolventen der Informatikstudiengänge die Universitäten und Fachhochschulen verlassen würden, ohnehin seien 75 000 Stellen nicht besetzt. Die gesamte Elektronikbranche leidet unter Nachwuchsmangel. Sicher ist das ein Ergebnis der jahrelangen Konsolidierungsphase – aus Sicht der Schulabgänger waren Produktionsberufe Stellen in sterbenden Branchen. Aber die derzeitige Situation weist auch auf den grundlegenden Modernisierungsbedarf des gesamten Aus- und Weiterbildungssystems hin. Der »Ausbildungskonsens Nordrhein-Westfalen«, den ich an anderer Stelle als Beispiel für kooperative Wirtschaftspolitik schildere, hat die symbolischen Diskussionen hinter sich gelassen. Er trägt die Unterschriften von Wirtschaft und Gewerkschaften, seine Reformprojekte greifen die Kernprobleme auf. Das kurzfristige Ziel des Ausbildungskonsenses ist es, jedem Jugendlichen, der einen Ausbildungsplatz will, auch einen Ausbildungsplatz zur Verfügung zu stellen. Dem dienen regionale Ausbildungskonferenzen, die Bedarf und Angebot der Lehrstellen genauer und zeitnaher erfassen können als die amtliche Statistik, und eine Hotline, über die jeder ausbildungswillige Jugendliche problemlos in die Beratung einsteigen kann. Dieses System kann man computergestützt ausbauen, zu regionalen Berufsbildungs-Informationssystemen, in die sich jeder, auch beispielsweise Arbeitnehmer auf der Suche nach Weiterbildungsangeboten, per Mausklick einschalten kann – ein erster Schritt auf dem Weg zu »lernenden Regionen«.

Mittelfristig ist der Ausbildungskonsens ein Reformprojekt mit dem Ziel der Modernisierung des dualen Berufsausbildungssystems, des Abräumens von Ausbildungsbarrieren, indem die Abstimmung zwischen Betrieb und Berufschule verbessert, die Differenzierung der Berufsausbildung eingeführt wird, indem rasch neue Berufe geschaffen – zum Beispiel im Medienbereich – und vorhandene Berufe dem technischen Wandel angepaßt werden. So spiegelt sich etwa in der Zahl und Struktur der Berufsbilder noch immer eine überkommene »Industriekultur«. Daß 75 Prozent der Berufsbilder der Produktion zugeordnet sind, ist eine Überdifferenzierung, zumal sich dort nur noch 25 Prozent der Erwerbstätigen finden. Im Dienstleistungsbereich ist es umgekehrt. Wir brauchen also eine schnellere Schaffung von neuen Berufsbildern. Vorhandene Berufe müssen schneller novelliert und geöffnet werden für branchen- und betriebsbezogene und für regionale Spezialisierungen.

Die Universalität neuer Technologien spricht eher für eine breite Grundausbildung mit anschließender Spezialisierung. Und nicht nur die Leistungsfähigen brauchen attraktive Berufsbilder. Gesucht werden auch Ausbildungswege für Lernschwache. In diesem Sinne müssen wir mehr Differenzierung in der Berufsausbildung wagen, berufsvorbereitende Maßnahmen dazu anbieten, flankierende ausbildungsbegleitende Hilfen und Zertifikate für die, die eine dreijährige Vollzeit-Ausbildung nicht schaffen, aber auch in zwei Jahren bereits etwas Nützliches gelernt haben. Eine Differenzierung macht Sinn auch für höhere Qualifikationen.

Ein Hauptschüler, der Schreiner lernt, und ein Abiturient, der Innenausbau macht, um Architektur zu studieren, stellen völlig andere Anforderungen an Unterricht und Ausbildung. Die Erstausbildung muß inhaltlich und organisatorisch – etwa was das Verhältnis von Theorie und praktischer Ausbildung betrifft – gestrafft werden.

Ein weiteres zentrales Projekt ist: Gute Erstausbildung, aber regelmäßige Neuqualifikation und Weiterbildungschancen für alle Arbeitnehmerinnen und Arbeitnehmer. Die Arbeitnehmer müssen wissen, daß Qualifizierung noch am besten vor Arbeitslosigkeit schützt, und die Unternehmen müssen noch deutlicher als bisher realisieren, daß sie nur mit qualifizierten Mitarbeitern im Wettbewerb bestehen können. Die wenigsten Unternehmen haben eine genaue Vorstellung, welche Weiterbildungsbedarfe sie haben, geschweige denn wie sie sie decken können. Praktikable Konzepte für berufsbegleitende Qualifizierung fehlen noch immer, vor allem für kleine und mittlere Unternehmen. »Lebenslanges Lernen« setzt aber voraus, daß die Ausbildung auch Fortbildung und Aufstieg ermöglicht. Wir brauchen Wege, mit denen wir lern- und motivationsschwachen jungen Menschen eine zweite Chance geben, und Qualifizierungswege, auf denen hoch leistungsfähige, praktisch interessierte Menschen ihre Talente entwickeln können, gerade auch nach der Lehre. Es darf gar keine Phasen der Arbeitslosigkeit mehr geben, sondern nur noch Phasen des Neu- oder Nach-Lernens. Arbeitslosigkeit gerade bei jüngeren Menschen muß zur Vorbereitung auf eine neue Berufstätigkeit genutzt werden, und dazu braucht es von vornherein eine flexiblere Verbindung von beruflicher »Grundausbildung« und Qualifizierungs- und Weiterbildungsmodulen, die sich wie an einer Kette aneinanderreihen lassen – ein Leben lang, und abgestimmt auf die individuellen Anforderungen.

Der Staat muß in der Gegenwart die Interessen der Zukunft vertreten. Unser gesamtes Bildungssystem steht auf dem Prüfstand. Seine Leistungsfähigkeit entscheidet mit über die internationale Wettbewerbsfähigkeit. Ich schließe mich der allgemeinen Schelte nicht an, die die Schulen trifft – etwa wenn eine Studie feststellt, die Leistungen deutscher Schüler in Mathematik und Naturwissenschaften seien im internationalen Vergleich eher dürftig. Aber Tatsache ist, daß 20 Prozent der Schüler die Mittelstufe mit einer Qualifikation verlassen, die für eine berufliche Ausbildung nicht reicht. Da entsteht eine Risikogruppe. Auch schicken wir unsere Kinder später zur Schule als andere Länder, und wir lassen bis zum Abschluß mehr Jahre verstreichen. Schlauer werden die Jugendlichen dadurch hierzulande nicht. In den Schulbüchern kommen Volkswirtschaft, Innovation und Technik, das Verhältnis von Ökologie und Ökonomie, Selbständigkeit und Existenzgründung zu wenig vor oder sind in der Darstellung überholt.

Viel schlimmer ist aber: Wir erleben eine schleichende Privilegierung im Bildungssystem. Längst wird für Bildung privat bezahlt. Eltern geben jedes Jahr zwei Milliarden Mark für Nachhilfe aus. Nicht zufällig kommt fast jeder zweite Nachhilfeschüler aus einer Beamten- oder Selbständigenfamilie. Chancengleichheit im Bildungswesen wird auf Bundesebene abgeschrieben: Laut OECD gibt keine Industrienation im Staatshaushalt weniger für Bildung aus als Deutschland. Wir brauchen keine ideologischen Debatten über die beste Schulform. Leistung ist keine Frage des Systems, das zeigt der internationale Vergleich. Wir müssen diskutieren, was die Gesellschaft von den Schulen, Fachhochschulen und Universitäten verlangen können und ihnen redlicherweise anbieten müssen, damit sie ihren Erwartungen entsprechen können. Die Bildungsinstitutionen brauchen mehr Eigenverantwortung und organisatorische Selbständigkeit, verbunden etwa in den Schulen mit größeren Spielräumen bei der Einstellung von Lehrern im Rahmen vorzugebender Personalbudgets. Sie müssen sich auch dem Wettbewerb stellen und ihre Leistungen prüfen lassen – nicht nur auf dem diskreten Behördenweg, sondern öffentlich und von unabhängigen Instanzen. Wir brauchen eine neue Bildungsidee. Wir sind hochqualifiziert, aber mit geringer Anpassungsgeschwindigkeit und unnötigem Wissensballast. Investitionen in Neugier sind Investitionen in die Zukunft. Deshalb gehören alle Schulen an das Internet. Unsere Kinder werden einmal die Welt verändern müssen, aber wir zeigen ihnen nicht, wie man all das durchsetzt, was man weiß. Warum sollen nicht Manager, Künstler, Gewerkschafter – Teilzeit – an Schulen und Hochschulen lehren? Wir brauchen im Grunde eine gesellschaftliche Durchdringung des Bildungswesens.

Das zeigt, wie breit der Innovationsbegriff angelegt werden muß. Interessanterweise sind Innovationen in der Praxis der Unternehmen oft mit neuen Arbeitszeitregelungen, Mitbestimmungs- und Arbeitsorganisationsmodellen verknüpft. Innovationsfähigkeit ist ein gesamtgesellschaftliches Problem, ein Problem der Mentalitäten und der Infrastrukturen in Staat, Verwaltung, Schule, Wissenschaft und Ausbildungssystem. Wir müssen Wissen und Kompetenz im Umgang mit risikobehafteten Technologien an die Stelle von Mythen, Risikoscheu und Zukunftsangst setzen. Was sind denn die Innovationen, die den Wirtschaftsstandort Deutschland sichern werden? Zuvorderst brauchen wir mentale Innovationen. Wir wollen Arbeitsplätze, aber wir kleben noch immer an der romantischen Vorstellung, wir könnten den Wohlstand sichern und verteilen ohne einen permanenten technologischen Wandel. Wir brauchen ein gesellschaftliches Klima für Innovationen, um schneller in technologische und gesellschaftliche Entwicklungen einsteigen zu können. Innovationsfähigkeit ist mehr als Technologie plus Produktionsintelligenz, denn letztendlich entscheidet die Gesellschaft über die Umwandlung gesellschaftlicher Bedarfe in Märkte.

Die Forscher des »Delphi-Projektes«, einer breit angelegten Studie über die Technologie- und Wissensbedarfe des nächsten Jahrhunderts, haben versucht, die Konturen der gesellschaftlichen Nachfrage im Jahr 2015 auszumachen. Die größten Chancen liegen dort, wo technologische Innovationen von den Chancen her gedacht werden und von ihrem Lösungsbeitrag für gesellschaftliche Probleme. Das betrifft etwa die Verbindung von Medientechnologie und sozialen Diensten, aber auch neue Formen der Arbeitsorganisation und des Managements. Bei einer in allen EU-Ländern, Kanada und den USA durchgeführten Befragung unterschrieben 74 Prozent der Befragten den Satz: »Wissenschaft und Technologie machen unser Leben gesünder, leichter und bequemer.« Als besorgniserregend werteten viele Befragte statt dessen die Dauer von Genehmigungsverfahren. Die Menschen haben also erkannt, wo die Risiken der Technologieentwicklung liegen: Nicht Innovationen sind die Gefahr, sondern das Verschlafen von Chancen. In der Bio- und Gentechnologie etwa wird die Politik oft als das entscheidende Hemmnis interpretiert, das die Innovationen und die anwendungsorientierte Forschung aus Deutschland vertrieben habe. Tatsächlich hat sie »nur« Ressentiments in Regulierungen und Auflagen »übersetzt«, die in der Bevölkerung vorhanden sind und zum Teil geschürt wurden. Sie hat das als ihren politischen Auftrag betrachtet. Aber es ist mindestens ebenso Aufgabe des Staates und der Politik, Ressentiments aktiv abzubauen und Innovationslust zu wecken, einen Diskurs über die Chancen anzuzetteln und nicht denjenigen über die Risiken noch zu verstärken.

Die richtigen Rahmenbedingungen für Innovationen lassen sich nicht durch Regulierung oder Deregulierung »per ordere Mufti« schaffen, sondern nur im Konsens aller gesellschaftlichen Kräfte – und zwar auch auf der regionalen Ebene. Wenn es zu einer Renaissance regionaler Wirtschaftsräume in der Globalisierung kommt, dann wird das auch für den Stil und die Instrumente der Wirtschaftspolitik gelten. Beispiele aus Ländern wie Nordrhein-Westfalen zeigen, daß eine regional ausgerichtete, auf Kooperation zielende Wirtschafts- und Strukturpolitik mit Blick auf die Wettbewerbsfähigkeit eines Standorts Sinn macht. Das internationale Beratungsunternehmen Ernst&Young hat

1998 in einer Studie zehn europäische Industrieregionen verglichen und auf Hauptwettbewerbsfaktoren geprüft: Innovation, »Skills« (also Qualifikationen, Aus- und Weiterbildung), Produktivität und andere Faktoren wie die institutionellen Strukturen, regionalpolitische Maßnahmen und den sozialen Konsens. Nordrhein-Westfalen schneidet in allen Bereichen überdurchschnittlich gut ab, erhält Lob aber vor allem für den breiten Konsens über Inhalte und Strategien der Modernisierung, der sich in konkreten Projekten wie der Gründungsoffensive »GO!« niederschlug. Hier zeigt sich vielleicht am besten, welche Instrumente eine moderne Wirtschaftspolitik zur Verbesserung der Rahmenbedingungen von Innovation und Beschäftigung einsetzen muß.

Das »Innovationsregime« der Bundesrepublik ruht traditionell auf vier Säulen: Den gewachsenen technologischen Stärken in Branchen wie Chemie, Fahrzeuge und Maschinenbau, dem dezentralen Wissenschaftssystem, einem breiten Stamm von Facharbeitern und dem dualen Ausbildungssystem. Heute müßte man eine fünfte Säule hinzufügen: Die Dynamik der Unternehmensgründungen und der dadurch verstärkte Strukturwandel. Denn es muß uns allen klar sein, daß es neue Arbeit nur mit neuen Unternehmen geben wird. Von allen staatlichen Beihilfen und Steuervergünstigungen entfallen heute nur 3 Prozent auf die Mittelstandsförderung – ein Signal, wie wenig die kleinen und mittleren Unternehmen in den vergangenen Jahren das Augenmerk der Bundespolitik hatten. Im Vergleich zu der »Besatzziffer« der übrigen alten Bundesländer – bezüglich des Anteils der kleinen und mittleren Unternehmen – fehlen etwa in Nordrhein-Westfalen noch rund 80 000 Unternehmen, davon rund 23 000 Handwerksunternehmen. Könnte der Rückstand weiter aufgeholt werden, wäre damit ein geschätztes Beschäftigungspotential von 300 000 Arbeitsplätzen verbunden. Deshalb werden seit 1996 pro Jahr zwischen 300 und 400 Millionen Mark für die finanzielle Unterstützung von Existenzgründungen ausgegeben, im

Rahmen der Gründungsoffensive »GO!«. Das neue an dieser Kampagne ist eine bis weit in die Wirtschaft und Gesellschaft (Familien, Schulen, Hochschulen, Medien) reichende Öffentlichkeits- und Marketingkampagne, die eine Kultur der Selbständigkeit und ein gesellschaftliches Klima für Existenzgründungen und Unternehmertum fördern soll. Schließlich ist Wirtschaftspolitik auch Psychologie und Motivation. Der Erfolg: zwischen 1995 und 1997 verzeichnete Nordrhein-Westfalen bei den Neugründungen ein Plus von über 6 Prozent, die übrigen westdeutschen Länder von 0,6 Prozent. Allein in den Jahren 1997 und 1998 haben sich rund eine Viertelmillion Menschen im Land selbständig gemacht. Auch im Abgleich mit den Insolvenzen beziehungsweise Gewerbeabmeldungen ist die Bilanz positiv. Weil ein erheblicher Teil der Unternehmensneugründungen aus verschiedenen Gründen ohne Hilfe das fünfte Jahr nicht übersteht, setzt »GO!« sogenannte »Coaches« ein, erfahrene Exmanager beispielsweise, die die Unternehmen auch nach der Gründung beraten. Die Effizienz solcher Instrumente ist im übrigen beispiellos, wie ein anderes Instrument zeigt: Die Meistergründungsprämie im Handwerk ist ein einmaliger Zuschuß in Höhe von 20 000 DM für Existenzgründer. Wenn man davon ausgeht, daß jede erfolgreiche Gründung in diesem Bereich nach wenigen Jahren drei bis fünf neue Stellen bringt – ein Erfahrungswert –, dann kostet jeder neue Job rund 6 000 Mark Fördergelder. Auch in Westdeutschland insgesamt ist die Selbständigenquote, die in den achtziger Jahren auf unter 7 Prozent geschrumpft war, inzwischen wieder gestiegen (auf fast 10 Prozent). 1997 wurden 530 000 Unternehmen gegründet, 440 000 wieder geschlossen. Um die abzeichnende Gründerwelle nicht abebben zu lassen, sind sowohl konkrete Hilfen notwendig als auch die generelle Verbesserung des Gründungsklimas – etwa an den Hochschulen. Inzwischen gibt es vereinzelt Initiativen zum Aufbau von »Gründungslehrstühlen«, die Studenten aller Fachrichtungen Know-how für die unternehmerische Selbständigkeit vermitteln sollen, aber insgesamt machen sich noch immer viel zuwenig Absolventen und Wissenschaftler aus den Hochschulen heraus selbständig. Eines der wichtigsten Felder ist die Kooperation von Wirtschaft und Wissenschaft.

Auch bei der Bereitstellung von Chancenkapital hat sich in Deutschland in den vergangenen Jahren einiges getan. In Nordrhein-Westfalen haben sich auf Initiative des Landes Bankenfonds gegründet, die Wagniskapital, wie ich es lieber nenne, zur Verfügung stellen. Das Land stellt für diese Fonds einen Garantierahmen zur Verfügung, im Einzelfall können Garantien für bis zu 90 Prozent der Beteiligung gegeben werden. Noch ist aber die Lücke vor allem bei den Gründern nicht geschlossen, die nicht mit High-Tech-Innovationen an den Markt gehen, sondern lediglich einige tausend Mark für die Eröffnung eines Geschäftes benötigen. Hinter den NRW-Programmen steht die Erkenntnis, daß wir eine grundlegend neue Kultur der Kapitalbereitstellung brauchen. Das betrifft im kleinen die Hausbank und ihre Kreditvergabe, das betrifft im großen die steuerliche Behandlung von Wagniskapital; nicht zuletzt durch die steuerliche Ungleichbehandlung mit anderen Anlageformen liegen wir im Vergleich mit anderen Industrieländern zurück. An den USA kann sich Deutschland bislang ohnehin nicht messen, aber auch in Großbritannien ist das Wagniskapitalvolumen mehr als viermal so groß wie hierzulande. In Deutschland muß es sich wieder lohnen, statt in leerstehende Immobilien in Betriebe und Arbeitsplätze zu investieren.

Welche Bedeutung für den Arbeitsmarkt die Bereitschaft zur unternehmerischen Selbständigkeit hat – und eine Politik, die sie unterstützt –, wird an der Übernahmeproblematik deutlich: In den kommenden Jahren scheiden allein in Nordrhein-Westfalen fast 80 000 mittelständische Unternehmer und Handwerker aus Altersgründen aus ihrer eigenen Firma aus, die Gründer aus den Anfangsjahren der Bundesrepublik treten ab, und der Generationswechsel beschleunigt sich in der nächsten Zeit. Daran wäre nichts

Beunruhigendes, wenn es nicht für 20 000 dieser Unternehmer noch keinen Nachfolger gäbe. Geht man – vorsichtig geschätzt – davon aus, daß diese Unternehmen durchschnittlich 10 Mitarbeiter beschäftigen, dann stehen mindestens 200 000 Arbeitsplätze auf dem Spiel. Im Handwerk gibt es sogar Untersuchungen, die zeigen, daß nur ein Drittel der Betriebe erfolgreich an die nächste Generation übergeben wird; zwei Dritteln droht die Auflösung. Das gilt in ähnlichen Dimensionen für alle Bundesländer. In Nordrhein-Westfalen werden, zunächst in ausgewählten Regionen, potentielle Existenzgründer gezielt mit Unternehmern in Kontakt gebracht, die einen Nachfolger suchen.

All das zeigt an Beispielen, wie wichtig es ist, Unternehmertum und Selbständigkeit für viel mehr Menschen zu einer ernstzunehmenden Perspektive zu machen, als sie es heute ist. Im Grunde müssen sie zum Leitbild für jeden einzelnen werden. »Die Aufgabe, Selbständigkeit im weitesten Sinne zu schaffen, kann in einer freien Gesellschaft nicht auf einzelne Gruppen beschränkt werden.« Das hat Ludwig Erhards Mitstreiter Müller-Armack 1960 geschrieben. Erhard selbst ahnte schon Mitte der Fünfziger, der Versorgungsstaat werde dazu führen, den Wagemut, das Leistungsstreben, die persönliche Initiative und das Verantwortungsbewußtsein mehr und mehr zu lähmen. Besser läßt sich die wichtigste Voraussetzung aller gesellschaftlichen und wirtschaftlichen Modernisierung nicht auf den Punkt bringen: Der Staat muß den Beweis erbringen, daß er selbst mindestens so gut oder besser kann, was er von anderen verlangt. Aber er darf nie glauben, der bessere Unternehmer sein zu können. Trotz aller Unkenrufe über den unwirtschaftlichen Staat, trotz aller Vorwürfe der Korruption im öffentlichen Dienst, muß man nüchtern konstatieren, daß der öffentliche Dienst in Deutschland noch immer einer der zuverlässigsten weltweit ist. Das kann aber nicht heißen, daß wir uns nicht mit den Schwachstellen befassen müssen. Die wichtigste ist, daß der öffentliche Dienst derzeit eher passiv verwaltend als aktivierend wirkt. Zudem gilt es zu überprüfen, was dran ist an den Vorwürfen, der Staat sei nicht flexibel genug, wenig kundenorientiert und nicht kostenbewußt und insgesamt zu langsam. Die oft beschworenen Defizite führen in der Regel zu der Forderung nach einer Privatisierung öffentlicher Aufgaben. Wer aber glaubt, daß eine effizientere Verwaltung herbeigedroht werden kann, der irrt sich. Beispielsweise sind ein Großteil der Probleme, die vor allem kleine und mittlere Unternehmen mit der Verwaltung haben, schlicht und ergreifend Kommunikationsprobleme, man spricht unterschiedliche Sprachen und hat ganz verschiedene Auffassungen davon, wie Verwaltung und Unternehmen miteinander umzugehen haben. Der aktivierende Staat ist nicht mehr nur Produzent, noch dazu einer, der seine Leistungen unentgeltlich zur Verfügung stellt. Die Leitwerte sind Transparenz, Wirtschaftlichkeit – Ehrlichkeit hinsichtlich der Aufgaben, die er überhaupt noch wahrnehmen kann. Es gilt, die Effizienz des Staates in allen Bereichen zu erhöhen und in den Dienst der Bürger und der Unternehmen zu stellen.

Wer immer mit staatlichen Instrumenten in Berührung kommt, dem muß es dadurch erleichtert werden, Initiative zu entwickeln, Investitionen zu tätigen, Engagement zu zeigen, Verantwortung zu übernehmen. Wer die Wirtschaft modernisieren will, darf vor dem Staat nicht Halt machen. Wir können mit bürokratischen Verfahren, die fast 180 Jahre alt sind, den Strukturwandel nicht mehr angemessen begleiten. Viele Verwaltungen, vor allem die kommunalen, haben in den vergangenen Jahren einen beispiellosen Personalabbau geleistet, um ihrer Verantwortung für ausgeglichene Budgets nach Kräften gerecht zu werden, aber sie sind auf dem Wege, sich kaputtzusparen. Erfahrungen aus einigen Städten haben ergeben, daß beispielsweise die zusätzliche Einstellung von Mitarbeitern, die in der Stellenvermittlung versiert sind, in den Sozialämtern sogar jährlich zweistellige Millionenbeträge sparen kann. Das zeigt drastisch, daß der »schlanke Staat« als Leitbild nicht überzogen werden darf.

Statt dessen müssen wir neu formulieren, was des Staates ist – und eine radikale Aufgabenkritik vollziehen. In einer aktuellen Untersuchung aus Niedersachsen wurden Bürger unter anderem nach den Aufgaben gefragt, die genausogut oder besser durch Private geleistet werden können – wenn auch natürlich mit staatlicher Gewährleistungspflicht. Während schulische Ausbildung, innere Sicherheit und rechtsstaatliche Aufgaben zum Kernbereich des Staates gezählt werden, ist ein großer Teil der Bevölkerung dafür, beispielsweise Straßenreinigung und Arbeitsvermittlung, den Bau und Erhalt von Straßen, die Erwachsenenbildung und die Abfallbeseitigung an Private zu übergeben. Immerhin ein gutes Drittel der Befragten meint sogar, die Unterhaltung von Kindergärten könne durch Bürgerinitiativen besser geleistet werden. Ganz sicher aber würde es auf Beifall stoßen, wenn wir die längst überfällige Entbürokratisierung in Angriff nähmen: Wir müssen jetzt darangehen, mindestens 2 000 Gesetze des Bundes und 3 000 Rechtsverordnungen – zusammen mehr als 85 000 Paragraphen! – zu durchforsten, zu vereinfachen und wo immer es geht abzuschaffen. Aus Genehmigungs- dürfen keine Verhinderungsbürokratien werden. In den Niederlanden werden Gesetze in einer sogenannten »Sunshine-Legislation« von vornherein befristet, mit einer Art Verfallsdatum versehen und ständig auf ihre Wirksamkeit überprüft. Bei uns steckt die »Gesetzesfolgenabschätzung« (ein typisch deutsches Wortungetüm) noch in den Kinderschuhen, das Land Niedersachsen hat damit allerdings schon angefangen. Weniger Staub auf den Akten – das ist ein gutes Bild. Wer die Gesellschaft modernisieren will, der muß den Staat modernisieren, sonst springt er zu kurz. In der Ära Kohl, in der doch Deregulierung und Privatisierung zu Maximen erhoben worden waren, hat sich etwa für kleine und mittlere Betriebe die Bürokratiebelastung verdoppelt. Allein der Bund zeichnet heute für 1 400 Gesetze, Verordnungen und Verwaltungsvorschriften allein im Umweltrecht verantwortlich. In Bereichen wie dem Baurecht ist das nicht anders. Seit

1982 wurden von der konservativ geführten Bundesregierung 1 518 neue Gesetze verabschiedet, davon 1 064 aus Regierungsvorlagen. Für jede abgeschaffte Norm wurde eine Flut neuer Vorschriften erlassen.

Daß Effizienz für Staatshandeln und Politik zur obersten Maxime werden muß, zeigt sich sehr deutlich in der absolut klassischen Infrastruktur: dem Verkehrsnetz. Der Streit Auto versus Schienenverkehr war immer unfruchtbar, und der Gedanke abwegig, man könne die Bürgerinnen und Bürger durch eine Vernachlässigung und Verknappung des Straßennetzes (vor allem der Autobahnen) zur stärkeren Benutzung des öffentlichen Nahverkehrs zwingen. Wir dürfen nicht ein bestimmtes Verkehrsmittel absolut setzen, sondern jedes hat seine Berechtigung da, wo es besonders leistungsfähig ist. Unsere Aufgabe ist es, jedes Verkehrsmittel in seinen Einsatzschwerpunkten möglichst effizient zu machen. Die gesamte Verkehrsinfrastruktur muß zielgerichtet ausgebaut und miteinander vernetzt werden, mit Hilfe der Telematik; persönliche elektronische Reisebegleiter beispielsweise – sogenannte Personal Travel Assistants – sind technisch längst machbar und können, kaum größer als ein Handy, ihrem Besitzer an jedem Ort und zu jeder Zeit Fahrzeiten, Entfernungen, Nutzungsmöglichkeiten des jeweils günstigsten Verkehrsträgers anzeigen.

Der Verkehr ist in Deutschland der größte Subventionsempfänger, mit fast 45 Milliarden Mark jährlich. Die Leistungen insgesamt können kaum noch gesteigert werden, und deshalb müssen wir alle Wege zu mehr Wirtschaftlichkeit nutzen. Beispiel Auto: Staus sind ökologisch äußerst belastend, da in ihnen Kraftstoffe verschwendet und Abgase für nichts und wieder nichts produziert werden. Der ADAC spricht von 200 Milliarden Mark pro Jahr, die Staus auf unseren Straßen an volkswirtschaftlichen Kosten verursachen. Selbst wenn solche Zahlen nur grobe Schätzungen sein können: Unfallgefahren, Unwirtschaftlichkeit, Energievergeudung und vermeidbarer Abgasausstoß sind nicht hinnehmbar. Neue Autobahnen können kaum noch finanziert werden, also müssen wir die, die wir haben, ausbauen und auch sie effizienter machen. Stauforscher haben längst genügend Erkenntnisse vorgelegt, wie Staus vermieden werden können. Beispiel Schienenverkehr: Die Bahn macht beim Gütertransport in letzter Zeit wieder Punkte gut, und die Chance zur Verlagerung von der Straße auf die Schiene ist real. Man muß aber etwas tun: In Industrieregionen wie dem Ruhrgebiet beispielsweise kann man brachliegende Werksschienennetze besser auslasten.

Autos – besonders Lastwagen – belasten die Umwelt. Jeder weiß, daß wir auch bei der Verkehrssicherheit und in vielen anderen Bereichen für unsere Auto-Mobilität und für den Gütertransport einen hohen Preis bezahlen. Ich will damit nicht in die Debatte über die vermeintlichen oder tatsächlichen externen Kosten des Verkehrs einsteigen, denn sie hat uns in der Verkehrspolitik bisher nicht weitergeführt. Was uns heute weiterbringt, ist eine Attraktivitätssteigerung der öffentlichen Verkehrsmittel in punkto Komfort, Sicherheit und Taktzeiten, die den privaten Verkehr auf freiwilliger Basis stärker verlagert. Beim Güterverkehr ist die Privilegierung auf der Straße zurückzunehmen. Um die Wettbewerbsverzerrungen zu Lasten von Schiene und Schiff abzubauen, sind konkrete Schritte zur Verlagerung des motorisierten Verkehrs auf umweltfreundlichere Verkehrsmittel, im Personenverkehr in erster Linie auf Bus und Bahn und im Güterverkehr auf Bahn und Schiff, notwendig. Forderungen nach Mobilitätsbeschränkungen sind kein Weg, der in einer Industriegesellschaft beschritten werden kann. Wer die Belastungen, die das Auto zweifelsfrei verursacht, minimieren will, muß die Voraussetzungen schaffen, daß bessere Autos gebaut werden: Autos, die weniger Energie verbrauchen, die weniger Schadstoffe erzeugen, die leiser und – ganz wichtig – aktiv und passiv sicherer sind. Auf diesen Feldern sind wir in den letzten Jahren erheblich vorangekommen, besonders bei der Vermeidung der »klassischen« Luftschadstoffe. So wird der Schadstoffausstoß des Straßenverkehrs bis zum Jahr 2005 (bezogen auf die Werte von 1987/88) bei den Stickstoffoxiden um 32 Prozent, bei den Kohlenwasserstoffen um 69 und beim Benzol um 66 Prozent zurückgehen – trotz wachsenden Kraftfahrzeugbestandes und steigender Fahrleistungen. Das ist in erster Linie ein Verdienst des Einsatzes geregelter Katalysatoren. Vor allem beim Dieselruß sind noch erhebliche Anstrengungen nötig. Aber auch hier gilt: Technologischer Fortschritt wird die Belastung vermindern helfen. Vor einer gewaltigen technologischen Herausforderung stehen wir beim Kraftstoffverbrauch: Der durchschnittliche Verbrauch aller Pkw ist in den vergangenen Jahren nur von 9,7 auf 8,8 Liter je 100 Kilometer gesenkt worden, ein Teil der möglichen Einsparungen ging durch ein höheres Fahrzeuggewicht und den Trend zu größeren Motorleistungen wieder verloren. Ich schildere diese Zusammenhänge so deutlich, weil ich glaube, daß uns ein Drei-Liter-Auto erst dann energie- und umweltpolitisch nutzt, wenn damit eine massenhafte Marktdurchdringung erzielt wird. Dazu ist noch viel Überzeugungsarbeit nötig. Auch neue Treibstoffe und Motortechnologien wie die Wasserstoff-Brennstoffzelle setzen sich nur durch, wenn wir die technologische Entwicklung und Marktreife schnell vorantreiben, gleichzeitig aber das gesellschaftliche Klima diesen Entwicklungen gegenüber verbessern. Wir müssen auch deshalb auf technologische Lösungen für Umweltfragen setzen, weil wir den Menschen in vielen Ländern, denen gerade die Globalisierung zu Wohlstand verhelfen wird, ihren Grad an Mobilität nicht vorschreiben können. Die Mobilität, die wir uns geschaffen haben und die wir als Freiheit empfinden, wünschen sie sich auch. Der wachsende Verkehr in Ländern, die heute noch zur Dritten Welt zählen, wird einen nie gekannten Energiehunger auslösen. Es wäre gut, wenn dann aus Deutschland Mobilitätstechnologie käme, die helfen kann, die Folgen für Umwelt und Energieverbrauch in Grenzen zu halten und Mobilität finanzierbar zu machen.

Bedenkt man den gesellschaftlichen Bedarf, dann haben wir nicht zuviel, sondern noch viel zuwenig Technik. Beispiele wie in der Verkehrspolitik finden sich in vielen Bereichen. Verschwendung abzubauen, Blockaden zu beseitigen – gerade auch bürokratische und politische Steuerungsdefizite – und Reibungsverluste zu minimieren, ist ökonomisch, ökologisch und sozial vernünftig zugleich. Solche Blockaden sind nicht nur Schönheitsflecken eines marktwirtschaftlichen Systems, sondern sie verschlingen einen Großteil der Ressourcen. Addiert man die volkswirtschaftlichen Kosten der Kriminalität und ihrer Bekämpfung, die Kosten durch Umweltzerstörung und Ressourcenvergeudung, die in den Industrieländern jährlich auflaufenden Kosten der Arbeitslosigkeit in Höhe von rund 300 Milliarden Dollar sowie die Kosten für Gesundheitsschäden, dann kommt man nach Schätzungen von Zukunftsforschern auf 10 000 Milliarden US-Dollar pro Jahr – das Fünffache des deutschen und ein Drittel des weltweiten Sozialproduktes. Selbst wenn diese Zahlen viel Spekulation beinhalten: Allein falsche Ernährung verursacht in Deutschland jährlich 100 Milliarden Mark Kosten. Selbst die Kosten des Mobbings in Unternehmen und Behörden werden von Experten auf 30 Milliarden Mark geschätzt. Durch Informationsdefizite im Patentwesen werden 50 Prozent der Forschungs- und Entwicklungsausgaben geschluckt, und die Kosten durch Verkehrsstaus in Deutschland werden von Experten auf jährlich 200 Milliarden Mark taxiert. In Deutschland werden die Effizienzreserven im Gesundheitswesen, die man ohne Personalabbau realisieren könnte, auf 25 Milliarden Mark geschätzt. Das zeigt: Es gibt einen riesigen Markt gesellschaftlicher Innovationen.

Es ließen sich ganz neue Branchen entwickeln und die Wettbewerbsfähigkeit der Volkswirtschaft insgesamt deutlich verbessern – im produktionsintegrierten Umweltschutz, der medizinischen Diagnostik, Prävention und Technologie, in der Konzeption und Durchsetzung effektiverer sozialer Sicherungssysteme, in neuen Managementtechniken, schlankerer Regulierung und sozialer Innovation allgemein schlummern gigantische Innovations- und

Produktivitätsressourcen. Umweltschutz, Gesundheit, Biotechnologe, Handel sind die wichtigsten Felder. Allein im öffentlichen Gesundheitswesen verbergen sich nach Schätzung von Forschern 30 Prozent Produktivitätsreserven, die ohne Arbeitsplatzvernichtung realisiert werden könnten. Die USA haben das gemacht, und der Job-Effekt ist enorm. Mehr Effizienz in allen Bereichen, eine handwerklich besser gemachte Politik – damit lösen wir auch die Probleme des Arbeitsmarktes und der sozialen Sicherung.

In Nordrhein-Westfalen sind wir dabei, mit der Leitidee der kooperativen Wirtschaftspolitik voranzugehen. Der Staat auf gleicher Augenhöhe mit den Akteuren der Wirtschaft prüft, wer welche Aufgaben am besten lösen kann, wie man sich ergänzen und Doppelarbeit oder gar unfruchtbares Gegeneinander verhindern kann. Der alte Gedanke der Subsidiarität kommt neu zur Geltung. So wurde er gerade auf dem Gebiet der Außenwirtschaftsförderung konkretisiert. Das Nebeneinander von Kammern, Auslandsniederlassungen großer Konzerne, der Wirtschaftsförderungsgesellschaft des Landes, der Messegesellschaften u. a. wird sich bündeln. Zwar in einer gemeinsamen organisatorischen Plattform, aber unter Beibehaltung bewährter eigener Strukturen. Die kooperative Politik, die sich nachhaltig in der Gründungsoffensive NRW zusammengefunden hat, hat sich als lernende Struktur herausgestellt – ständig werden neue Themen entdeckt, die es kooperativ anzupacken gilt.

7. Für eine aktivierende Sozial- und Arbeitsmarktpolitik!

Die Massenarbeitslosigkeit ist der größte politische Skandal in Deutschland. 4,8 Millionen Arbeitslose, mindestens weitere zwei Millionen in verdeckter Arbeitslosigkeit und stiller Reserve, geparkt in Qualifizierungs- und Beschäftigungsprogrammen oder gleich ganz resigniert und zurückgezogen aus dem Erwerbsleben – insgesamt fehlen in Deutschland rund sieben Millionen wettbewerbsfähige Arbeitsplätze. Das Starren auf die Konjunktur, nach jeder Winterpause dasselbe Spiel, führt schon seit langem zu immer neuen Enttäuschungen: Drei Viertel der Arbeitslosigkeit haben strukturelle Ursachen. Konjunkturerholungen erfolgen nun seit über 25 Jahren stets von einem höheren Sockel der Arbeitslosigkeit aus. Im früheren Bundesgebiet erhöhte sich die Arbeitslosigkeit seit 1970 nach jeder Rezession um jeweils mindestens 700 000 Personen, und selbst in Phasen starker konjunktureller Erholung sank die Arbeitslosenquote stets nur um 1 bis 2,5 Prozentpunkte. Politiker und Tarifparteien erklärten bereits Ende der Siebziger die Bekämpfung der Arbeitslosigkeit zur wichtigsten gesellschaftlichen Aufgabe, doch die Ankündigungen blieben ohne Folgen.

In international vergleichenden Analysen ist Langzeitarbeitslosigkeit die Bewährungsprobe für die Innovationskraft der Wirtschaft, für die Mobilität der Arbeitskräfte, die Flexibilität der Löhne und Arbeitszeiten, die Regulierung des Arbeitsmarktes, die Beschäftigungswirkungen der sozialen Sicherung und die Anpassungsfähigkeit der Qualifikationen. Tatsächlich ist unter den herrschenden Bedingungen des Arbeitsmarktes und mit den herkömmlichen Mitteln der Arbeitsmarktpolitik in Deutschland eine wachsende Zahl von Arbeitslosen nicht mehr vermittelbar. Bereits ein Drittel der 4,8 Millionen Arbeitslosen war 1998 ein Jahr oder länger ohne Job. Für Millionen andere gehört vorübergehende Arbeitslosigkeit fast schon selbstverständlich zur Erwerbsbiographie. Im Jahresdurchschnitt 1996 wurden an einem Stichtag in Nordrhein-Westfalen 826 000 Arbeitslose registriert, doch die Neu- und Wiederanmeldungen von Arbeitsuchenden addierten sich im ganzen Jahr auf 1,3 Millionen. Für immer mehr Menschen ist Arbeitslosigkeit weder ein dauernder Zustand noch eine einmalige, vorübergehende Phase, sondern eine öfter wiederkehrende, mit Beschäftigung wechselnde Durchgangsstation.

Wir laufen Gefahr, daß sich die »Verlierer« immer weiter von den »Gewinnern« entfernen. Verheerend wird das bei der Jugendarbeitslosigkeit. Zum ersten Mal seit zehn Jahren waren Anfang 1997 mehr junge Erwachsene arbeitslos, als es ihrem Anteil an allen sozialversicherungspflichtigen Beschäftigten entsprechen würde. 90 Prozent der unter 20jährigen Arbeitslosen haben keine abgeschlossene Berufsausbildung, wer keinen Zugang zur Ausbildung im dualen System bekommt, für den wird die »zweite Schwelle« vollends zur Barriere. Qualifikationen wie Teamgeist, Loyalität, Solidität, Pünktlichkeit, der Umgang mit Vorgesetzten werden im Beruf erlernt und geübt, wer dazu keine Gelegenheit bekommt, für den wird der Einstieg immer schwerer, die Versuche werden immer frustrierender. Selbst die nüchterne Bestandsaufnahme der Enquête-Kommission »Zukunft der Erwerbsarbeit« des nordrhein-westfälischen Landtages warnt, aufgrund dieser Frustrationseffekte steige vor allem in den Ballungszentren die Neigung zu Bandenbildung, Kriminalität und politischer Radikalisierung.

Auf der anderen Seite sind auch Langzeitarbeitslose nicht zwangsläufig eine auf Dauer sozial ausgesperrte Randgruppe mit besonders hohem Betreuungsbedarf. Sie dafür zu halten ist eine Angewohnheit vieler deutscher Sozialpädagogen und -politiker. Der Realität entspricht das nicht, und auch die Arbeitslosen selbst wollen in der Regel nur eines: gar keinen Sozialarbeiter zu Gesicht und so schnell wie möglich wieder einen Job bekommen. Besonders fällt auf: In Nordrhein-Westfalen ist der Anteil der unter 20- bis 44jährigen an den Langzeitarbeitslosen seit 1994 rückläufig, der Anteil der über 45jährigen dagegen angestiegen. Viele Jüngere greifen verstärkt auf Alternativen zurück: Zeit- und Leiharbeit, befristete Arbeitsverhältnisse, geringfügige Beschäftigung etc. Auf Jobs also, die in der Regel als »ungesicherte«, »prekäre«, auf jeden Fall aber nachrangige Beschäftigung gehandelt werden – ohne die aber noch mehr Jugendliche chancenlos wären.

In Nordrhein-Westfalen wurden zwischen 1990 und 1996 innerhalb jeden Jahres jeweils 1,5 Millionen, also jedes vierte aller sozialversicherungspflichtigen Beschäftigungsverhältnisse, neu begonnen oder beendet. Das hat gravierende Folgen für die Qualifikations- und Arbeitsmarktpolitik, die dieser Flexibilität noch nicht gewachsen ist. Es sind auch Qualifikationsmaßnahmen gefragt, die diesen schnellen Wechsel begleiten und die schnelle Neuaufnahme von Arbeit unterstützen. Entscheidend für die individuelle Arbeitslosigkeit ist, ob es bei der kurzfristigen Diskontinuität bleibt, die auch Chancen für neuen Qualifikationserwerb bieten kann. Das aber ist davon abhängig, wie flexibel der Arbeitsmarkt ist und wie die Maßnahmen der aktivierenden Arbeitsmarktpolitik ausgerichtet werden: Hängen wir an unserem Bild vom Vollzeit- und Normalarbeitsverhältnis, dann bleiben wir auch hängen an der »Normal-Erwerbslosigkeit«.

Dabei erleben wir auf dem Arbeitsmarkt die am besten prognostizierte Krise der Nachkriegsgeschichte. Mitte der Achtziger zeichnete sich bereits ab, daß die Produktivitätspeitsche im Nacken der Industrie die Beschäftigung in der Industrie zu einem Abbau der Arbeitsplätze führen würde und daß die Erwerbsbiographien immer zersplitterter und die Qualifizierungsbedarfe unberechenbarer würden. Während man aber gleich hinter der niederländischen Grenze begann, die damals vorliegenden Konzepte – etwa zur Neuverteilung von Arbeit – umzusetzen, begann hierzulande ein zäher Diskurs, der sich in den neunziger Jahren schließlich vollends verzettelte: Auf den Wirtschaftsseiten wurde über die Standortkrise lamentiert, in den Feuilletons über das »Ende der Arbeit«. Der Gipfel war Helmut Kohls Versprechen, die Arbeitslosigkeit bis zum Jahr 2000 zu halbieren – symbolische Politik in Reinform.

Für mich steht fest: Daß unserer Gesellschaft die Arbeit ausgeht, ist eine Schimäre. Andere Länder haben neue Arbeit geschaffen und bestehende neu verteilt, auch und gerade unter Globalisierungsbedingungen. Der Umfang der Arbeit in einer Volkswirtschaft ist kein Kuchen, der unterschiedlich aufgeteilt, aber nur einmal gegessen werden kann. Unsere Wirtschaft produziert ständig neue Tätigkeitsfelder, Jobs und Berufsbilder, während andere wegfallen. Zur Zeit entstehen in den Dienstleistungsbereichen nicht genug Arbeitsplätze, um die Verluste in der Industrie zu kompensieren. Das ist aber kein Schicksal. Während in Ländern wie den USA die Beschäftigungsschwelle bei 0,6 Prozent Wachstum liegt, beträgt sie bei uns nach Einschätzung aller Experten rund 2,5 Prozent – das heißt, es bedarf eines Wachstums in dieser Größenordnung, bevor auch nur ein einziger neuer Arbeitsplatz entsteht. Die Kernfrage lautet also: Warum schaffen zwei Millionen Betriebe und Verwaltungen in Deutschland nicht genug Arbeitsplätze für alle?

Wichtige ökonomische Erklärungen sind eine zu niedrige Innovationsgeschwindigkeit, Probleme bei der Dienstleistungsorientierung, Reibungsverluste zwischen Qualifikationsbedarf und Ausbildungssystem. Voraussetzung für eine dauerhafte Wende am Arbeitsmarkt ist eine Dynamisierung des Wachstums. Ein Kernproblem des Strukturwandels aber wird auch durch Wachstum nicht vollständig behoben, und das ist die sogenannte Mismatch-Arbeitslosigkeit. Neue Jobs entstehen nicht zur selben Zeit, am selben Ort und nicht passend zu den Qualifikationen derjenigen, die ihre Arbeit verlieren. Während geringqualifizierte Industriearbeiter alle Hoffnung fahren lassen, sucht der deutsche Maschinenbau händeringend Ingenieure. Bei den akademischen und den Facharbeiterqualifikationen ist es vor allem eine Frage der Flexibilität der Berufsbilder und der Dynamisierung des Qualifikationserwerbs, ob neue Jobchancen genutzt werden können. Beispiel Telekommunikationsdienstleistungen: Ihr wachstumsbegrenzender Faktor ist schon längst die zu geringe Verfügbarkeit hochqualifizierter Experten. Die Multimediabranche zum Beispiel verfügte 1998 über 75 000 unbesetzten Stellen, weitere 14 000 wurden erst gar nicht geschaffen, weil das Interesse von Schulabgängern an Studiengängen der Informatik und Ingenieurswissenschaften in den vergangenen Jahren so nachgelassen hatte, daß nun keine qualifizierten Arbeitskräfte zur Verfügung standen. Tausende von offenen Lehrstellen in verschiedenen Berufen, die trotz »Lehrstellenkrise« nicht besetzt werden können, sind ein weiteres Symptom eines gespaltenen Arbeitsmarktes und zu geringer Flexibilität – Arbeit ist da und wird dennoch nicht getan.

Die Handelskammer Hamburg stellte im Sommer 1997 fest, daß in der Hansestadt 93 500 gemeldeten Arbeitslosen rund 100 000 Schwarzarbeiter gegenüberstanden. Wirtschaftswissenschaftler schätzen den Anteil der illegalen Beschäftigung auf 10 bis 15 Prozent des Bruttosozialproduktes, mit steigender Tendenz. Laut Bundesanstalt für Arbeit entgehen dem Staat dadurch jährlich 50 Milliarden Mark Steuern und Sozialabgaben. Aber solange beispielsweise ein Handwerker drei oder mehr Stunden arbeiten muß, um sich eine einzige seiner eigenen Arbeitsstunden kaufen zu können, solange Brutto und Netto so stark auseinanderklaffen, werden zahlreiche neue Jobs nicht im regulären Arbeitsmarkt entstehen, sondern daneben. Wenn man die weiteste Definition von Scheinselbständigkeit zugrunde legt, kommt man in diesem Bereich auf fast 700 000 Personen, die für sich und ihre Familien im Schweiße ihres Angesichts, abhängig von einem Arbeitgeber, ihr Brot verdienen, in der Arbeitsmarktstatistik aber nicht auftauchen. Das Fazit der Hamburger Kammeruntersuchung: »Wir leiden nicht an zuwenig Arbeit. Vielmehr gilt: Ein erheblicher Teil der vorhandenen Arbeit ist aufgrund der hohen Steuerbelastung, der Lohnzusatzkosten und der staatlichen Reglementierungen nicht mehr bezahlbar. Dieselben Gründe sind dafür verantwortlich, daß nicht jeder registrierte Arbeitslose einen Arbeitsplatz auf dem regulären Arbeitsmarkt sucht.«

Was in der Mühle des Strukturwandels gnadenlos zerbrochen wird, das sind die Normalitätsannahmen der Sozial- und Arbeitsmarktpolitik. Wir erleben eine schleichende De-Institutionalisierung, die die Realitäten des Arbeitsmarktes verändert, unsere alten Vorstellungen von lebenslanger Vollzeitbeschäftigung ad absurdum führt und die Grundlagen der sozialen Sicherung untergräbt. Das läßt sich nicht einfach aufhalten, im Gegenteil. Wenn wir nicht lernen, es produktiv für flexiblere Ein-, Um- und Neueinstiege im Erwerbsleben zu nutzen, für Neuqualifizierung und Weiterbildung, und statt dessen weiter Teilzeit, geringfügige Beschäftigung, Leih- und befristete Jobs geringschätzen und durch ungenügende Absicherung unattraktiv zu machen versuchen, dann werden wir damit den Trend nur beschleunigen.

Noch klammert sich die Politik an das »Normalarbeitsverhältnis«, als Grundlage eines statischen Modells vom Leben und Arbeiten, das auf Sicherheit und Versorgtsein ausgerichtet ist: versorgt mit einem Arbeitsplatz, einbezogen in alle gesetzlichen Schutz- und Teilhaberechte und kollektivvertragliche Vereinbarungen, mit fixierter Arbeitszeit, zur Not abgesichert durch Einkommenssubstitutionen aus Versicherungen und/oder Steuermitteln, staatlich und kollektiv garantiert in jedem Fall, vom Ende der Ausbildung bis zum Eintritt in den Ruhestand. Der deutsche Umgang mit »irregulärer« Beschäftigung ist bezeichnend. Wie zögernd hat sich die SPD der Bekenntnis genähert, Arbeitnehmer müßten sich darauf gefaßt machen, möglicherweise zwei oder drei Berufe im Laufe ihres Lebens auszuüben! Die Realität ist schneller: Bundesweit arbeiteten 1970 noch 83,4 Prozent aller Erwerbstätigen in unbefristeten Vollzeitjobs, 1996 waren es noch 66,7 Prozent.

Teilzeitarbeit wird mittlerweile als zukunftsfähige Strategie zur Umverteilung der vorhandenen Arbeit von allen Parteien akzeptiert. Nach Rechnungen des Instituts für Arbeitsmarkt- und Berufsforschung der Bundesanstalt für Arbeit entfielen von der seit 1960 gemessenen Zunahme der abhängig Beschäftigten um 5,5 Millionen Personen allein 4 Millionen oder fast drei Viertel auf eine Ausweitung der Teilzeitbeschäftigung. Dennoch hängen wir im internationalen Vergleich der Teilzeitquoten noch extrem zurück. Wir brauchen deshalb eine breite Arbeitszeitflexibilisierung, die endlich auch den öffentlichen Dienst ergreift. Eine lineare Arbeitszeitverkürzung, wie sie am 7. April 1997 von IG-Metall-Chef Klaus Zwickel vorgeschlagen und anschließend sehr kontrovers diskutiert wurde, eine 32- oder gar 30-Stunden-Woche für Männer und Frauen wird nur der Durchschnittswert sein; die tatsächliche Arbeitszeit wird stark um diese Zielgröße schwanken, je nach Lebenslage, wirtschaftlichen Bedürfnissen und Arbeitsplatzerfordernis. Arbeitszeitverkürzung und Arbeitszeitflexibilisierung müssen miteinander verknüpft werden. Im Mittelpunkt werden einerseits kapazitätsorientierte variable Arbeitszeiten in Betrieben beispielsweise über »Zeitkonten« (oder, in der neuesten Variante bei Volkswagen, als »Zeitwertscheck«) stehen. Andererseits müssen individuelle Arbeitszeitflexibilisierungen angeboten werden (im Lehrerberuf beispielsweise in Form von »Sabbaticals«), die man systematisch mit Weiterbildungszeiten koppeln sollte. Es wird kein einheitliches Konzept zur Arbeitszeitflexibilisierung geben. Gefragt ist Kreativität in Unternehmen, Tarifparteien und in der staatlichen Arbeitszeitpolitik.

Im Gegensatz aber zum wachsenden Konsens in der Arbeitszeitpolitik ist der Umgang mit dem, was unnachgiebig als »irreguläre« Beschäftigung bezeichnet wird, für unsere Haltung gegenüber den Defiziten des Sozialsystems charakteristisch: Die Realität hat sich unserem Sozialsystem anzupassen, und nicht umgekehrt. Die Flexibilisierungen, die sich der Arbeitsmarkt insbesondere an seinem unteren Ende als Wildwuchs schafft, dienen als Feindbild statt als Chance. Noch hat die Linke keine Idee, wie Leistungsempfänger, die noch nie in den Arbeitsmarkt integriert waren, aus der Abhängigkeit befreit werden können. Die Frage ist doch, ob flexiblere Beschäftigungsformen nicht auch eine Pufferfunktion ausüben können, und nicht nur eine Erosion des Arbeitsangebots darstellt. Für viele sind sie eher Präferenz als Zwang. Zumal sich weitere »Flexibilisierungsfronten« eröffnen, die man nicht mehr negativ interpretieren darf, sondern die man im Sinne von Brückenfunktionen ausbauen muß – etwa Zeitarbeit.

In den Niederlanden entsteht jede zweite neu geschaffene Stelle bei einer Zeitarbeitsfirma. In den USA versorgen Zeitarbeitsfirmen Unternehmen der verschiedensten Branchen täglich mit 1,5 Millionen Arbeitnehmern, Mitte der Neunziger arbeiteten dort mehr als 34 Millionen Arbeitnehmer auf Abruf, und zwischen 1982 und 1990 wuchs die Zahl der Zeitarbeitskräfte zehnmal so schnell wie die Gesamtzahl der Beschäftigten. Auch in der Bundesrepublik ist – allerdings weitgehend unbemerkt – die legale Leih- oder Zeitarbeit in den letzten zehn Jahren enorm gewachsen. Die Zahl der Betriebe mit Erlaubnis zur Arbeitnehmerüberlassung hat sich auf 9 000 verdreifacht, der Anteil der Leiharbeiter an den Beschäftigten mehr als verzehnfacht, auf 1998 fast 200 000 Personen.

Genau ein Drittel der Leiharbeiter bleibt weniger als ein Jahr in diesem Status, ein erheblicher Anteil wird in dauerhafte Teilzeit- oder Vollzeitbeschäftigung übernommen. Der Beitrag der Zeitarbeit zur Bekämpfung der Arbeitslosigkeit sollte zumindest aufmerksam beobachtet werden: Rund die Hälfte der Zeitarbeitnehmer gehören einer Untersuchung des Bonner Instituts für Wirtschaft und Gesellschaft den sogenannten Problemgruppen auf dem Arbeitsmarkt an, sind Ausländer, über 45 Jahre alt, an- oder ungelernt, waren zuvor arbeitslos oder hatten ihre Erwerbstätigkeit länger unterbrochen – etwa wegen der Erziehung der Kinder. Viele kommen aus Branchen, in denen der Personalabbau in den vergangenen Jahren besonders stark war: 40 Prozent etwa aus der Metall- und Elektroindustrie. Während sich Eingliederungsverträge mangels Resonanz nicht bewährt haben, wären zwei Drittel aller Zeitarbeiter ohne die vermeintliche Behelfslösung arbeitslos, und für sie ist die Zeitarbeit der beste Weg zu einem neuen Job und zur Erhaltung ihrer Qualifikation. Auch der DGB-Landesbezirk Nordrhein-Westfalen weist auf weiter bestehende Schwächen bei der tariflichen Bezahlung hin, sieht Zeitarbeit aber nach Jahren der Vorbehalte heute als geeignetes Mittel der Beschäftigungspolitik.

Seit Anfang 1995 beteiligt sich das Land Nordrhein-Westfalen zusammen mit dem Landesarbeitsamt, dem Deutschen Gewerkschaftsbund, Arbeitgeberverbänden und Kommunen an einem flächendeckenden Modellvorhaben zur beruflichen Integration Arbeitsloser im Rahmen einer sozialverträglichen Arbeitnehmerüberlassung. Die START Zeitarbeit NRW GmbH versucht mit über 33 Geschäftsstellen, schwer vermittelbare Arbeitslose durch zeitlich befristete Einsätze in Betrieben schließlich in Dauerbeschäftigung zu bringen. Bis jetzt hatte das Projekt 6000 Teilnehmer, und jeder zweite fand anschließend eine feste Stelle. Der Bundesverband Zeitarbeit geht davon aus, daß sich dieser Markt bis 2003 verdreifacht. Zwei von drei START-Mitarbeitern kamen aus besonderen Zielgruppen des Arbeitsmarktes, fast ein Drittel war langzeitarbeitslos. Öffentlich gefördert, können den Beschäftigten bestimmte »Qualitätsmerkmale« angeboten werden: START legt bei der Entlohnung die Tarifverträge der Entleihbetriebe zugrunde, qualifiziert seine Arbeitnehmer (u. a. mit Hilfe von Mitteln der Europäischen Union) in den »verleihfreien« Zeiten und unterwirft sich einer Überprüfung durch die Sozialpartner.

Der Clou bei START ist die degressive Förderung. 1998 werden die Betriebe erstmals sogar Gewinne machen. Im ersten Halbjahr wurde ein Überschuß von 3,15 Millionen Mark ausgewiesen. Das gleiche Prinzip verspricht bei den sogenannten sozialen Wirtschaftsbetrieben Erfolg, die unter anderem in Niedersachsen und Nordrhein-Westfalen erprobt werden: Betriebe, die sich zur Einstellung eines hohen Anteils von Langzeitarbeitslosen verpflichten, werden für eine mehrjährige Frist intensiv gefördert, bis sie sich einen Markt erschlossen haben und alleine ökonomisch überlebensfähig sind. Da sich die sozialen Wirtschaftsbetriebe in der Regel Märkte aufbauen, die vom ortsansässigen Handwerk nicht besetzt werden – etwa Reparatur und Weiterverkauf gebrauchter Möbel oder Textilien –, entsteht ein weiterer positiver Effekt für die lokale Wirtschaft.

Für die Verbindung von Arbeitszeitflexibilisierung und Weiterbildung dagegen könnte man – unter Inanspruchnahme dänischer Erfahrungen, angepaßt an deutsche Verhältnisse – folgendes Modell der »Job-Rotation« vorschlagen, das in Nordrhein-Westfalen in Ansätzen schon erprobt wird: Ein Arbeitnehmer verläßt mit Rückkehrgarantie, befristet und für eine an den betrieblichen Notwendigkeiten orientierte Qualifizierungsmaßnahme für maximal 24 Monate seinen Arbeitsplatz. Das Bildungsziel wird zwischen den Betriebspartnern abgestimmt. Die Sicherung des Arbeitnehmers erfolgt durch ein Weiterbildungsentgelt der Bundesanstalt für Arbeit in Höhe von 75 Prozent des letzten Nettoentgeltes, refinanziert durch Einsparungen beim Arbeitslosengeld und bei den Integrationshilfen. Der Arbeitgeber stockt den Betrag auf 90 Prozent des letzten Nettoentgeltes auf. Die Kosten der Weiterbildungsmaßnahme trägt die BfA. Die Absicherung des Arbeitslosen, der im Rahmen einer Wiederbesetzungskette die Stelle besetzt, erfolgt durch eine Lohnzahlung des Arbeitgebers in Höhe von 90 Prozent des Tarifentgeltes, das für die befristet geleistete Arbeit maßgeblich ist. Das Modell ist für den Arbeitgeber und für die Bundesanstalt für Arbeit weitgehend kostenneutral. Die Einführung der Regelungen sollte im Rahmen von Tarifverträgen oder arbeitsrechtlichen Einzelvereinbarungen erfolgen. Bei Akzeptanz des Modells würde eine arbeitsmarktentlastende Wirkung von mehr als 200 000 Stellen im Jahr möglich. In den Niederlanden ist der Anteil derjenigen, die in Teilzeit arbeiten, weil sie gleichzeitig in der beruflichen Weiterbildung sind, hoch: Fast ein Drittel der teilzeitbeschäftigten Männer nutzt die größere Arbeitszeitflexibilität, um den Sprung in ein besseres Beschäftigungsverhältnis vorzubereiten.

Modelle und Experimente gibt es also genug, für neue Brücken in den Arbeitsmarkt. Möglicherweise muß man Teilzeit, befristete Jobs, geringfügige Beschäftigung, Zeitarbeit und selbst öffentlich geförderte Beschäftigung künftig als ganz normale Teilarbeitsmärkte sehen. Aber statt dessen machte die Ende 1997 nach Vorlage neuer Untersuchungen losgebrochene Debatte um die sogenannten 620-Mark-Jobs drastisch deutlich, welche Probleme wir immer noch mit einem Arbeitsmarkt haben, der sich nicht mehr in ein Korsett zwingen läßt. Verschiedene Forschungsinstitute schätzen bis zu 6,4 Millionen geringfügige Beschäftigungsverhältnisse im Westen und 311 000 in Ostdeutschland. Etwas weniger als die Hälfte, 3 Millionen, werden von privaten Haushalten angeboten. Fast zweieinhalb Millionen 620-Mark-Jobs werden als Zubrot von sozialversicherungspflichtigen Arbeitnehmern ausgeübt. Die Zahl der geringfügigen »Hauptjobs« ist seit 1991 um 900 000 auf 4 Millionen gestiegen. Zusammengenommen machen geringfügige Beschäftigungsverhältnisse laut DIW 10,6 Prozent aller Arbeitsplätze aus.

Dieser Trend ist schon lange bekannt. Bezeichnenderweise änderte sich aber nichts am allgemeinen Attentismus, bis die geringfügige Beschäftigung in Zusammenhang gebracht wurde mit den grassierenden Finanzierungsproblemen der Rentenversicherung und den Konsolidierungskrämpfen der öffentlichen Haushalte. Parteiübergreifend stellte sich bei vielen eine Art verschwörungstheoretische Übertreibung ein: Der Anstieg der 620-Mark-Jobs als koordinierter Angriff der Arbeitgeber auf den Sozialstaat. Das gilt auch für die Annahme, daß es die Arbeitnehmer in »ungesicherten« Beschäftigungsverhältnissen vor dem Würgegriff des Raubkapitalismus zu bewahren gilt. Seit 1994 haben geringfügig Beschäftigte nach einem Urteil des Bundesarbeitsgerichtes das Recht auf Entgeltfortzahlung im Krankheitsfall, auf Urlaub, Urlaubs- und Weihnachtsgeld. Übersteigt die Summe mehrerer Arbeitsverhältnisse die 620-Mark-Grenze, müssen außerdem auch Sozialversicherungsbeiträge gezahlt werden. Betriebe haben die 620-Mark-Jobs seit 1990 bei den Krankenversicherern zu melden, was das Kontrollproblem bei den privaten Haushalten zugegeben nicht ausschließt. Aber nur weniger als ein Prozent der geringfügig Beschäftigten sind nach den neuesten Untersuchungen nicht krankenversichert – alle anderen sind es als Student, Arbeitsloser oder Familienmitglied.

Ein weiterer Teil ist zumindest grundsätzlich für das Alter und den Pflegefall abgesichert. Und nur wenige sind daran interessiert, durch Beitragszahlungen Rentenansprüche zu erwerben, zumal klar ist, wie niedrig diese Ansprüche sein würden: Auch bei voller Einbeziehung in die Sozialversicherung ließe sich in 10 Jahren mit einem 620-Mark-Job lediglich eine Anwartschaft auf eine monatliche Rente von 50 bis 60 Mark aufbauen – auf dieser Basis über die Sozialrente zu kommen, wäre gänzlich illusorisch. Andererseits wäre der fiskalische Effekt minimal, wenn man Leistungsansprüche, Verwaltungsaufwand und Ausweicheffekte abrechnet. Zumal die Sozialversicherungspflicht – will man die geringfügig Beschäftigten nicht ausnahmslos in die Schwarzarbeit treiben – nur um den Preis des Verzichts auf die derzeit erhobene Pauschalsteuer von 20 Prozent zu haben ist. Wer mit den Einnahmen der Sozialkassen argumentiert, dem ist mit Verbot oder der Quotierung ebensowenig geholfen wie mit einer radikalen Absenkung der Höchstverdienstgrenze.

Am allerwenigsten geholfen wäre den Beschäftigten. Die 620-Mark-Jobs haben in den vergangenen Jahren nicht wenigen aus den Problemgruppen des Arbeitsmarktes neue Perspektiven gegeben. Sie sind zwar nicht optimal, scheinen aber einige Chancen zu enthalten: Einfache Dienstleistungsjobs für niedrig Qualifizierte zum Beispiel oder Jobs für die, die aus anderen Gründen eine Vollzeitstelle nicht antreten können. Zwei Drittel der Beschäftigten wollen oder können nach eigenen Angaben nur einige Stunden in der Woche arbeiten, weil sie noch in der Ausbildung stehen – vor allem im Studium – oder weil sie Kinder zu versorgen haben. Nicht ohne Grund werden 40 Prozent der geringfügigen Beschäftigungsverhältnisse von Frauen zwischen 25 und 44 ausgeübt. Angesichts der wachsenden Zahl alleinerziehender Frauen – zwischen 1991 und 1997 stieg ihre Zahl von 1,27 auf 1,52 Millionen – ist es eher ein Skandal, daß sich sonst Jobs kaum finden lassen, die beispielsweise in dieser Lebenssituation überhaupt geeignet sind.

Die sozialversicherungsfreien Jobs sind kein ordnungspolitisches Erfolgsmodell, schon deshalb nicht, weil sie – als einzige von der Versicherungspflicht ausgenommen – in Deutschland im Grundsatz ja indirekt staatlich »subventioniert« werden. Die Zerstückelung regulärer Arbeitsplätze in mehrere geringfügige Jobs muß verhindert werden. Doch die Rigidität des Normalarbeitsverhältnisses generell auf das von den 620-Mark-Jobs bediente Arbeitsmarktsegment ausdehnen zu wollen, wäre ein Rückschritt. Die Argumente machen deutlich, in welche Richtung die Debatte gehen muß: Die steuer- und sozialpolitischen Anreize und Nachteile sollten an der richtigen Stelle gesetzt und an der falschen Stelle liquidiert werden. Wir brauchen eine systemgerechte Abgabenregelung, die für die Arbeitgeber und Arbeitnehmer tragbar und akzeptabel ist, den Verwaltungsaufwand niedrig hält und in der Konsequenz die Sozialsysteme nicht stärker be- als entlastet.

Eines muß aber klar sein: Alle Versuche, die Flexibilisierung am unteren Ende des Arbeitsmarktes produktiv zu nutzen, sind vergeblich, wenn es uns nicht gelingt, die sozialen Sicherungssysteme von den Normalitätsannahmen der lebenslangen Vollzeiterwerbstätigkeit und der »Normalfamilie« – mit erwerbstätigem Vater, Hausfrau und Kindern – abzukoppeln. Das wirksamste Mittel gegen die Ausweitung der geringfügigen Beschäftigung ist die Entlastung der Arbeit von gesetzlichen und tariflichen Lohnzusatzkosten. Und die Nutzung »irregulärer« Beschäftigung für neue Brücken in den Arbeitsmarkt wird nur gelingen, wenn die Arbeitsaufnahme für einen Sozialhilfeempfänger nicht die Konfiszierung jeder selbst dazuverdienten Mark durch leistungsfeindliche Anrechnungsvorschriften der Sozialhilfe bedeutet, sondern der Zuverdienst ein echter Anreiz wird. So, wie die Innovationspolitik die Aufgabe hat, in den Branchen, die dem internationalen Wettbewerb ausgesetzt sind, Konkurrenzfähigkeit zu sichern, so müssen sozialstaatliche Reformen dafür sorgen, daß gering Qualifizierte neue Beschäftigungschancen erhalten.

»Lesarten« der Sozialstaatskrise

Heute rächt sich, daß die Fähigkeit des Sozialstaates, Solidarität und Zusammenhalt zu organisieren, seit Jahrzehnten nur noch in Kosten und Zahlen gemessen wird. Diese »Tonnenideologie«, nach der mehr Sozialleistungen auch mehr Gerechtigkeit bedeuten, wird uns jetzt zum Verhängnis, weil die Dimensionen für den angesichts seiner Lohnabrechnung ratlosen und deprimierten Beitragszahler kaum noch faßbar sind. 1997 wurden in Deutschland für Sozialleistungen rund 1 256 Milliarden Mark aufgewendet, 20 Milliarden mehr als im Jahr zuvor. Das Institut der Deutschen Wirtschaft prognostiziert unter Berufung auf die Daten des Bundessozialberichtes einen Anstieg auf 1 345 Milliarden Mark im Jahr 2001, das entspricht einer jährlichen Zuwachsrate von 1,7 Prozent. Die Hauptlast liegt nach wie vor auf der abhängigen Arbeit: Im Jahr 2001 werden 65,8 Prozent des Sozialbudgets von den Beschäftigten und den Unternehmen geschultert.

Heute werden alle hergebrachten und bislang von einem breiten Konsens der Parteien und gesellschaftlichen Akteure getragenen Grundsätze der sozialen Sicherheit hinterfragt, aber niemand bringt die Reformvorschläge in den einzelnen Bereichen in einen Zusammenhang. Ratlosigkeit herrscht, weil nirgends ein Paradigma gesehen wird, das zur Grundlage eines neuen Konsenses werden könnte, wie die soziale Sicherung morgen aussehen sollte. Der Soziologe Claus Offe hat 1995 drei »Lesarten« der Sozialstaatskrise ausgemacht und mit einem anschaulichen Beispiel beschrieben: Angenommen, der Damm eines Stausees ist gebrochen (ein Bild, das den rasanten Anstieg der Sozialbeiträge gut trifft). Je nachdem, ob man sein Häuschen in den Fluten verloren hat und nun Versicherungsleistungen einfordert, ob man Techniker oder Gutachter der Versicherung ist, oder ob man als Ökologe immer schon etwas gegen Staudämme hatte, wird man die Ursachen jeweils woanders suchen. Der Häuschenbesitzer ist froh, wenn die Katastrophe auf göttliche Fügung und Naturgewalten zurückgeführt wird, weil dann die Versicherung zahlt. Der Techniker wird interne Ursachen wie technische Fehler oder mangelhafte Planung vermuten. Und der Ökologe wird mit endogenen, im System selbst angelegten Fehlern argumentieren – wie der fehlenden Eignung der Landschaft für das Bauwerk.

Der Häuschenbesitzer wird sich also noch besser versichern wollen, der Techniker wird eine Änderung der technischen Bauvorschriften fordern, und der Ökologe will auf umfassendere Verträglichkeitsprüfungen hinaus. Die Erklärungskraft des Beispiels ist verblüffend. Die externen Ursachen – der demographische Wandel, die Veränderung der Haushalts- und Familienstrukturen, der Wandel und die Krise auf dem Arbeitsmarkt, die deutsche Wiedervereinigung und die Europäische Wirtschafts- und Währungsunion, schließlich auch die Globalisierung – erscheinen vielen, wie unserem Häuschenbesitzer, als Naturgewalten, denen gegenüber keine andere Option bleibt als die Anpassung. Deshalb ruft er noch lauter nach Schadenersatz, schreibt die

Versicherung an, die ihrerseits angesichts zunehmender Schadenhöhe die Beiträge hoch- und die Leistungen herunterschrauben muß. Aber an wem die Debatten der letzten 15 Jahre nicht spurlos vorübergegangen sind, der wird die im System angelegten Ursachen betonen. Weil die soziale Sicherung auf abhängige Erwerbsarbeit in Gestalt langdauernder Vollzeitbeschäftigung gebaut ist und auf der Finanzierungsseite mit ihrer ganzen Last an der Zahl dieser Beschäftigungsverhältnisse hängt, führen Massenarbeitslosigkeit und neue Arbeitsformen zu dem verhängnisvollen Selbstverstärker-Effekt von steigenden Leistungen, abnehmender Finanzierungskraft und verteuerter Arbeit. Das schiere Gewicht des Dammes reißt ihn also ein.

Dieser Effekt wird noch dadurch verstärkt, daß der Sozialstaat nicht ein definiertes Existenzminimum und die individuelle Chance für einen Neuanfang absichert, sondern Lebensstandard und Status. Indem er vorrangig die »wohlerworbenen Rechte« der braven Beitragszahler garantiert, produziert er gleichzeitig Unter- und Überversorgung. Das ist vermeintlich rational, weil es die politische Unterstützung der wichtigsten politischen Referenzgruppe sichert. Allerdings ist angesichts des grassierenden Vertrauensverlustes fraglich, ob die Bevölkerung auf dieses »Schweigegeld« nicht liebend gerne verzichten würde, wenn man ihr dafür neue, tragfähige Sicherheiten böte. Zumal gleichzeitig die Eingriffsmöglichkeiten und Wahlfreiheiten des einzelnen hinsichtlich seiner Aufwendungen und der in Aussicht gestellten Leistungen ständig abnehmen. Gerd Dahlmanns formulierte in seiner Streitschrift »Zeitwende«: »Der einzelne wird dazu erst gar nicht gefragt, obwohl es doch um seine höchstpersönlichen Belange geht. Politiker sind es, die in diesen Systemen über die Prozentpunkte befinden. Beim Bürger aber bucht das Kollektiv, dem er zwangsweise angehört, einfach ab und bestimmt, was ihm als Gegenleistung zusteht. Das Ergebnis ist eine mittlerweile absurd gewordene, hinter unserer Zeit zurückgebliebene Sozialstaatskonstruktion, die dem darin eingebundenen Menschen gleich zwei elementare Einsichten verwehrt: welche Kosten er durch die Inanspruchnahme einzelner Leistungen verursacht und was er als Arbeitnehmer an seinem Arbeitsplatz eigentlich verdient.«

Bisher garantierte der Sozialstaat durch Leistungsansprüche und Zahlungen Sicherheit, doch dabei ließ er die Frage: »Wieviel ist genug?« offen – eine dauernde Einladung an Verbände, Parteien und Interessengruppen, die Sicherungsansprüche für sich auszulegen, zu erweitern und in einer Art Sicherungswettbewerb einzuklagen. Die konservative Kritik nicht nur an der Verteuerung der Soziallasten, sondern auch an der »Klientelisierung« der Sozialstaatsbürger läßt sich nicht so einfach zurückweisen.

Die Debatte über den Mißbrauch von Sozialleistungen allerdings unterschlägt, daß die Anspruchs- und Kostenspirale nicht durch Mißbrauch im rechtlichen Sinne, sondern durch regelkonforme Inanspruchnahme zustande kommt. Die ökonomische Rationalität hört eben beim Sozialhilfeempfänger nicht auf. Arbeitsmarktexperten sprechen von einer Armutsfalle, die der Wohlfahrtsstaat aufstellt, indem er für viele den Transferbezug lohnender erscheinen läßt als niedriger qualifizierte und entlohnte Arbeit. Andere werden durch die Abgabenlasten in Schwarzarbeit und Nebentätigkeiten getrieben. Der allgemeine Beitragssatz zur Sozialversicherung, der je zur Hälfte von Beschäftigten und Arbeitgebern zu erbringen ist, ist so hoch wie nie zuvor. Fundierte Prognosen, die den Anstieg vorausgesagt haben, wurden als Hiobsbotschaften leichthin diffamiert und nicht ernst genommen.

Neue Studien haben ergeben, daß die gegenwärtige Form sozialstaatlicher Transferleistungen die Phasen der Erwerbslosigkeit eher verlängert als verkürzt. »Geringe Erwerbsneigung« nennt man, was dann entsteht. Das Gelsenkirchener Institut für Arbeit und Technik schätzt den Anteil derjenigen, die wegen fortgeschrittenen Alters oder zu geringer Erwerbsneigung vollständig und endgültig aus dem Erwerbsleben ausgestiegen sind und als Zielgruppe aktiver

Arbeitsmarktpolitik völlig wegfallen, auf ein Viertel aller Langzeitarbeitslosen. Die durch Arbeitslosigkeit ausgelöste Frustration wird in manchen Arbeitslosenprojekten und staatlich durchfinanzierten Beschäftigungsschleifen eher perpetuiert. Aus Ostdeutschland ist bekannt, wie schnell Beschäftigungsmaßnahmen, die in die regionale Wirtschaftsstruktur nicht eingebunden und mit der Wirtschaftspolitik und den Betrieben nicht verknüpft werden, zur Verfestigung einer Subventionsmentalität führen.

Das mag aus Gründen der Klarheit zu pointiert formuliert sein. Aber Sozialversicherungssystem und Arbeitsmarktpolitik konditionieren den Arbeitslosen in der Regel so, als wäre ihm eine Panne passiert (für die Dauer der Zuständigkeit der Arbeitslosenversicherung) oder als wäre ihm die Grausamkeit des Marktes nun mal zum Schicksal geworden (ab dem Bezug der Sozialhilfe). Darüber sollten alle nachdenken.

Arnulf Baring schrieb 1997: »Die Zumutbarkeit ist in den Augen vieler, auch der Politiker, relativ: für die Schlechtqualifizierten und Deprivierten die Drecksarbeit, für Akademiker und Mittelständler die ›gehobene Arbeit‹. Aber gibt es denn ›Drecksarbeit‹ in Deutschland? Millionen Deutsche graben alle Jahre ihre Gärten um, schleppen Torfballen, setzen Pflanzen, renovieren ihre Häuser und Wohnungen, bekommen Blasen und Schwielen an den Händen. Klassenlose Arbeit verbindet den Millionär mit dem schlecht verdienenden Kleingärtner, den Nobelpreisträger mit der Verkäuferin, die am Wochenende ihr Zimmer tapeziert. Solche Arbeiten sollen unzumutbar für jene Menschen sein, die bedauerlicherweise auf die Hilfe der Solidargemeinschaft angewiesen sind?« Vor den Augen mancher Sozialpolitiker erfahre diese Art Arbeit eine wunderbare Verwandlung vom freiwilligen Akt individueller Selbstverwirklichung zur »menschenunwürdigen Maloche gegen Sozialknete«. Das ist sicher zugespitzt, aber als 1996 das neu eröffnete Einkaufs- und Freizeitzentrum »Neue Mitte Oberhausen« Servicepersonal rekrutieren wollte, fielen 40 Prozent der

Bewerber bei einem einfachen Test durch: In einer Art Rollenspiel erbat ein Kunde Hilfe oder beschwerte sich. Die Bewerber reagierten abweisend bis aggressiv. Freundlichkeit als Zumutung.

Die Politik ist in der Pflicht, eine neue Balance von sichernden Rechten und aktivierenden Pflichten herzustellen. Sie muß sich klar werden: In welche Bereiche kann und darf, soll man intervenieren? In den letzten Jahrzehnten drang die Politik immer tiefer in alle Lebensbereiche der Menschen vor. Das Ergebnis sind Versprechungen, die nicht eingehalten werden können, ist eine Kompetenzanmaßung, die zu Enttäuschung führen muß. Der Soziologe Niklas Luhmann brachte es in seinem Buch »Die Politik der Gesellschaft« auf den Punkt: »Im Grenzfalle versteht das politische System sich selbst als zuständig für den Ausgleich von Schicksalsschlägen aller Art. Mißernten belasten die öffentlichen Kassen ebenso wie das Gebären oder Abtreiben. Die Dicken melden sich, die Unfallopfer, heruntergewirtschaftete Industrien, zu kostspielige Technologieentwicklungen. Die rasante Zunahme von Physikern führt zu einer noch schnelleren Zunahme der Forschungsaufwendungen, der Fortschritt in der Medizin hat den Doppeleffekt der Steigerung von Behandlungs- und Forschungskosten. Und all dies hat sein gutes Recht oder jedenfalls eine unabweisbare Legitimität. Die entsprechenden Ersuchen sind weder absurd noch ehrenrührig. Sie sind im politischen System als politische Kommunikation vorgesehen. Im Ergebnis gleicht der Staat dann einem Wasserturm, in den Mittel hinaufgepumpt werden, um von dort aus verteilt zu werden an jeden, der einen Anschluß unterhält.«

Nur dort auf Kürzungen zu setzen, wo gerade der geringste Widerstand vermutet wird, verschärft die Legitimationskrise. Es gibt nur eine Art, mit Einschnitten im Bereich des Sozialstaates umzugehen. Wir müssen jedes Programm, jede Institution auf den Prüfstand stellen: Bekommen wir für unser Geld eigentlich wirklich das, was wir dafür erwarten? Wir brauchen ein neues, positives Sozialstaatskonzept, denn der Erfolg des Sozialstaates läßt sich nicht an der Summe seiner Auszahlungen messen. Es gibt nicht einmal einen eindeutigen empirischen Zusammenhang zwischen dem Sozialbudget und dem Erfolg auf dem Arbeitsmarkt. Die alte Trennung, nach der auf der Linken mehr Geld ausgegeben und über Steuern umverteilt und auf der Rechten Steuern gesenkt und Geld gespart wird, ist gegenstandslos geworden.

Das Merkmal linker Politik ist Fairneß – gegenüber denen, die Hilfe brauchen, aber auch gegenüber denen, die diese Hilfe leisten sollen. 180 Milliarden Mark kostete uns die Arbeitslosigkeit allein 1997, wegen fehlender Einnahmen bei der Steuer, in den Sozialversicherungen und bei der Bundesanstalt für Arbeit, wegen steigender Ausgaben für Transfers und die staatliche Übernahme von Versicherungsbeiträgen. Dieses Geld muß eingesetzt werden für die Finanzierung von Arbeit, nicht von Arbeitslosigkeit. Das Zukunftsprojekt ist die Modernisierung der Mechanismen, mit denen der Staat Chancengerechtigkeit herzustellen versucht. Wir brauchen einen Arbeitsmarkt, der zwar keinen lebenslangen Arbeitsplatz garantiert, aber Um- und Wiedereinstiege erleichtert. Es darf – und das ist das Ziel – gar keine Phasen der Arbeitslosigkeit mehr geben, sondern nur noch Phasen der Neuorientierung, Qualifizierung, Weiterbildung oder der familiären und Ehrenarbeit. Mit konservativer Hilfe hat sich der Gedanke eingeschlichen, Arbeitslosigkeit sei so gut augestattet, daß man sich durchaus mit ihr arrangieren, sich an sie gewöhnen könne. Arbeitslosigkeit quasi als Normalzustand für einen Teil der Bevölkerung.

Der internationale Vergleich zeigt deutlich, daß Staaten, die ihre Instrumente erfolgreich modernisieren, selbstbewußt aus verschiedenen Modellen das Beste ausgewählt haben und umsetzen. Im Wandel bringt der Status quo nicht mehr individuelle Sicherheit, sondern weniger. Die Arbeitsmarktpolitik muß sich vom Normalarbeitsverhältnis als absolutem Fixpunkt verabschieden, und eine Beschäftigungs- und Qualifizierungspolitik ohne die Betriebe funktioniert nicht mehr. Wir müssen die Arbeitsverwaltung zu einem »Arbeitsmarktservice« umbauen, der Flexibilität und Mobilität fördert. Die finanzielle Krise des Umverteilungsstaates ist gleichzeitig die herausragende Chance des aktivierenden Sozialstaates. Warum soll es sozial verantwortlicher sein, den Leuten die Verantwortung abzunehmen, anstatt ihnen zu helfen, Verantwortung zu übernehmen? Die Leute sind klüger, als wir annehmen. Sie wissen, daß wir über unsere Verhältnisse gelebt haben und daß unser Sozialsystem zu Fehlentwicklungen einlädt. Zumutungen seitens der Politik werden angenommen, wenn sie gut begründet sind: »Ihr müßt euch mit um eure Schwimmbäder und Spielplätze kümmern, allein schafft die Kommune es nicht, ohne eure Hilfe schließt die Bibliothek!« In Kanada erhalten die Zahler der dortigen Kommunalsteuer einen Dankbrief, in dem genau steht, für welche Einrichtung welcher Steueranteil genutzt wurde. In den USA steht an Straßenbaustellen nicht »Vorsicht Stau!«, sondern »Ihre Steuerdollar bei der Arbeit!«

Wo er Gelder statt Chancen verteilt, fährt der Sozialstaat einen Crashkurs. Deshalb müssen wir jedes Instrument auf den Prüfstand stellen: Belohnt und unterstützt es Eigeninitiative und Eigenverantwortung? Oder fördert es Passivität und Resignation? Dafür gibt es ein gutes Bild: Vom Sicherheitsnetz zum Trampolin, von der vielgescholtenen sozialen Hängematte zu Programmen, die den einzelnen nicht nur auffangen, sondern zurückfedern in das Arbeitsleben, in

Selbstbewußtsein, Eigeninitiative und Eigenverantwortung, in die Teilhabe an der Gesellschaft. Eine Staatsintervention ist nur dann legitim, wenn sie die Fähigkeiten und die Eigeninitiative der Bürger unterstützt und herausfordert, wenn sie nicht nur materielles Wohlergehen sichert. So würde das Subsidiaritätsprinzip richtig aufgefaßt: Nicht als Einsparungspotential durch die Individualisierung von Lebensrisiken, aber auch nicht als Möglichkeit, die eigene Verantwortung »nach oben« zu verlagern, sondern als aktivierende Politik, die eine zweite Chance bietet.

In Nordrhein-Westfalen werden mit der Initiative »Jugend in Arbeit« neue Wege bei der Bekämpfung der Jugendarbeitslosigkeit beschritten. Das Motto lautet »Fordern und Fördern«: Langzeitarbeitslosen Jugendlichen wird in Kooperation mit der Wirtschaft auf ein Jahr befristet eine Stelle in einem Unternehmen angeboten. Im Gegenzug verpflichten sich die Jugendlichen, einen individuellen Entwicklungsplan mit Trainings- und Qualifizierungsmaßnahmen zu durchlaufen. Das Vorbild hierfür liefert uns Dänemark. Aber auch anderswo in Europa wurden die traditionellen Vorstellungen von Arbeit überprüft und radikal verändert. Die Konsequenz, die in den Niederlanden, Dänemark, Schweden, Großbritannien und anderen Ländern gezogen wurde, lautet: Jeder Job ist besser als keiner! Von Ausnahmen abgesehen, gibt es keine minderwertigen Arbeitsplätze. Ich bin tief davon überzeugt, daß Arbeit – auch gering bezahlte, wenig qualifizierte – der Würde und Selbstbestimmung des Menschen zuträglicher ist als jeder noch so üppige Sozialtransfer. Der Forderung an die Erwerbsfähigen, angebotene Arbeit auch anzunehmen, muß dann natürlich das Versprechen des Staates gegenüberstehen: Deine Arbeit wird sich lohnen, wir lassen dir deinen Teil!

Während der Grenznutzen der deutschen Arbeitsmarktpolitik beständig sinkt, fördern beispielsweise die Niederlande mit erheblich weniger Mitteln für Lohnkostensubventionen mindestens ebenso viele Eintritte in den regulären

Arbeitsmarkt. Unseren Nachbarn ist das Kunststück gelungen, den Arbeitsmarkt gleichzeitig zu liberalisieren und sozial zu gestalten. Die Flexibilität am unteren Ende des Arbeitsmarktes ist dank der Kombination aus Arbeitszeitflexibilisierung und aktivierender Arbeitsmarktpolitik erheblich größer als bei uns. Wir können aber auch von der Modernisierung der niederländischen Arbeitsverwaltung lernen, von ihren Erfolgen bei denen, die schon gar keine Chance mehr auf dem Arbeitsmarkt hatten.

Viele deutsche Städte gehen bereits seit einiger Zeit ähnliche Wege. 2,5 Millionen Personen erhalten Sozialhilfe aus den Gemeindekassen, und nach Schätzung des Deutschen Städtetages könnten mindestens 700 000 von ihnen arbeiten. Seit die Hansestadt Lübeck 1996 festgestellt hatte, daß ein Drittel der Antragsteller auf Sozialhilfe nie wieder zum Amt kommen, wenn man ihnen eine Stelle anbietet, ist eine enorme Vielfalt kommunaler Modelle zur Arbeitsvermittlung entstanden. In Dortmund tun sechs Mitarbeiter der Stadt nichts anderes, als Kontakte zu Arbeitgebern herzustellen und so viele Langzeitarbeitslose wie möglich zu vermitteln, und in nur acht Monaten sparten sie durch 142 Vermittlungen 1,84 Millionen Mark im Sozialetat. Das ist durchaus nicht nur das gewohnte Pingpongspiel zwischen ABM oder Qualifizierung und Arbeitslosengeld. Viele Städte und Gemeinden stellen individuelle Wiedereinstiegspläne in die Erwerbsarbeit auf, wie etwa Bielefeld, wo die Langzeitarbeitslosen mit hoher Erfolgsquote gegebenenfalls über mehrere Qualifizierungsstufen wieder einsteigen. In Hamburg und anderen Städten setzt man gleich auf die niederländische Vermittlungsorganisation Maatwerk; wenn ein Sozialhilfeempfänger länger als sechs Monate in einer neuen Stelle war, die ihm Maatwerk vermittelt hat, zahlt das Sozialamt der Hansestadt dem Stellenbüro pro Vermitteltem 4 000 Mark. Bei 300 Vermittlungen rechnet die Hamburger Sozialbehörde mit einer Ersparnis an Sozialhilfe von 3,8 Millionen Mark.

Es gibt keinen Königsweg aus der Massenarbeitslosigkeit, aber um so dringender ist es, alle vorhandenen Maßnahmen und die vorliegenden Konzepte auf den Prüfstand zu stellen: Was wäre möglich? Welche Maßnahmen haben welchen Effekt, was kosten und was bringen sie? Eine Vermittlung in den ersten Arbeitsmarkt gelingt um so eher, je differenzierter und abgestufter das Maßnahmenspektrum ist, die Vermittlungsquoten in den Modellen der Städte schwanken zwischen 10 und 55 Prozent. »Mehr« heißt auch in der aktiven Arbeitsmarktpolitik nicht »besser«. Das zeigt sich im übrigen auch im internationalen Vergleich: In Deutschland wurden 1997 1,43 Prozent der Wirtschaftsleistung für aktive Arbeitsmarktpolitik ausgegeben, während wir 10 Prozent Arbeitslose zählten. In den Niederlanden gab man nur 1,37 Prozent aus, bei einer Arbeitslosigkeit von 5,5 Prozent, und in Großbritannien sogar nur 0,46 Prozent der Wirtschaftsleistung – Arbeitslosenquote dort: 6,4 Prozent. Schweden wiederum investiert bei einer Arbeitslosenquote leicht über der deutschen einen wesentlich höheren Anteil des Bruttoinlandsproduktes, nämlich 2,25 Prozent.

Entscheidend wird sein, ob wir soziale Sicherung und Beschäftigungsförderung so verknüpfen können, daß dabei mehr Jobs und mehr Anreize zur Arbeitsaufnahme herauskommen. Daß die Sicherungssysteme von der Alternative ausgehen, einen Vollarbeitsplatz zu haben oder arbeitslos zu sein, muß unter den Bedingungen der Massenarbeitslosigkeit zur Falle werden. Auch bei uns – wie in den Niederlanden – könnte statt dessen über eine steuerfinanzierte bedarfsorientierte Grundsicherung ein erheblicher arbeitsmarktpolitischer Effekt erzielt werden. Dazu dürfen eigene Einkommen künftig nur noch zu maximal 50 Prozent auf die Sozialtransfers der Grundsicherung angerechnet werden. Ich verbinde damit eine starke wirtschafts- und arbeitsmarktpolitische Ausrichtung: Die Grundsicherung setzt Anreize zu mehr Flexibilität auf dem Arbeitsmarkt, auf der Angebots- wie auf der Nachfrageseite. Sie erleichtert die Erschließung neuer Beschäftigungsfelder. Sie schafft Voraussetzungen für Selbständigkeit und Eigeninitiative und leistet damit einen Beitrag zur Verbesserung des Klimas in der Wirtschaft und auf dem Arbeitsmarkt.

Das Deutsche Institut für Wirtschaftsforschung und andere Experten gehen davon aus, daß auch bei uns die Dynamik der geringfügigen und der irregulären Beschäftigungsverhältnisse auf die reguläre Beschäftigung ausgedehnt werden könnte. Voraussetzung wäre eine entsprechende Entlastung von Lohnnebenkosten, etwa durch die Subventionierung der Sozialabgaben bei Niedrigeinkommen. Noch scheint sich jeder die Finger zu verbrennen, der sich an den »Kombilohn« wagt. Dennoch: Derzeit kupiert die soziale Sicherung den Arbeitsmarkt am unteren Ende. Das Beschäftigungsvolumen wenig produktiver Dienstleistungen wird auf der Nachfrageseite durch hohe Arbeitskosten, auf der Angebotsseite durch die im Vergleich zum geringen Nettoeinkommen größere Attraktivität der Sozialtransfers begrenzt. Für die Empfänger von Sozialhilfe ist die Aufnahme gering entlohnter oder Teilzeitarbeit oft weniger attraktiv als der Verbleib in der Transferleistung. Viele Jobs im Servicebereich mit niedriger Produktivität können nicht besetzt werden, weil es für den Arbeitnehmer nicht lohnt. Aber nur durch eine dauerhafte Ausweitung der Beschäftigung in den binnenabsatzorientierten Dienstleistungsbereichen könnten Menschen, die nicht in die »olympiareifen« Belegschaften passen, ihren Platz finden – und den Weg zurück in besser bezahlte Beschäftigung.

Deshalb könnten in einem gesetzlich zu definierenden und tarifpolitisch abzusichernden Niedriglohnbereich die vom Unternehmen bezahlten Bruttolöhne der Arbeitnehmer durch einen staatlichen Zuschuß aufgestockt werden. Dieser Zuschuß würde mit steigendem Lohn abnehmen und wäre wie die anderen Lohnbestandteile steuer- und sozialversicherungspflichtig. Eine Einführung in einzelnen Branchen und Sektoren wäre möglich und sinnvoll – und müßte laufend überprüft werden. Da die Subvention nur für versteuerte und abgabenpflichtige Arbeitsverträge bezahlt würde, entstünde ein erheblicher Anreiz zur Legalisierung von Schwarzarbeit und zur Einschränkung der geringfügigen Beschäftigungsverhältnisse. Die Tarifparteien wären allerdings gefordert, entstehende Niedriglohn-Arbeitsverhältnisse tarifpolitisch abzusichern. Alternativ könnten die Beschäftigungseffekte und die Anreizfunktion der Lohnsubventionierungen durch die Reduktion der Sozialbeiträge am unteren Ende der Lohnskala erreicht werden. Von der vollständigen Erstattung der Arbeitgeber- und Arbeitnehmerbeiträge an einer gesetzlich festzulegenden und tarifpolitisch abzusichernden Untergrenze ausgehend, könnte die Senkung über eine »Förderstrecke« degressiv zurückgenommen werden und an einer politisch zu definierenden Obergrenze enden. Die Senkung der Sozialversicherungsbeiträge könnte innerhalb der bestehenden Tarifstruktur implementiert werden. Der vom Arbeitgeber zu zahlende Bruttolohn würde heruntergefahren, ohne daß es neuer Niedriglohntarife bedürfte. Das Modell könnte in ausgewählten Branchen und/oder Regionen erprobt werden.

Wir brauchen weitere arbeitsmarktpolitische Instrumente, die mittel- und kurzfristig die Transparenz der vorhandenen Sozialtransfers erhöhen, den Übergang aus der Arbeitslosigkeit in die Beschäftigung erleichtern, neue Beschäftigungsfelder erschließen und die Unternehmen zur Bereitstellung neuer Arbeitsplätze für geringer qualifizierte Menschen anregen. Vollbeschäftigung kann angesichts illusionslos betrachteter Realitäten auf den Arbeitsmärkten in Zukunft nur die Garantie sein, daß niemand ohne Bewährungschancen auf ein Abstellgleis der beruflichen Karriere geschoben oder dauerhaft in Arbeitslosigkeit oder minderwertigen Beschäftigungsverhältnissen am Rande der Armut festgehalten wird.

Gegen die Denkblockaden in der Alterssicherung

Es gibt ein weiteres Beispiel dafür, wie sich die Normalitätsannahmen unseres Sozialstaates verändern: die gesetzliche Rentenversicherung. Hier bilden sich neue, große Koalitionen, nicht im politischen Sinne, sondern im praktischen, gesellschaftlichen: die alleinerziehende Mutter, die nicht genug eigene Anwartschaften aufbauen kann, um auf eine auskömmliche gesetzliche Rente hoffen zu dürfen, mit dem arbeitslosen Stahlarbeiter, aber auch mit dem Gutverdienenden, der die Vorsorgealternativen unter Renditegesichtspunkten abwägt. Die Generationenfrage stellt sich neu.

Steigende Lebenserwartung, veränderte Familienstrukturen und die dramatischen Veränderungen der Arbeitsmärkte bringen die Alterssicherung in eine Strukturkrise. Das wissen wir nicht erst seit heute. Schon Mitte der achtziger Jahre haben sich an der Diskussion um Alternativen zum traditionellen Rentenversicherungssystem all jene beteiligt, die heute wechselweise im Angriff oder in der Defensive spielen: von Kurt Biedenkopf und Meinhard Miegel bis hin zum sozialpolitischen Flügel der CDU, von Enquetekommissionen des Bundestages hin zu den Forschungsinstituten der Gewerkschaften, den Sozialpolitikern der SPD und grünen Rentenpapieren. Zur Debatte standen schon damals die drei Grundkonzepte, die auch heute noch unverdrossen ideologisch statt problembezogen und pragmatisch diskutiert werden: eine minimale Grundrente plus separate Zusatzvorsorge, die Harmonisierung der Alterssicherungssysteme mit Einführung einer Mindestrente und der Ausbau der laufenden Hilfe zum Lebensunterhalt zu einer allgemeinen Grundsicherung im Alter. Die Vorschläge zu einer steuerfinanzierten Grundsicherung liegen sogar schon seit 1981 auf dem Tisch.

Im Juli 1997 stellte das Zentrum für Umfragen, Methoden und Analysen (ZUMA) in seinem Informationsdienst für soziale Indikatoren nüchtern fest: »In den Debatten zur

Modernisierung des Systems der sozialen Sicherung haben sich die politischen Parteien bisher nicht auf mehrheitsfähige Reformprojekte verständigen können. Statt dessen wurden nach und nach zentrale Bestandteile des Sozialsystems vorübergehend zur Disposition gestellt.« Mittlerweile befürchten nach einer aktuellen ZUMA-Umfrage zwei Drittel der Bürger, gegen Lebensrisiken »schlecht« bzw. »eher schlecht gesichert« zu sein. Andere Untersuchungen stützen die Analyse: Im Gegensatz zu den Generationen der Wohlstandsjahre geht heute jeder dritte davon aus, daß es ihm vom 65. Lebensjahr an schlechter gehen wird als den heutigen Rentnern. Davon werden auch die sozialen, politischen und wirtschaftlichen Systeme sowie das subjektive Wohlbefinden beeinflußt. Ein Viertel derer, die sich schlecht gesichert fühlen, will nicht mehr zur Wahl gehen. Keiner weiß mehr, worauf er bauen kann. Selbst die Besteuerung der Lebensversicherungen drohte Theo Waigel an.

Alle Initiativen haben sich im Labyrinth der institutionalisierten Interessen totgelaufen, jedes Neuordnungskonzept wurde zum Attentat auf den Generationenvertrag erklärt. Aber spätestens, wenn im Jahr 2030 auf jeden Beitragszahler ein Rentner kommt, wie der Verband Deutscher Rentenversicherungsträger (VDR) vorgerechnet hat, werden wir uns einer neuerlichen Rentenlüge schuldig gemacht haben, wenn wir nichts tun. Der Anteil der 65jährigen an der Gesamtbevölkerung wird von jetzt 15,4 Prozent auf 26,7 Prozent ansteigen, fast 20 Millionen werden dann im regulären Rentenalter sein, gegenüber 12,5 Millionen in 1996. Das entspricht einem Zuwachs von 60 Prozent. Hätten wir vor 15 Jahren, als alle Daten vorlagen, gehandelt, so wäre heute beispielsweise die Debatte um lange Übergangsfristen bei einem Systemwechsel von einem umlagefinanzierten zu einem kapitalgedeckten Rentensystem überflüssig – wir hätten die Hälfte der Wegstrecke bereits hinter uns.

Vor 30 Jahren lag der Beitragssatz zur gesetzlichen Rentenversicherung noch bei 14 Prozent, 1998 war die magische 20-Prozent-Schwelle nur durch eine Mehrwertsteuererhöhung zu halten. Auch dies war ein mühevoller Spagat zwischen Systemkonformität und Aushöhlung. In der reformpolitischen Verkrampfung wies kaum noch jemand darauf hin, daß die Rendite der gesetzlichen Rentenversicherung schlechter wird. Das wird von der Rentenpolitik tabuisiert, von vielen Bürgern aber als nüchterne Kalkulation verstanden. Die Beitragszahler glauben heute vielfach, daß ihr Geld beim Staat eben nicht unbedingt sicherer angelegt ist. Das Bonner Institut für Wirtschaft und Gesellschaft hat vorgerechnet: Wer von 1950 bis 1994 Beiträge eingezahlt hat, erhalte für jede Beitragsmark bei durchschnittlicher Lebenserwartung etwa zwei »Rentenmark« zurück, macht eine reale Rendite von 4,3 Prozent pro Beitragsjahr. Wer 2030 in den Ruhestand geht, erhalte bei durchschnittlicher Lebenserwartung nur noch ungefähr 80 Pfennige von jeder Beitragsmark zurück, wenn der Umlagetopf nicht noch massiver durch Steuermittel aufgestockt wird. Die Zahlen mögen beim Punkt hinter dem Komma anfechtbar sein, doch der Trend ist klar. Manche Experten stufen die gesetzliche Rentenversicherung nur noch als Basisversorgung ein, gleichzeitig sind die privaten Sparbeiträge für das Alter gering, denn jeder zweite hat kein Geld für zusätzliche private Vorsorge.

Das ist die deutsche Rentenwirklichkeit: Bei geltendem Rentenniveau braucht ein Durchschnittsverdiener 28 Versicherungsjahre, um mit seiner Rente das Sozialhilfeniveau zu überschreiten. Anders als es das wirklichkeitsfremde Konstrukt des »Eckrentners« suggeriert, bekommt heute ein Durchschnittsrentner in den alten Bundesländern nicht 70 Prozent, sondern nur knapp 62 Prozent des durchschnittlichen Nettoeinkommens, weil nicht einmal mehr jeder zweite Mann und nur 5 Prozent der Frauen auf 45 Jahre Vollzeiterwerbstätigkeit kommen. 1996 betrug die durchschnittliche eigenständige Versichertenrente von Frauen nach 15 bis 20 Versicherungsjahren (der größten Gruppe) 426,33 Mark. Unter diesen Bedingungen ist für die soziale Sicherung der Frauen tatsächlich der Heiratsmarkt wichtiger als der Arbeitsmarkt. Ein unerträglicher Tritt gegen die Gleichberechtigung.

Bei einem Rentenniveau von 64 Prozent des Durchschnittseinkommens würde ein Durchschnittsverdiener 30 Jahre brauchen, um die Sozialhilfegrenze zu überschreiten. Bei einer abgeleiteten Witwenrente erhöht sich der Wert bei einem Niveau von 60 Prozent auf absurde 54 Jahre. Diese Anwartschaften sind wohlgemerkt nicht die Grundlage für ein sattes Wohlleben im Alter, sondern allein Voraussetzung, um auf das Sozialhilfeniveau zu kommen. Nach Auskunft der offiziellen Sozialhilfe- und Rentenbestandsstatistik würden bei einer Absenkung des Rentenniveaus auf ca. 60 Prozent fast ein Viertel aller gesetzlichen Renten und 95,5 Prozent bei den Versichertenrenten der Frauen unter der Sozialhilfe landen. Der Verband Deutscher Rentenversicherungsträger hat vorgerechnet, daß es – wollte man die Rentenbeiträge ernsthaft bei 20 Prozent deckeln – entweder eine Erhöhung der Regelaltersgrenze auf 72 Jahre oder eine Kappung des Rentenniveaus auf 56 Prozent bedürfte. Aber wer will überhaupt noch plausibel machen, daß der durchschnittliche Arbeitnehmer 20 Prozent seines Lohnes für die Alterssicherung hinblättern soll, wenn jeder vierte dafür nur eine Rente auf Sozialhilfeniveau erhalten wird? Das Kernproblem des Generationenkonfliktes ist schon lange nicht mehr, daß Lasten auf die Enkelgeneration verschoben werden – es besteht darin, daß die heutige Erwerbstätigengeneration schon in der Klemme steckt.

Die gravierendsten Auswirkungen auf unser lohn- und beitragsbezogenes Rentensystem gehen vom Arbeitsmarkt aus: Jeder Beschäftigungsknick wirkt sich sofort in steigenden Ansprüchen und sinkenden Beitragszahlungen aus. Das Institut für Arbeitsmarkt- und Berufsforschung der Nürnberger Bundesanstalt für Arbeit hat ausgerechnet, daß sich die Kosten allein der registrierten Arbeitslosigkeit für die Rentenversicherung durch Mindereinnahmen von 1990 bis 1995 auf 80 Milliarden Mark summiert haben. Der Anteil existenzsichernder Vollzeitarbeitsverhältnisse schrumpft, der Anteil befristeter, in Teilzeit ausgeübter oder geringfügiger Jobs wächst, und nichts deutet auf eine Umkehr dieser Erosion des Normalarbeitsverhältnisses hin. Noch 1997 ging die Regierungskommission unverdrossen davon aus, daß der Anteil der sozialversicherungspflichtig Beschäftigten am gesamten Erwerbspotential entgegen aller Erfahrung bis 2030 von 66,5 Prozent auf 79,9 Prozent steige – das ist aber ein Wert, den bislang nur sozialistische Planwirtschaften kannten.

Wer die Realität kennt, weiß: Die Statussicherung im Alter kann von der gesetzlichen Rentenversicherung allein nicht mehr so selbstverständlich erwartet werden, und die Menschen wissen das. Nur der wachsenden Bereitschaft zur privaten Vorsorge haben wir es zu verdanken, daß Altersarmut bisher kein verbreitetes Phänomen ist – die Statussicherung ist also heute schon Privatsache. 1992 hatten 83 Prozent der Ehepaare, 61 Prozent der alleinstehenden Männer und 75 Prozent der Witwen zwei, drei oder vier Einkommen zur Verfügung. Es ist also im Prinzip bereits Realität, was die SPD vorschlägt: eine Alterssicherung, die auf mehreren Säulen ruht. Nur ist sie heute intransparent, und die Chancen sind ungleich verteilt. Die geforderte Steuerfinanzierung der sogenannten versicherungsfremden Leistungen ist eine wichtige Sofortmaßnahme, der Sache nach aber nur ein erhöhter Bundeszuschuß. Ganz abgesehen davon, daß niemand genau sagen kann, wo der interne Solidarausgleich zur »versicherungsfremden Leistung« wird. So kann man darüber streiten, ob der West-Ost-Transfer der Rentenkassen dazugehört. An kaum einer anderen Stelle wird deutlicher, wie defensiv die Zukunft der Alterssicherung diskutiert wird. Aber den meisten ist klar geworden, daß es weder fair noch vernünftig ist, nur die abhängige Beschäftigung zu belasten und ganze Erwerbsgruppen auszusparen.

In einer veränderten Welt bietet der Status quo weniger Sicherheit als die flexible Umgestaltung. Wir brauchen keine theoretische System-, sondern eine konkrete Problemlösungsdebatte. Die politischen Parteien müssen einen Konsens über die Leistungspalette des Sozialsystems, das Leistungsniveau und die Zugangsbedingungen neu aushandeln und in praktikable Reformvorhaben umsetzen. Das Ziel: eine ergebnisorientierte Sozialpolitik. Es geht um die Neubegründung einer solidarischen und eigenverantwortlichen Alterssicherung.

1997 hat Kurt Biedenkopf eine steuerfinanzierte Grundrente vorgeschlagen. Alle, die seit mindestens 25 Jahren in Deutschland leben und älter als 65 Jahre sind, erhielten 55 Prozent des Volkseinkommens, in das Einkünfte aus unselbständiger Arbeit, Unternehmertätigkeit und Vermögen einfließen – das wären derzeit 1 540 Mark monatlich, von denen noch Versicherungsbeiträge abgingen. Wer mehr will, müßte mit Hilfe privater Kassen vorsorgen. Biedenkopfs radikaler Vorstoß wurde rasch mit dem kultischen Berührungsbann der Primitivvölker, dem Tabu, belegt. Aber nicht alle Argumente, die gegen ihn vorgebracht wurden, treffen. Eines lautet, eine steuerfinanzierte Grundrente sei vor dem Zugriff des Finanzministers nicht sicher, ein Spielball launischer Fiskalpolitik. Aber bereits 1998 wurde mit der von der früheren Regierungskoalition beschlossenen Senkung des Rentenniveaus deutlich, wo die größeren politischen Risiken liegen. Ein anderer Generalvorwurf lautet, die Grundrente sei leistungsfeindlich. Dann müssen wir unter diesem Aspekt auch unser System kritisch prüfen. Heute sagen wir dem Handwerker eines kleinen Unternehmens: Deine Lebensleistung war weniger wert als die des Arbeiters bei Mercedes – nur weil der mehr verdient und mehr Beiträge gezahlt hat. Besonders trifft das diejenigen, die sich aus der unverschuldeten Arbeitslosigkeit in schlecht bezahlte Dienstleistungsjobs und Teilzeit hochrackern, und die sich dann bei der Rente zum zweiten Mal übergangen fühlen. Die Anerkennung von Erziehungszeiten bei Frauen, deren Wert man sich heute politisch festzulegen anmaßt – ist sie »leistungsgerecht«? Ist Leistungsbezogenheit nicht dann gewährleistet, wenn jeder entsprechend seiner Leistungsfähigkeit in jeder Lebensphase selbst zusätzlich zu seiner Alterssicherung beitragen kann, ohne jedoch Angst haben zu müssen, im Alter unterversorgt zu sein? Auch das Argument, die Grundsicherung verstärke die Flucht in die Schattenwirtschaft, ist nicht schlagend. Denn gerade der Zusammenhang von steigenden Lohnnebenkosten, sinkenden Realeinkommen und unsicherer Rentenerwartung ist es doch, der die Menschen in Schwarzarbeit und Scheinselbständigkeit treibt. Und: Hunderttausende Freiberufler und Selbständige entscheiden bereits heute frei über Höhe und Umfang ihrer Alterssicherung, ohne daß irgendwie empirisch feststellbar signifikante Unterversorgung entstünde. Biedenkopfs Vorstellungen sind zu radikal und politisch nicht durchsetzbar. Aber er stellt die richtigen Fragen.

Die Alterssicherungskommission der SPD hat 1997 ein Mindestsicherungssystem vorgestellt, das soweit wie möglich auf Elementen der Eigenvorsorge aufbaut. Inspiriert von den Beispielen der Niederlande und der Schweiz, hat sie die Einführung von Mindestbeiträgen für alle Erwachsenen vorgeschlagen, in Kombination mit einer weiter bestehenden einkommensabhängigen Vorsorge. Für wen auch die Mindestversicherung im Alter nicht zu ausreichenden Einkommen führt, der würde durch eine bedarfsorientierte Grundsicherung aufgefangen. Zusätzlich zur Mindestsicherung würde eine zusätzliche eigenverantwortliche, kapitalgedeckte Altersvorsorge nötig – eine Stabilisierung der Betriebsrenten und neue Spielräume etwa für Pensionsfonds, die das Anlagevermögen diversifizieren. Fest steht: Wir brauchen erstens Sicherheit im System der Renten, eine Garantierente im dreifachen Sinne: Sie garantiert den heutigen Rentnern die Rente, denen, die in langen Jahren Anwartschaften erworben haben, ihre Ansprüche und den Jüngeren nach einer angemessenen Umstellungsphase eine zukunftsfähige Sicherung. Und zweitens müssen wir den Menschen den Freiraum verschaffen, entsprechend ihrer jeweiligen Lebenssituation und ihrer Bedürfnisse für das

Alter vorzusorgen. Deshalb muß eine Mindestversicherung mit einer deutlichen Absenkung, besser einer Halbierung der Beiträge verbunden sein. In den Niederlanden hat eine vom Staat garantierte Grundrente in Form einer Volksversicherung dafür gesorgt, daß die Bereitschaft, sich auf eine flexiblere Erwerbsbiographie einzulassen, sehr viel größer ist als bei uns. Die Grundrente beträgt für jedermann 70 Prozent des gesetzlichen Mindestlohns. Entgegen der landläufigen Meinung sind die holländischen Grundrenten nicht wirklich steuerfinanziert. Es handelt sich um eine beitragsfinanzierte Volksversicherung, und die Beiträge werden über die erste von drei Stufen des holländischen Einkommensteuertarifs (bis zu einem steuerpflichtigen Einkommen von 45 960 Gulden pro Jahr) erhoben, einheitlich 15,4 Prozent. Wer keine Lohn- oder Einkommensteuer zahlt, erhält vom Finanzamt einen Bescheid über seinen Rentenbeitrag. Unterhalb eines Steuerfreibetrages muß gar kein Beitrag gezahlt werden, geringfügige Einkommen entrichten einen verminderten Beitragstarif. Anders als bei uns zahlen die Unternehmen keinen Arbeitgeberanteil.

Wer den gesetzlichen Mindestlohn oder weniger verdient, bleibt ausschließlich auf diese Volksversicherung verwiesen. Doch für die meisten Arbeitnehmer wird die Altersrente durch eine betriebliche oder tarifvertraglich vereinbarte Altersversorgung aufgestockt. Arbeitgeber und Arbeitnehmer zahlen dann in einen der staatlich zertifizierten Rentenfonds. Je nach Branche und Unternehmensgröße können die Unternehmen zwischen branchenbezogenen oder betriebseigenen Rentenfonds wählen, eine Versicherungsübereinkunft mit einem zugelassenen Versicherer abschließen oder auch dem Arbeitnehmer Gelegenheit geben, sich selbst zu versichern – wobei der Vorteil darin liegt, daß die Ansprüche bei Betriebswechseln mitgenommen werden können. Die Branchenfonds sind mittlerweile die größten Akteure auf dem niederländischen Kapitalmarkt. Die Niederländer nennen das ganze »Cappuccino-Prinzip«: Die Betriebsrenten bilden die Sahne auf dem Kaffee der Volksversicherung.

Beides zusammen läßt so viel Spielraum, daß sich immer mehr Versicherte eine zusätzliche private Altersversorgung zusammenstellen – die Schokostreuseln auf der Sahne also. Ein ähnliches Modell gibt es in der Schweiz, dort kann man sogar lange vor Renteneintritt, in der Familienphase, die Rücklagen abziehen, um etwa ein Eigenheim als Vorsorgealternative zu kaufen. Das Fazit aus allen internationalen Reformdiskussionen ist: Offensichtlich gibt es Argumente, in der Altersvorsorge sowohl die Umlage als auch die Kapitaldeckungsfinanzierung anzuwenden. Angesichts dieser klaren und logischen Konzepte wirkt der starre Blick Blümscher Sozialpolitik der Vergangenheit, die sich von der Finanzierungsfrage nicht lösen konnte und die Strukturfrage nicht einmal zu denken wagte, um so bedrückender.

Laut Emnid sind heute 80 Prozent der Erwerbsbevölkerung bereit, ihre Altersvorsorge in die eigenen Hände zu nehmen. 55 Prozent tun das bereits, mit durchschnittlich 330 Mark pro Haushalt monatlich. Zusammen werden so 60 Milliarden Mark jährlich zurückgelegt, ein Fünftel der Zahlungen in die gesetzliche Rentenversicherung. Der Renner sind Kapitallebensversicherungen. Jeder dritte entscheidet sich für eine private Zusatzversicherung oder kauft ein Haus oder eine Wohnung als Sicherung für das Altenteil. Immer attraktiver werden auch Aktien, die Fondsgesellschaften haben in den vergangenen Jahren davon erheblich profitiert. Die Versicherungswirtschaft rät, ab dem 40. Lebensjahr 5 Prozent seines Bruttoeinkommens auf die hohe Kante zu legen, um im Alter über die Runden zu kommen. Wer Familie hat, wird sich aber damit schwer tun, wenn die Soziallasten steigen oder auch nur auf dem jetzigen Niveau stagnieren. In der Zange zwischen sinkenden Realeinkommen und steigenden Soziallasten, die die individuelle Zukunft auch nicht mehr garantieren, sehen sich viele Haushalte außerstande, draufzusatteln. Konsequenterweise plädierten über die Hälfte der deutschen Haushalte eher für niedrigere Leistungen der gesetzlichen Rentenversicherung als für höhere Beitragssätze. Eine Rentenreform, die diesen Namen verdient, müßte diese Menschen wieder von gesetzlichen Abgaben entlasten.

Es gilt: Rentner behalten, was ihnen zusteht. Aber wir müssen jetzt darüber reden, ob nicht für die Zukunft das geltende System durch die Zerfaserung seiner eigenen Grundlagen so illegitim geworden ist, daß an einer radikalen Neuordnung, einem grundlegenden, aber sorgfältig begründeten und sozialverträglich durchgeführten Umbau im Dienste der kommenden Generationen kein Weg mehr vorbei führt. Wenn wir die Menschen auf den Weg zu einer modernen, flexiblen und solidarischen sozialen Sicherung mitnehmen wollen, dann müssen wir den Mut zu einem Kassensturz im derzeitigen System aufbringen. Das Verschweigen der Probleme führt dazu, daß die solidarische soziale Sicherung nur noch als lästig, weil undurchschaubar, als ärgerlich, aber unreformierbar angesehen wird. Der Verdruß wächst, mit der Folge, daß immer mehr Menschen die Flucht in die Schattenwirtschaft antreten: »Bloß weg hier!«

Wir brauchen jetzt eine Garantierente, die eine kalkulierbare Mindestversorgung im Alter sicherstellt und für die wir nur die pragmatischen Vorschläge kombinieren müssen, die auf dem Tisch liegen und die mit den erfolgreichen Konzepten unserer Nachbarn abgeglichen werden können. Diese Garantierente, beitragsfinanziert, auf der Basis geringer Beitragssätze (unter 10 Prozent) auf jede Einkommensart, wäre eine solidarische Umlage auf neuer Basis. Nicht nur der schrumpfende Block der sozialversicherungspflichtig Beschäftigten würde für sie geradestehen, sondern alle, die über Einkommen verfügen, egal aus welcher Quelle, je nach ihren Möglichkeiten. In bestimmten Lebenslagen zahlte der Staat die Beiträge, zum Beispiel während der Kindererziehung. Ein Mann – eine Rente; eine Frau – eine Rente! Ob man das durch einen deklarierten Steueranteil macht, wie die Niederlande, oder durch einen besonderen Abschlag wie in der Schweiz, ist nicht unsere erste Sorge. Nur darf nicht der Eindruck entstehen, die Renten würden wahllos aus dem breiten Steueraufkommen des Staates bezahlt. Leistung und Gegenleistung müssen klar und verstehbar sein. Die Garantierente könnte dann gut mit einer Grundsicherung kombiniert werden.

Wir bräuchten eine zweite, kapitalgedeckte Säule. Beiträge der Arbeitnehmer und Zuschüsse der Arbeitgeber, die zusammen den Beitragssatz der Garantierente nicht überschreiten dürften, könnten ab einer bestimmten Gehaltshöhe in bestimmte, staatlich zertifizierte und der Aufsicht unterworfene Fonds fließen. Es würde transparent, was man »auf dem Konto hat«. Die Rentenansprüche könnten einem Ehegattensplitting unterworfen werden, bei nichtehelichen Lebensgemeinschaften auch einem Splitting auf freiwilliger Basis. Die Vorsorge muß den wechselnden Lebensumständen anpaßbar sein. Und der Ausbau und die Förderung privater Vorsorgeformen, von der vertrauten Kapitallebensversicherung bis zur altersgerechten Eigentumswohnung, würde die dritte Säule des Systems bilden.

Dringend brauchen wir eine Generalüberholung der Betriebsrenten, die eine wichtige Vorsorgealternative sind. Bei uns sind im wesentlichen zwei Formen dafür vorgesehen: Unternehmen können zugunsten des Mitarbeiters eine Lebensversicherung abschließen, entweder bei einer von der Firma getragenen Pensionskasse oder als sogenannte Direktversicherung bei der Assekuranz. Oder der Arbeitgeber kann mit Pensionsrückstellungen vorsorgen und die Abwicklung als Direktzusage selbst übernehmen oder einer Unterstützungskasse anvertrauen. Die Arbeitgeber fordern bereits seit längerem, diese Alternativen durch Pensionsfonds nach angelsächsischem Vorbild zu ergänzen. Dabei würden die Firmen entweder Garantierenten gewähren oder nur bestimmte Einzahlungen zusichern; mehr als die Hälfte des Kapitals könnte in Aktien angelegt werden. Erst die Renten würden versteuert. Die Fonds dürften die Bilanz des Unternehmens nicht berühren. Fonds könnten auch individuelle Pensionssparpläne anbieten – Möglichkeiten gibt es wie Sand am Meer. Es wäre sinnvoll, die Beteiligung der Arbeitnehmer am Produktivvermögen zu stärken. Voraussetzung wäre allerdings neben der Bereitschaft der Tarifpartner erst einmal ein durchgreifender Reformimpuls der Sozialpolitik, um den Menschen Luft für die Vorsorge zu verschaffen.

Das Mißtrauen vieler Sozialpolitiker gerade in der SPD gegen kapitalgedeckte Formen der Alterssicherung, mit höherer privater Vorsorgeautonomie, sitzt tief. In manchen Papieren kann man immer noch lesen, die Lebensversicherungen wüßten doch gar nicht, was sie mit dem vielen Geld machen sollten. Existenzgründer und Selbständige merken allerdings von diesem Kapitalüberschuß wenig. Doch vor allem haben weder die Schweiz noch die Niederlande die Altersvorsorge ihrer Arbeitnehmer und deren Familien den Haifischen des internationalen Finanzmarktes anvertraut. Wir reden über streng reglementierte Kapitalanlagen ohne viel Werbung und mit geringen Verwaltungsgebühren, für die auch die Verbraucherorganisationen und Gewerkschaften als Träger in Frage kommen. Auf dieser Basis wollen zur Zeit die Briten ihre marode Altersvorsorge neu gründen. Der amerikanische Sozialwissenschaftler Norman Birnbaum schlägt einen pragmatischen Zugang vor: »Wenn die Mitglieder der Gesellschaft verpflichtet sind, in den privaten Sektor zu investieren, dann haben sie jedes Interesse an Investitionsentscheidungen, die ihrem allgemeinen Interesse dienen. Jene Milliarden, die in den privaten Sektor fließen werden, könnten soziale Investmentfonds schaffen, mit denen man die Unzulänglichkeiten der kulturellen und sozialen Infrastruktur in unseren Gesellschaften verringern könnte, Unzulänglichkeiten, die nicht automatisch mit dem Anwachsen der Gewinne im privaten Sektor abnehmen.«

Bei uns steht jede grundlegende Reform des Rentensystems vor dem Problem, daß in einer Übergangsphase eine Dreifachbelastung der 25- bis 45jährigen vermieden werden muß. Diese Gruppe hätte weiter für die heutigen Renten und für die angesammelten, unter Eigentumsschutz stehenden Rentenanwartschaften einzustehen; sie hätte etwa eine steuerfinanzierte Grundrente über höhere Steuern mitzutragen und müßte außerdem noch die eigene Vorsorge aufbauen. Doch diese Generation kommt heute schon für die weiter steigenden Beitrags- und Steuerlasten auf. Der Sozialstaat entwickelt sich doch heute rapide zur einer Veranstaltung für die Generation »40 plus«. Traditionelle Risiken werden abgesichert, wenn auch zunehmend schlechter, aber die neuen Problemlagen und Chancen, die mit neuen Formen der Erwerbsarbeit, mit fließenderen Übergängen zwischen Aus- oder Weiterbildung und Beschäftigung, mit neuen Kombinationen von Beruf und Familie ergeben, werden sozialstaatlich nicht flexibel genug flankiert.

Der Übergang wäre möglich – wenn er auch mit jedem Jahr schwieriger und, je mehr wir in das nächste Jahrzehnt kommen, immer weniger zu schaffen ist. Übergangsfristen unter 30 Jahren zu kalkulieren wäre kaum realistisch. Aber wie schon gesagt: Hätten wir vor 15 Jahren angefangen, als alle Prognosen vorlagen, hätten wir die Hälfte des Weges schon hinter uns. Wir müssen diejenigen, die vom alten System profitieren, und diejenigen, die neue Lösungen brauchen, miteinander ins Gespräch bringen – also beispielsweise das Gewerkschaftsmitglied mit langem, sicherem Erwerbsleben und die teilzeitbeschäftigte Telearbeiterin, die trotz Familie den Karrieresprung vorbereiten will. Bezeichnenderweise finden alternative Modelle die größte Zustimmung bei Menschen bis Mitte Vierzig. Sie stecken in unserem Rentensystem in der Klemme: Sie sind sich ihrer Rente subjektiv nicht mehr sicher, wollen zusätzliche Vorsorge treffen – aber die steigenden Sozialbeiträge verhindern das. Bei diesen Gruppen läßt sich genug Gemeinsinn und Verantwortungsbewußtsein für Zugeständnisse mobilisieren, wenn sie dafür sicher sein können, mehr Freiheiten zu erhalten, auf der Basis einer Garantierente, auf der Basis kluger organisatorischer Lösungen. Sie wollen sich nicht aus der Generationensolidarität verabschieden, sondern im Gegenteil wissen, was sie von ihr zu erwarten haben – klare Pflichten gegen neue Sicherheiten. Hier ist der Ansatzpunkt für einen neuen Gesellschaftsvertrag. Denn die Politik muß alles tun, damit sich die Chancen derer verbessern, die einmal den gesellschaftlichen Reichtum erarbeiten sollen, der zur Finanzierung der Alterssicherung und des gesamten Sozialsystems nötig ist. Die Verkrustungen des Bildungssystems zu beseitigen, die Hochschulen zu Existenzgründungszentren zu machen und den Innovationstransfer zu beschleunigen ist deshalb für die Zukunft der Renten mindestens so wichtig wie die Frage des Durchschnittsniveaus oder des Renteneintrittsalters.

Nachwort
von Gerhard Schröder

Das Ergebnis der Bundestagswahl 1998 ist ein Blankoscheck der Bürger auf unsere Zukunftsfähigkeit. Die Neue Mitte hat sich wieder der Sozialdemokratie zugewandt. Viele Selbständige und die wirklichen Leistungsträger der Gesellschaft, Arbeitnehmerinnen und Arbeitnehmer, haben der Union die Zustimmung entzogen. Die SPD bietet ihnen an, einen neuen Gesellschaftsvertrag zu initiieren, neue Bündnisse zu schmieden. Damit meine ich ein großes Bündnis der Modernisierer aller gesellschaftlichen Gruppen. Aber ich meine auch die vielen kleineren Bündnisse derjenigen, die die Politik der letzten 16 Jahre auseinanderdividiert hat und die ihr gemeinsames Interesse an der Modernisierung von Wirtschaft und Gesellschaft erkennen: Betriebsräte und Unternehmensleitungen, denen in der betrieblichen Realität das Wasser bis zum Hals steht, die längst erkannt haben, daß sie nur gemeinsam wettbewerbsfähig bleiben können – und die sich doch von Spitzenverbänden und der Politik im Stich gelassen sahen. Neue Koalitionen derer, die Eigeninitiative zeigen wollen, dabei unterstützt werden müssen – und denen doch durch falsch ausgerichtete Konzepte Bewegungsfreiheit genommen statt gegeben wurde.
Am Beginn des neuen Jahrtausends sind die großen Fragen scheinbar entschieden: Deutschland ist politisch wiedervereint, wenn auch gesellschaftlich noch gespalten, die euro-

päische Integration gewinnt eine neue Dimension. Helmut Kohl hat seinen historischen Anteil daran, ihm gilt unser Respekt. Aber jetzt sind es andere Aufgaben, die die Bürgerinnen und Bürger gelöst sehen wollen: die Versöhnung von Ökonomie und Arbeitsmarkt, wie es in diesem Buch heißt, die Dynamisierung des Wachstums, an dem jeder seinen gerechten Anteil haben muß. Die Wiedervereinigung hat auch enorme Lasten erzeugt. Die Sorge über die hohe Arbeitslosigkeit hat die Wahl entschieden, und das Vertrauen, daß die SPD sie am kompetentesten bekämpfen kann. In Fragen der Außenpolitik hingegen gilt mein Versprechen der Kontinuität. Gerade in Ostdeutschland haben die Wähler die Konsequenz aus der Erkenntnis gezogen, daß Innovation und Gerechtigkeit zwei Seiten einer Medaille sein müssen. Die Aufgaben, die dieses Buch scharf und klar benennt, sind nicht leicht zu lösen, der Modernisierungsbedarf ist gewaltig. Der Konsens über Ziel und Weg bei der Modernisierung des Sozialstaates und des Korporatismus, des Föderalismus und des Staatshandelns muß erst wieder hergestellt werden. Die Menschen wollen jetzt handwerklich gut gemachte Politik, die konkrete Probleme löst. Deshalb habe ich gesagt, wir werden nicht alles anders, aber vieles besser machen.

Es gibt für unser Regierungshandeln einen Prüfstein: die Beschäftigungswirksamkeit unserer Konzepte. Wir werden jedes Instrument auf den Prüfstand stellen, ob es vorhandene Arbeit sichert und neue schafft. Das ist der erste von fünf Grundsätzen, die unsere Politik bestimmen. Es gilt wieder anzusetzen beim Leistungswillen und bei der schöpferischen Kraft der Menschen. Sie muß der Staat ermutigen, er darf sie nicht behindern. Der zweite Grundsatz: Radikaler Pragmatismus ist das Instrument, politische Handlungsfähigkeit zurückzuerobern. Zum Beispiel durch eine moderne Arbeitszeitpolitik für mehr Teilzeit, durch eine Bildungs- und Qualifizierungsoffensive, die dem lebenslangen Lernen dient. Durch eine Modernisierung von Wirtschaft und Gesellschaft, die es gerade den Frauen ermöglicht, kontinuierlich am Erwerbsleben teilzunehmen, wenn sie es denn wollen. Und durch eine Steuerreform als Anreiz für Investitionen in Arbeitsplätze. Das sind nur wenige Beispiele, von denen dieses Buch eine ganze Reihe aufzeigt. Wir müssen uns auch von alten Vorstellungen verabschieden: von einem bequemen, aber oft bevormundenden und bürokratischen Wohlfahrtsstaat; von Normalitätsannahmen über Wirtschaften, Leben und Arbeiten, die nicht mehr in der Realität »geerdet« sind.

Der dritte Grundsatz lautet: Wir werden mit neuer Politik die Chancen der Globalisierung entwickeln. Mit der Kanzlerschaft Helmut Schmidts ist die Erinnerung an das Modell Deutschland verbunden. Damals haben sich die Sozialdemokraten darangemacht, Modernität und soziale Verantwortung zu verknüpfen, Zukunftspartei zu sein. Dieses Projekt beschäftigt uns heute wieder, nur wird es jetzt das ganze Deutschland erfassen. Um die Bürger dafür zu gewinnen, brauchen wir einen vierten Grundsatz: Unsere Konzepte müssen in ihrer Wirksamkeit überprüfbar sein. Unsere holländischen Nachbarn lehren uns: Nicht alle Gesetze müssen für die Ewigkeit gemacht sein. Und schließlich, fünftens, suchen wir die Zusammenarbeit mit allen gesellschaftlichen Gruppen, unabhängig von formaler Zuständigkeit. Dieses Buch schildert Beispiele genug, wo das erfolgreiche Politik ist.

Ein bundesweites Bündnis für Ausbildung und Arbeit kann und darf die unterschiedliche Verantwortung von Staat und organisierten Interessen nicht verwischen. Es wird auch keine kurzfristigen und schmerzlosen Patentrezepte geben. Aber die SPD-geführte Bundesregierung wird gemeinsam mit den Sozialpartnern nach Wegen suchen, durch eine abgestimmte Politik, eine Modernisierung der sozialen Sicherung und eine sozial und ökologisch ausgewogene Steuerpolitik die Rahmenbedingungen für mehr Beschäftigung zu verbessern. Nach Wegen, um durch Reformen jene Chancen abzusichern, die in einer differenzierten und flexiblen Umverteilung von Arbeit liegen. Am dringendsten nötig sind

Sofortmaßnahmen zur Bekämpfung der Jugendarbeitslosigkeit, der Abbau der Langzeitarbeitslosigkeit, die Senkung der Lohnnebenkosten, die sozial abgesicherte Flexibilisierung der Arbeitszeit und -organisation, vor allem die Verbesserung der Arbeitsmarktsituation in Ostdeutschland. Die neue Bundesregierung wird auf entsprechende Vereinbarungen zwischen den Sozialpartnern dringen, sie selbst muß unter anderem die Bekämpfung der illegalen Beschäftigung, die Verbesserung der gesetzlichen Regelungen zur Altersteilzeit, die Förderung der Teilzeitarbeit und eine langfristige Verbesserung der Ausbildungsbedingungen in das Bündnis einbringen. Zusammen mit den Sozialpartnern werden wir die deutschen Initiativen im Zeichen der EU-Ratspräsidentschaft vereinbaren. Ohne gemeinsame Problemdiagnose keine wirksame Therapie. Konsens und Kooperation müssen das zentrale Merkmal der Berliner Republik werden.
In den vergangenen Jahren wurde zuviel Politik mit der Angst gemacht. Das ist jetzt vorbei. Dieses Buch heißt »Aufbruch«. Dieser Titel gefällt mir. Die Hoffnungen richten sich auf ein neues Politikmodell, in dem Innovation und Gerechtigkeit, Ökonomie und Arbeitsmarkt versöhnt werden, in dem wir den technologischen Fortschritt zum Schutz der Umwelt einsetzen. Deutschland will Anschluß gewinnen an den Aufschwung, der Europa erfaßt, weil unsere Freunde in den europäischen Staaten neue Kraft aus neuen Konzepten gewonnen haben. Das ist in England so, in Frankreich, in den Niederlanden, wo Sozialdemokraten Reformen anstießen und vorantrieben – und das wird auch in Deutschland so werden. Die Reformstaaten Europas haben lange genug auf uns warten müssen. Europa ist weit mehr als der Euro, es ist das größte Reformprojekt der Geschichte – der gigantische Versuch, als Nationalstaaten in einer Gemeinschaft voneinander zu lernen.
Tony Blair hat seine Freunde gebeten: »Think the Unthinkable« – denkt auch das Undenkbare, denn wir brauchen einen Pragmatismus mit Visionen. Denkt mit am großen Projekt einer Politik jenseits von Links und Rechts! Auch

ich habe meinen Aufruf »Gegen den Luxus der Langsamkeit« so verstanden. Es gibt in einer immer schneller sich verändernden Ökonomie und Gesellschaft keine ewig gültigen Handlungsanweisungen mehr. Darum müssen wir immer einen Schritt weiter denken, über das für heute und den Augenblick als richtig Erkannte hinaus. Die Thesen dieses Buches zu den wichtigsten Politikfeldern sind ein konzeptioneller »Ausfallschritt«. Daß aus den realen Problemen nicht immer dieselben Schlußfolgerungen gezogen werden wie in der Parteiprogrammatik, daß Fakten anders als herkömmlich interpretiert werden – das begreife ich als Chance, nicht als Risiko.
Bodo Hombach will die Blockaden in Politik und Gesellschaft aufgebrochen sehen. Das Bündel der allgemein als notwendig erkannten Maßnahmen soll endlich umgesetzt und Praxis werden. Dabei geht es ihm weniger darum, konzeptionelle Detailfreude an den Tag zu legen, sondern mehr darum, daß wir schnell einen neuen Konsens für die notwendigen Reformen gewinnen. Er weiß, daß man manchmal Anstoß erregen muß, um Bewegung zu erzeugen. Der Querdenker beweist seit langem, daß es ihm nicht an Loyalität zur SPD und zur gemeinsamen Sache fehlt. Deshalb gestatte ich es ihm gern, Ideen in die Debatte zu werfen, die ich selber nicht in allen Facetten teile. Aber wir haben ein gemeinsames Bild von einer Politik, die zupackt und die Gesellschaft verändern will. Welche Empörung hat noch vor nicht allzu langer Zeit meine Feststellung ausgelöst, es gebe keine linke oder rechte Wirtschaftspolitik, sondern nur noch eine richtige oder falsche! Dieses Buch geht davon aus, daß dies heute Konsens in Europa und darüber hinaus ist. Ich glaube heute, daß meine damals auf die Wirtschaftspolitik bezogene Einschätzung auch für andere Politikfelder gilt. Hombachs Ansatz eines politischen Benchmarkings ist richtig. Auf diese Weise können die Sozialdemokraten in Europa voneinander lernen, sich ergänzen und anregen.

Gerhard Schröder

Literaturhinweise

Michael Albert: Kapitalismus kontra Kapitalismus, Frankfurt, New York 1992
Ulrich von Alemann: Parteien, Reinbek 1995
Ulrich von Alemann: Das Parteiensystem der Bundesrepublik Deutschland. Manuskript, Hagen 1997
Alfred Herrhausen Gesellschaft für internationalen Dialog: Arbeit der Zukunft, Zukunft der Arbeit, Stuttgart 1994
Arnulf Baring: Scheitert Deutschland? Stuttgart 1997
Ulrich Beck: Kinder der Freiheit, Frankfurt 1997
Ulrich Beck (Hg.): Politik der Globalisierung, Frankfurt 1998
Karlheinz Bentele, Bernd Reissert, Ronald Schettkat (Hg.): Die Reformfähigkeit von Industriegesellschaften, Frankfurt, New York 1995
Bertelsmann Stiftung, Hans-Böckler-Stiftung (Hg.): Mitbestimmung und neue Unternehmenskulturen – Bilanz und Pespektiven, Gütersloh 1998
Werner Weidenfeld (Hg.): Demokratie am Wendepunkt, Berlin 1996
Manfred Bissinger (Hg.): Stimmen gegen den Stillstand. Roman Herzogs »Berliner Rede« und 33 Antworten, Hamburg 1997
Tony Blair: Meine Vision, Stuttgart 1997
Jens Borchert, Lutz Golsch, Uwe Jun, Peter Lösche (Hg.): Das sozialdemokratische Modell. Organisationsstrukturen und Politikinhalte im Wandel, Opladen 1996
Hans-Jörg Bullinger (Hg.): Dienstleistungen für das 21. Jahrhundert, Stuttgart 1997
Bill Clinton: Zwischen Vision und Wirklichkeit. Wie wir uns den Herausforderungen des 21. Jahrhunderts stellen, München 1996
CPB Netherlands Bureau for Economic Policy Analysis: Challenging Neighbours. Rethinking German and Dutch Economic Institutions, Berlin, Heidelberg 1997
Gerd Dahlmanns: Zeitwende. Vom unerläßlichen Einstellungswandel des einzelnen und der Gesellschaft, o. O. 1996
Warnfried Dettling (Hg.): Perspektiven für Deutschland, München 1994
Die Gruppe von Lissabon: Grenzen des Wettbewerbs. Die Globalisierung der Wirtschaft und die Zukunft der Menschheit, München 1997
Marion Gräfin Dönhoff: Zivilisiert den Kapitalismus. Grenzen der Freiheit, Stuttgart 1997

Klaus von Dohnanyi: Im Joch des Profits? Eine deutsche Antwort auf die Globalisierung, Stuttgart 1997
Enquetekommission »Zukunft der Erwerbsarbeit« des Landtags Nordrhein-Westfalen: Der Arbeitsmarkt in NRW, Düsseldorf 1998
Joschka Fischer: Für einen neuen Gesellschaftsvertrag. Eine politische Antwort auf die globale Revolution, Köln 1998
Viviane Forrester: Der Terror der Ökonomie, Wien 1997
Frankfurter Institut – Stiftung Marktwirtschaft und Politik (Hg.): Rentenkrise. Und wie wir sie meistern können, Bad Homburg 1997
Werner Fricke (Hg.): Jahrbücher Arbeit und Technik, Bonn 1995 ff.
Friedrich-Ebert-Stiftung (Hg.): Brauchen wir einen neuen Generationenvertrag? Bonn 1997
Orio Giarini, Patrick M. Liedtke: Wie wir arbeiten werden, Hamburg 1998
Anthony Giddens: Jenseits von Links und Rechts, Frankfurt 1997
Helga Hackenberg: Arbeitsmarkt- und Sozial(hilfe)politik in den Niederlanden – der Weg zu einem neuen Gesellschaftsvertrag, Bochum 1998
Bob Hancké, David Soskice: Die wunderbare Welt der Kapitalismen. In: *Die Mitbestimmung* 7+8/1997
Handelskammer Hamburg (Hg.): Arbeitsmarkt auf dem Prüfstand. 10 Punkte für mehr Beschäftigung, Hamburg 1997
Rolf G. Heinze: Die blockierte Gesellschaft, Opladen 1998
Rolf G. Heinze, Josef Schmid, Christoph Strünck: Vom Wohlfahrtsstaat zum Wettbewerbsstaat. Arbeitsmarkt- und Sozialpolitik in den 90er Jahren, Opladen i.E.
Arne Heise (Hg.): Beschäftigungskrise in Europa. Erfahrungsaustausch für eine bessere Politik, Marburg 1997
Volker Hentschel, Ludwig Erhard: Ein Politikerleben, München, Landsberg am Lech 1996
Herbert A. Henzler, Lothar Späth: Die zweite Wende. Wie Deutschland es schaffen wird, Weinheim, Berlin 1998
Samuel P. Huntington: Kampf der Kulturen. Die Neugestaltung der Weltpolitik im 21. Jahrhundert, Wien 1996
Institut für Wirtschaft und Gesellschaft: Die wirtschafts- und arbeitsmarktpolitische Bedeutung der Zeitarbeit in Deutschland, Bonn, 1995
Reimut Jochimsen: Perspektiven der europäischen Wirtschafts- und Währungsunion, Baden-Baden 1998
Hans-Ulrich Jörges (Hg.): Der Kampf um den Euro. Wie riskant ist die Währungsunion? Hamburg 1998
Franz-Xaver Kaufmann: Herausforderungen des Sozialstaates, Frankfurt 1996
Heiderose Kilper, Roland Lhotta: Föderalismus in der Bundesrepublik Deutschland, Opladen 1996
Wolfgang Klauder: Zukunft der Arbeit. In: *Gewerkschaftliche Monatshefte* 12/1994
Ralf Kleinfeld: Das niederländische Modell. Grundzüge und Perspektiven einer Modernisierung des Sozialstaates. Studie im Auftrag der Enquetekommission »Zukunft der Erwerbsarbeit« des Landtags Nordrhein-Westfalen, Hagen 1997
Kommission für Zukunftsfragen der Freistaaten Bayern und Sachsen: Erwerbstätigkeit und Arbeitslosigkeit in Deutschland. Entwicklung, Ursachen und Maßnahmen, Bonn 1996

Oskar Lafontaine, Christa Müller: Keine Angst vor der Globalisierung. Wohlstand und Arbeit für alle, Bonn 1998

Franz Lehner et al.; (Hg.): RegioVision – Neue Strategien für alte Industrieregionen, München, Mering 1995

Niklas Luhmann: Die Politik der Gesellschaft, Manuskript Bielefeld 1997

Hans-Peter Martin, Harald Schumann: Die Globalisierungsfalle. Der Angriff auf Demokratie und Wohlstand, Hamburg 1996

Margarita Mathiopoulos: Die geschlossene Gesellschaft und ihre Freunde, Hamburg 1997

McKinsey Global Institute, Max Geldens Foundation for Societal Renewal: Boosting. Dutch Economic Performance, Amsterdam 1997

Klaus Methfessel, Jörg Winterberg: Der Preis der Gleichheit. Wie Deutschland die Chancen der Globalisierung verspielt, Düsseldorf, München 1998

Bernd Müller (Hg.): Vorbild Niederlande? Münster 1998

Frieder Naschold, Marga Pröhl (Hg.): Produktivität öffentlicher Dienstleistungen, Gütersloh 1995

Claus Offe: Vollbeschäftigung? Zur Kritik einer falsch gestellten Frage. In: *Gewerkschaftliche Monatshefte* 12/1994

Walter Riester, Wolfgang Streeck: Solidarität, Arbeit, Beschäftigung. Manuskript, Bonn 1996

Jonathan Rifkin: Das Ende der Arbeit und ihre Zukunft, Frankfurt, New York 1995

Jürgen Roth: Absturz. Das Ende unseres Wohlstands, München 1997

Thilo Sarrazin: Der Euro. Chance oder Abenteuer? Bonn 1997

Fritz W. Scharpf, Subventionierte Niedriglohn-Beschäftigung statt bezahlter Arbeitslosigkeit? In: *Zeitschrift für Sozialreform* 2/1995

Andreas Schlieper: Die Nähe fremder Kulturen. Parallelen zwischen Japan und Deutschland, Frankfurt 1997

Günther Schmid: Reform der Arbeitsmarktpolitik.Vom fürsorgenden Wohlfahrtsstaat zum kooperativen Sozialstaat. In: *WSI-Mitteilungen* 10/1996

Günther Schmid: Beschäftigungswunder Niederlande? In: *Leviathan* 3/1997

Josef Schmid: Wohlfahrtsstaaten im Vergleich. Soziale Sicherungssysteme in Europa: Organisation, Finanzierung, Leistungen und Probleme, Opladen 1996

Dieter Schulte (Hg.): Industriepolitik im Spagat, Köln 1995

Richard Sennett: Der flexible Mensch. Die Kultur des neuen Kapitalismus, Berlin 1998

Wolfgang Streeck: Wirklichkeitsnah und pragmatisch. In: *Mitbestimmung* 6/1998

Wolfgang Streeck: Das Zukunftsmodell – der Flächentarifvertrag. In: *Gewerkschaftliche Monatshefte* 1/1998

Lester C. Thurow: Die Zukunft des Kapitalismus, Düsseldorf, München 1996

Gunnar Uldall: Die Steuerwende. Eine neue Einkommensteuer. Einfach und gerecht, München 1996

Danilo Zolo: Die demokratische Fürstenherrschaft. Für eine realistische Theorie der Politik, Göttingen 1997

Zukunftskommission der Friedrich-Ebert-Stiftung: Wirtschaftliche Leistungsfähigkeit, sozialer Zusammenhalt, ökologische Nachhaltigkeit. Drei Ziele – ein Weg, Bonn 1998